사회복지행정론

염일열 · 이승현

KNOWLEDGE COMMUNITY 공동체

머 · 리 · 말

21세기에 들어와 사회복지행정을 둘러싼 사회복지환경이 급변하고 있다. 특히 전 세계적으로 겪고 있는 실업의 장기화와 가속화, 고령화 사회로의 진입, 저출산의 심화, 가족기능의 약화 등 이러한 환경변화는 사회복지체계의 변화와 혁신을 요구하고 있다. 따라서 그 어느 때보다사회복지행정의 중요성에 주목하지 않을 수 없다. 이에 본 저자들은 최근의 환경변화에 적응하고 선도해 나갈 수 있는 사회복지행정의 지식체계를 새롭게 담아내어 사회복지학을 공부하는 학생들에게 사회복지 전문가로서의 지식과 실천의 안내서로 중요하게 자리매김하도록 교재집필을 하게 되었다. 또한 사회복지사 1급 국가시험을 준비하는 학생들을 위해 한국사회복지교육협의회에서 발행한 사회복지학 교과목 지침서에서 권장한 내용을 따랐다.

이와 같은 인식을 바탕으로 본 서는 총 15장으로 구성하였다. 제1장 사회복지행정의 개념과 특수성, 제2장 사회복지행정의 역사와 영역, 제3장 사회복지조직이론, 제4장 사회복지조직의 구조와 유형, 제5장 사회복지조직의 환경과 조직문화, 제6장 사회복지서비스 전달체계, 제7장 리더십과 동기부여, 제8장 인적자원관리, 제9장 재정관리, 제10장 서비스 질 관리와 위험관리, 제11장 기획과 정보관리, 제12장 사회복지 프로그램, 제13장 사회복지조직의 마케팅과 홍보, 제14장 사회복지조직의 책무성, 제15장 사회복지시설의 평가와 조직혁신을 학생들에게 보다 쉽게 이해될 수 있도록 그림과 도표를 삽입하고 용어를 쉽게 기술하도록 하였다.

위와 같은 내용을 다룬 본 서가 독자들에게 유익한 사회복지행정을 제공하기 위해 나름대로 노력하였음에도 불구하고 저자들의 역량부족 등으로 많은 아쉬움이 남지만, 부족한 부분에 대해서는 독자들의 관심과 충고를 부탁드린다. 또한 본 서가 나오기까지 자료정리를 해준 서예지, 세심한 교정을 해준 심화과정 이정민 님에게도 뜨거운 감사를 드린다.

끝으로 본 서의 출판을 적극적으로 도와주신 공동체의 김동훈 사장님과 김동근 이사님, 그리고 김원희 상무님께 진심으로 감사드린다. 그리고 무엇보다도 이 책자가 나오기까지 원고를 정리하고 편집하시느라 애써주신 공동체 가족 여러분께 진심으로 감사를 드린다.

2016년 1월

저자 일동

차 · 례

Contents

Chapter 08 인적자원관리

Chapter 09 재정관리

Chapter 10 서비스 질 관리와 위험관리

Contents

Chapter 15 사회복지시설의 평가와 조직혁신

Social Welfare Administration

Chapter

01

사회복지행정의 개념과 특수성

01. 사회복지행정의 개념
02. 사회복지행정과 일반행정의 공통점과 차이점
03. 사회복지행정의 가치와 필요성
04. 사회복지행정 및 사회복지조직의 특성
05. 사회복지행정의 과정

Chapter 01 사회복지행정의 개념과 특수성

1. 사회복지행정의 개념

1) 사회복지행정의 기본 개념

사회복지행정이란 "공공기관과 민간기관이 사회문제를 해결하기 위하여 사회복지정책을 형성하고 이를 구체화하는 일련의 과정"으로 정의하고자 한다. 이러한 사회복지행정의 개념 정의는 다음과 같은 요소를 포함하고 있다 (황성철 외, 2005 : 22-23).

① 사회복지조직을 중심으로 정책을 집행하기 위해서 프로그램을 계획하여 서비스를 산출하는 과정이다.
② 사회복지조직의 목표를 달성하기 위해서 인적 · 물적 자원을 관리하는 과정이다.
③ 관리자를 포함한 모든 조직구성원의 역동적인 협력활동이다.
④ 조직을 변화시키고 발전시키는 사회복지실천의 한 방법으로 관리에 초점을 둔 간접적 개입방법이다.

2) 협의의 사회복지행정

협의의 개념에서 볼 때 사회복지행정은 보호를 필요로 하는 요보호대상자를 주요 고객으로 하는 사회복지시설의 행정이라는 입장이다. 요보호자에 대한 행정은 시설보호와 거택보호가 사회복지행정의 주된 내용을 이루고 있다. 이러한 협의의 개념을 사회사업행정(social work administration)이라고도 하는데, 이는 사회복지조직(기관)의 목표달성을 위해 주로 관리자에 의해 수행되는 상호의존적인 과업을 의미한다.

요컨대 협의의 사회복지행정에 관한 관점에서는 국가의 목표나 정책과 같은 것은 관심이 없으며, 오직 클라이언트에 대한 서비스의 기술적인 측면과 운영적인 측면만이 관심의 대상이 된다(박차상 외, 2010 : 18).

3) 광의의 사회복지행정

광의의 개념에서 볼 때 사회복지행정은 사회복지정책을 사회복지서비스로 전환시키는 데 필요한 사회복지조직의 정책형성 및 정책을 수행하기 위한 활동과 관리자와 조직구성원의 총체적 활동을 포함한다. 그러므로 광의의 사회복지행정에서는 중앙정부 또는 지방자치단체가 사회복지정책을 국민 모두에게 펼치기 위한 공공기관의 제반 활동과 국가 또는 개인이 설립한 사회복지법인 및 시설을 설립 취지대로 효율적으로 운영하기 위한 민간단체의 행정까지 모두 포함하여 사회복지행정이라고 한다(장인협 · 이정호, 2006 : 4).

〈표 1-1〉 사회복지행정의 개념 분류

구 분	사회복지행정	주 체	대 상
광의의 개념	사회복지기관행정 (협의의 개념)	민간복지기관	요보호자
	공공복지기관행정	중앙정부 및 지방자치단체	전 국민

2. 사회복지행정과 일반행정의 공통점과 차이점

1) 공통점

① 행정은 주로 문제의 확인, 문제의 여러 가지 측면을 연구, 해결 가능한 계획의 개발, 계획의 수행, 효과성 평가 등을 포괄하는 문제해결과정이다.
② 행정은 상호 관련되고, 상호작용하는 부분들이 모여서 이루어진 체계이다.
③ 행정은 문제를 해결하기 위한 대안의 선택에서 가치판단과 창의적인 지식을 활용한다.
④ 행정은 개인이나 집단이 조직목표 달성을 효과적으로 기능하도록 해주는 조력(enabling)의 과정을 요구한다.
⑤ 행정은 미래의 바람직한 상태를 구현하기 위한 것과 관련되어 있다.
⑥ 행정은 최적의 제품 또는 서비스를 생산하도록 인적·물적 자원을 동원하고 조직화하는 것에 관심을 둔다.
⑦ 행정은 모든 업무부문에서 공공의 의지(public will)를 실행에 옮기는 것과 관련되어 있다.
⑧ 행정은 관리운영의 객관화와 인적자원의 활용 간에 적절한 균형을 유지한다.
⑨ 행정은 개별 직원들의 지위와 인정에 관심을 갖고 조직의 목표, 가치 및 방법에 직원들이 적극적으로 일체감을 가질 필요성에 관심을 갖는다.
⑩ 행정의 주요 영역으로는 의사소통, 조직원 간 상호작용 관계, 행정에의 능동적인 참여 등이 있다.

2) 차이점

① 사회복지조직이 산출하는 서비스는 휴먼서비스(human service) 조직이라는 독특한 성격을 갖는 사회복지서비스이다. 휴먼서비스 조직은 조직의 원료가 인간이며, 도덕적 가치판단이 필요하고, 클라이언트와 일선 직원과

의 관계가 효과성과 효율성에 중요한 요인이 되는 등 여타의 조직들과는 다른 특징을 가지고 있다.

② 사회복지조직에서 행정은 지역사회 내의 인지된 욕구를 충족시킬 수 있도록 돕기 위해 존재하는 것이다.

③ 사회복지행정은 ㉠ 개인이나 가족, 지역사회 주민의 손상된 사회적 기능의 회복, ㉡ 좀 더 효과적인 사회적 기능을 위해 사회적·개인적 자원의 제공, ㉢ 사회적 역기능을 예방하는 프로그램을 실시한다는 점에서 행정의 관리라는 측면과 상당한 차이를 보이고 있다.

④ 사회복지행정이 이루어지는 장(場)인 전형적인 사회복지조직은 일반적으로 지역사회를 대표하는 이사회를 가지고 있으며, 공식조직 이외에 비공식조직이 활성화되어 있다.

⑤ 사회복지행정은 지역사회의 각종 사회문제 해결과 지역주민의 욕구충족을 위해서 존재하기 때문에 조직 내부의 관리문제와 더불어 환경관리 영역으로 확대되어 지역사회의 정치·경제·사회적 변화에 관한 다양한 지식과 관리기술을 요한다.

⑥ 사회복지조직의 크기, 업무범위, 조직구조, 프로그램 형태가 일반 행정조직에 비해 매우 광범위하고 다양하다.

⑦ 사회복지행정가는 사회복지조직의 운영에 있어 지역사회에 대한 책임을 갖고 지역사회와 밀접한 관련을 가져야 한다.

⑧ 사회복지행정은 자원의 활용에 관하여 부단히 선택을 내릴 필요성이 있다.

⑨ 사회복지행정은 관리자를 포함한 사회복지조직의 모든 구성원이 복잡다양한 행정 및 관리과정에 참여하고 전체조직의 목표달성에 크게 영향을 주기 때문에 행정가 또는 관리자에 의해서만 이루어지는 것만이 아니다.

⑩ 사회복지조직의 핵심 구성원인 사회복지사는 전문성과 자율성을 갖고 다양한 계층의 클라이언트 집단에 서비스를 제공하므로 사회복지행정의 성패는 전문사회복지사의 직무수행 능력과 자질에 크게 의존하다.

〈표 1-2〉 사회복지행정과 일반행정의 차이점

구 분	사회복지행정	일반행정
대 상	• 지역사회 내의 인지된 욕구 충족(지역사회 문제해결)	• 전체 국민 혹은 일정한 지역주민의 욕구 충족(공공복리)
서비스 종류	• 손상된 사회적 기능 회복 • 사회적 · 개인적 자원의 제공 • 사회적 역기능 예방	• 국가 혹은 지방자치단체 유지업무 • 공공정책 입안 및 집행 • 대민업무 활동
구성 및 활동	• 이사회가 집행	• 업무에 따라 해당 부서가 집행
조직크기, 범위, 구조, 프로그램 형태	• 다양, 광범위 • 법령에 위반되지 않는 한 원칙적으로 자유로운 활동	• 법령에 따라 조직되고 업무도 정해짐 • 법적인 제약이 큼
행정가의 책임	• 조직의 내부운영을 지역사회와 연계 책임(정당성, 자원 확보 차원)	• 전체 국민 혹은 지역주민에 대한 책임(선거를 통한 신임)
자원활용 선택	• 수시로 끊임없이 선택할 필요성	• 법령에 따른 업무한도 내에서 활용
재정문제	• 조직의 생존 위해 적자 운영 지양	• 법령에 따라 적자 예산 가능
서비스 성격	• 전문사회복지사업적 성격 ⇨ 사회복지사의 업무수행 능력에 크게 의존함(예 노인복지, 청소년 마약 등)	• 전문 관리적 성격(예 주택문제, 환경문제)
행정 참여도	• 조직의 모든 직원(사회복지사)이 의사결정에 참여	• 직급 · 직위에 따른 참여

출처 : 우종모 외(2007). 사회복지행정론. 경기 : 양서원.

3. 사회복지행정의 가치와 필요성

1) 사회복지행정의 가치

(1) 사회복지행정의 일반적 가치

① 인간을 사물(things)로 파악하지 않고 살아 있는 존재(beings)로 파악해야 한다는 것이다.

② 인간을 동물적인 존재가 아니라 신적인 존재로 파악하고 인간의 조건을 계속적인 성장과 발전의 과정으로 인식해야 한다.

③ 인간 개개인의 독자성을 추구해야 한다.

④ 인간으로 하여금 인생의 의미를 찾을 수 있는 기회를 제공해야 한다.

⑤ 개개 인간의 창조적인 잠재력에 관심을 두어야 한다.

(2) 사회복지행정의 주요 가치

사회복지행정의 주요 가치는 분배적 가치, 성장적 가치, 중도적 가치 세 가지로 묶어서 설명할 수 있다. 분배적 가치는 사회구성원에게 고르게 나눠지도록 하는 행정의 가치를 의미하는데, 형평성이 그 성격을 갖는 것으로 대표적이다. 성장적 가치는 사회 전체의 부의 규모를 키우는 데 중점을 두는 행정의 가치를 의미하고 대표되는 것은 능률성이다. 그리고 중도적 가치는 그 중간자적 입장에 놓인 가치로 접근성, 책임성, 대응성이 대표적이다(허만형, 2012 : 45).

① 형평성(Equity)/ 공평성(Fairness)

형평성은 동일한 욕구나 문제를 가진 클라이언트에게 동일한 서비스가 제공되어야 한다는 것을 의미한다. 소득 수준이 비슷한 사람에게는 비슷한 수준의 사회보험료를 부담하도록 하거나 비슷한 수준의 세금을 납부하도록 하는 것은 형평성의 한 사례다. 또한 소득 수준이 비슷한 빈곤층에게 비슷한 수준의 생계비를 지원하는 것도 형평성의 예로 제시할 수 있다. 형평성의 이념은 온전히 적용되는 것이 사실상 불가능하다고 볼 때 그것은 매우 이상적인 의미의 가치라고 할 수 있다.

② 효율성(Efficiency)/ 능률성

효율성은 조직이 공공재와 공공서비스를 산출하는 데 어떻게 최소의 투입으로 최대의 산출을 거둘 것인가와 관련된 것으로, 자원의 유한성을 전제로 자원이 제한된 사회복지서비스 공급에 있어 중요한 가치이다.

③ 효과성(Effectiveness)

효과성은 사회복지조직에서 욕구충족을 위해 제공된 서비스나 프로그램이 클라이언트의 욕구와 문제해결에 적합하였는가와 관련된다. 즉, 조직의 산출이 당초에 제시한 목표를 어느 정도 달성했느냐를 의미한다. 여기에는 서비스가 지역사회, 클라이언트의 욕구와 수요를 어느 정도 충족하느냐를 포함하고 있다.

④ 접근성(Accessibility)/ 편익성(Convenience)

행정을 통해 제공할 수 있는 서비스가 아무리 많다고 하더라도 활용 가능한 서비스가 있다는 사실을 아무도 모르면 소용이 없다. 접근성은 클라이언트가 사회적 서비스를 얼마나 쉽게 이용할 수 있는가와 관련된다. 여기서 접근성은 단순히 지리적으로 가까운가를 넘어 클라이언트가 어떤 서비스를 이용하고자 할 때에 장애요소가 될 수 있는 모든 요인을 제거하여 주는 것을 의미한다. 장애요소의 예로는 서비스에 대한 정보부족 또는 부재, 지리적 장애, 심리적 장애, 선정 절차상의 장애 등을 들 수 있다. 따라서 접근성은 사회복지행정의 형평성과 효과성을 제공할 수 있는 유용한 도구가 된다.

⑤ 책임성(Responsibility)

책임성은 행정의 목적 달성에 충실하게 임했으며, 집행 과정에서 법을 준수했는지를 묻는 행정의 가치이다. 사회복지행정에서 책임성이 제고되면 합목적성과 합법성을 향상시킬 수 있다. 또한 자격 있는 복지 수혜자가 복지 혜택을 받도록 함으로써 복지 의존성 문제나 복지 남용 문제를 어느 정도 해결할 수 있다.

⑥ 대응성(Responsiveness)

대응성은 클라이언트의 요구에 부응하는 행정을 수행했는지를 묻는 사회복지행정의 가치이다. 대응성을 제고하기 위해서는 먼저 클라이언트의 요구가 무엇이며 어느 정도까지 제공해야 하는가에 대한 기준이 설정되어야 한다. 다음으로는 서비스에 대한 접근성이 보장되어야 한다. 무엇보다도 서비스를 제공하기 위한 자원이 확보되어 있지 않으면 사회복지행정의 대응성을 높일 수 없다.

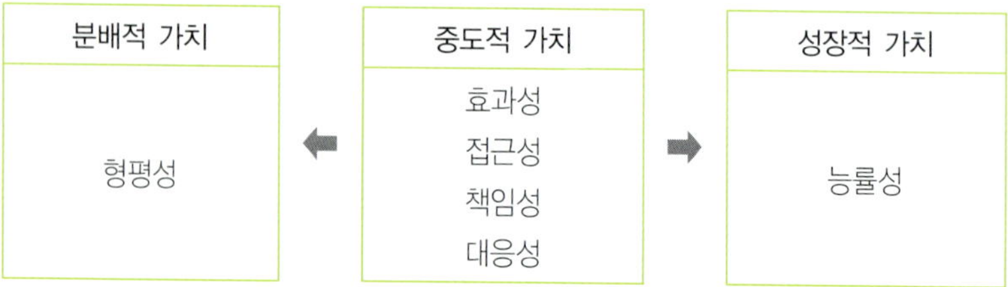

【그림 1-1】 사회복지행정의 주요 가치 체계

2) 사회복지행정의 필요성

(1) 산업화와 도시화의 영향

산업화와 도시화에 따른 전통적 규범이나 가치관의 붕괴, 사회·경제적 구조변화에서 비롯되는 대량실업 및 빈곤, 그리고 다양한 사회문제들은 과거 복지기제들의 역할을 대신할 공식적이고 체계적인 조직들을 필요로 하게 되었는데 그 조직들이 정부, 공공 및 민간조직이다. 사회복지행정은 이러한 조직들에 의해 확대된 사회복지 기능을 조직화·체계화·합리화하기 위한 필요성에서 나타났다(김병식 외, 2005 : 13).

(2) 사회복지조직의 서비스와 사회복지행정의 상호연관성

사회복지서비스의 효과는 복지제도의 개선이나 인적·물적 자원의 단순한 투입만으로는 기대하기 어려우며 이것들을 효율적으로 활용하는 행정과정을 통해서 비로소 목표를 이루게 된다. 따라서 사회복지행정은 사회복지조직이 사회복지 목표를 달성하기 위해 수행하는 다양한 활동들을 기획·조정·통제 및 평가해 효율성과 효과성을 담보해야 할 필요성 때문에 존재한다(김병식 외, 2005 : 13).

(3) 사회복지조직에서 미션·비전·목표의 효과적 구축

사회복지조직 활동에서 '누구를 대상으로 무엇을 해야 할 것인지'를 명확히 설정하는 것이 효과적인 조직 활동의 가장 중요한 요소가 된다고 할 수 있다. 이것은 곧 조직이 '무엇을 추구할 것인지'를 관리할 필요성을 의미하는 것으로 구체적으로 미션·비전·목표 세 가지를 의미한다. 지속적인 발전이 가능한 조직은 미션과 비전, 그리고 목표가 직원 사이에 공유되고 있지만, 활력을 잃은 조직은 매일의 조직운영에만 급급해 단기적인 목표는 존재하지만, 직원들의 비전과 전략은 찾아보기 어려운 경우가 대부분이므로 상황은 점점 나빠져 간다. 따라서 조직구성원의 에너지를 끌어내고 조직역량을 극대화하기 위해서는 복지조직에서 미션과 비전, 목표의 효과적인 구축을 통한 사회복지행정의 활용이 필수적이다(신복기 외, 2010 : 18-19).

4. 사회복지행정 및 사회복지조직의 특성

1) 사회복지행정의 특성

사회복지행정은 여러 관점에서 그 특성을 규명해 낼 수 있지만, 우선은 인간의 욕구충족과 문제해결을 위해 개발된 서비스와 프로그램의 운영이 그 핵심이라고 할 수 있다. 사회복지행정의 특성을 구체적으로 살펴보면 다음과 같다(강용규 외, 2007 : 16-17).

① 사회복지업무에서는 일반행정에서 고려되는 능률성이나 경제성이라는 행정이념보다는 형평성, 사회정의, 서비스의 효과성을 우선적으로 고려한다.

② 일반행정의 경우 대상이 사람과 제도적일 수 있으나, 사회복지행정의 경우 오직 사람만을 대상으로 하며, 인간을 이해할 수 있는 실천기술이 매우 중요한 부분을 차지한다.

③ 사회복지행정의 대상이 되는 문제는 주로 사회문제라고 인식되며, 도움을 필요로 하는 클라이언트의 욕구가 다양하기 때문에 사회복지행정이 추구하는 목표는 다양할 수밖에 없다.

④ 사회복지행정은 이윤추구나 권력을 목적으로 하는 것이 아니라 욕구충

족의 우선순위와 제한된 자원을 보다 효율적으로 배분하는 일련의 과정으로서 클라이언트, 지역사회 주민의 권리, 공공의 책임, 전문 인력의 관리 등 포괄적인 영역을 포함한다.

2) 사회복지조직의 특성

사회복지조직은 클라이언트에게 사회복지서비스를 직접 제공하거나 사회복지서비스를 계획함으로써 인간 또는 사회문제를 해결 내지 완화시키는 기능을 수행하는 조직으로, 다른 조직과 구별되는 특성을 좀 더 구체적으로 살펴보면 다음과 같다(Hasenfeld & English, 1983 : 8-23; 최성재 · 남기민, 2005 : 14-17).

① 사회복지조직의 원료가 인간이라는 것이다

다른 관료조직과는 대조적으로 사회복지조직의 원료는 가치중립적이 아니며 문화적 가치를 부여받고 사회적 · 도덕적 정체성을 지니고 있는 인간들이라는 것이다.

② 사회복지조직의 목표는 불확실하며 애매모호하다

사회복지조직은 클라이언트와 이해관계를 갖고 있는 다양한 사회집단 및 기타 공식조직으로 구성되어 있으며 이들은 다 나름대로의 특별한 가치체계를 갖고 조직의 목표가 설정되기를 기대하고 있는데, 사회복지조직이 이들의 기대를 모두 다 수용하려다 보니 목표설정이 불확실하고 애매모호하게 되기 쉽다.

③ 사회복지조직의 기술은 불확실하다

인간은 복합한 체계로서 상호 연관되어 있으며 다양한 속성을 지녔고, 변동적이고 불안정한 존재이다. 따라서 인간의 변화에 대응하는 방식은 불명확하고, 인간을 대상으로 하는 사회복지조직이 사용하는 기술 역시 결정적이지 않다. 서비스의 질은 서비스를 제공하는 사람의 판단과 기술에 의존하게 된다.

④ 사회복지조직에서의 핵심적 활동은 직원과 클라이언트의 관계로 구성되어 있다

사회복지조직의 중요한 업무는 클라이언트와 직원 간의 일련의 관계 속에서 이루어진다. 따라서 사회복지조직에서는 항상 클라이언트와 접촉하는 일선 직원들의 지위와 역할이 매우 중요하고 이들이 많은 재량권을 행사하게 된다.

⑤ 사회복지조직은 전문성을 갖고 있는 직원들에게 점점 더 크게 의존한다

그 필요성은 다음과 같이 두 가지로 요약할 수 있다. 그 하나는 사회복지조직이 다루어야 할 인간문제들의 성격과 복잡성 때문에 과학적이고 이론적이고 실천적인 전문지식을 필요로 하는 것이고, 다른 하나는 사회복지조직의 서비스 욕구, 즉 클라이언트의 복지 증진을 위해 투철한 사명감과 책임감을 가지고 있는 직원이 필요하다.

⑥ 사회복지조직에는 그 효과성을 신뢰성 있고 타당성 있게 측정할 척도가 부족하다

사회복지조직이 효과성 측정에 있어 어려움을 겪는 원인은 인간을 원료로 한다는 점, 도덕적 가치를 고려해야 한다는 점 때문이며 효과성 및 효율성을 평가하는 것이 사실상 어렵고 평가에 적합한 척도도 부재하다.

5. 사회복지행정의 과정

사회복지행정은 조직을 통해 실천되는 과정으로 조직을 유지하는 최고관리층의 기술을 필요로 한다. 귤릭(Luther Gulick)과 어윅(Lyndall Urwick)은 조직을 성공적으로 이끄는 요소가 객관적으로 존재한다고 생각하며 최고관리층의 기능을 기획, 조직, 인사, 지시, 조정, 보고, 재정이라고 보고 영어 알파벳 철자 머리글을 따서 'POSDCoRB'라고 제시하였다. 요즈음은 POSDCoRB에 평가(Evaluating)의 기능을 덧붙여 POSDCoRBE라고 한다(홍봉수 외, 2011 : 23).

1) 기획(Planning)

기획이란 목표의 설정과 목표를 달성하기 위한 과업 및 활동을 수행하기 위해 사용되는 방법을 결정하는 단계로, 과업을 달성하기 위한 방법은 변화하는 목표에 따라 달라질 수 있다. 사회복지행정가는 변화하는 목표에 맞추어 과업을 계획하고 이를 집행할 방법과 기술을 결정해야 한다. 스키드모어(Skidmore, 1983)는 사회복지행정에서 기획이 필요한 이유로 다음과 같이 제시하고 있다.

첫째, 사회복지인력과 자원은 한정적이므로 기획을 통하여 효율성을 증진시킬 수 있다.

둘째, 사회복지행정이 클라이언트에게 제공되는 서비스를 통하여 그의 문제나 욕구를 해결하는 데 효과가 있어야 하는데, 기획을 통하여 효과성을 높일 수 있다.

셋째, 사회복지행정은 목표로 하는 서비스를 효과적이고 효율적으로 제공해야 할 책임을 져야 하고, 이를 위해서는 서비스 기획이 필요하다.

넷째, 기획과정을 통하여 조직구성원들의 기여와 의견 수용이 수반되고, 구성원들은 자신들의 참여로 계획이 이루어진 데 대하여 인정과 성취감을 획득할 수 있어 사회복지행정조직의 사기를 높일 수 있다.

2) 조직(Organization)

조직이란 설정한 목표를 달성하기 위하여 조직구성원의 역할과 지위를 체계적으로 연결시키는 과정으로 조직단계에서 구성원에게 과업이 할당되고 조정된다. 조직구성에 있어서 구성원들의 역할과 책임이 분명하지 않으면 직원들 간의 갈등이 초래되고, 비효율적이고 비효과적인 조직이 된다.

3) 인사(Staffing)

인사란 직원의 채용과 승진·해고, 교육 및 훈련과 관련된 전 인사과정을 의미한다. 사회복지행정의 책임자는 직원의 임면(임명, 면직)뿐만 아니라 훈련과 교육, 좋은 근무조건을 부여하도록 노력하는 일에 대해서도 책임을 진다.

4) 지시(지도, Directing)

지시는 의사결정권자가 여러 가지 사안에 대해 끊임없이 판단하고, 결정하여 업무를 배분하는 과정으로 명령, 지시, 봉사 등으로 구체화된다. 사회복지행정가는 ① 합리적인 결정을 내리는 능력, ② 기관의 목적에 대한 능동적인 관심과 이를 달성하려는 헌신적 태도, ③ 구성원의 공헌을 인정하고 그들의 지위향상을 도와주는 능력, ④ 자신의 권한과 책임을 효과적·효율적으로 위임하는 능력, ⑤ 개인과 집단의 창의성을 고취하는 능력 등을 고려하는 지도자가 되어야 한다.

5) 조정(Coordinating)

조정이란 업무의 충돌이나 중복을 방지하고, 구성원 간의 효과적인 의사소통을 위하여 사회복지행정의 책임자가 수행하는 역할을 의미한다. 사회복지행정가는 부서 간, 직원 간 효과적인 의사소통망을 만들어 유지·조정해야 한다. 이를 위한 방법으로 위원회의 조직이 있으며, 위원회에서는 프로그램, 인사, 재정 및 긴급한 문제 상황, 임시적인 활동 등을 다루게 된다.

6) 보고(Reporting)

보고는 사회복지행정의 책임자가 직원, 이사회, 지역사회, 행정기관, 후원자 등에게 조직에서 일어나는 상황을 알려주는 과정으로 주요 활동은 기록, 정기적인 감사, 조사연구가 있다.

7) 예산(재정, Budgeting)

예산이란 행정활동이나 공공정책을 시행하기 위하여 자금을 조달하여 관리하고 이용하는 경제활동으로 대부분의 사회복지행정 책임자는 한정된 재원을 가지고 효율적으로 집행하기 위하여 재원의 관리와 통제기능을 수행하여야 한다. 사회복지조직은 재정을 투명하게 관리·사용할 수 있어야 하며 조직의 사회복지행정가는 중·장기적인 재정계획을 수립해야 하고 회계규정에 따라 재정운영에 대해 책임을 진다.

8) 평가(Evaluating)

평가란 클라이언트에게 제공된 사회복지서비스가 욕구나 문제의 해결에 적절했는지에 대한 서비스의 효과성과 자원의 투입 및 산출과 관련된 효율성을 측정하는 행위로서, 여기에서 도출된 내용은 계획의 기초자료로 사용되는 것이 바람직하다.

참 고 문 헌

강용구 · 김희성 · 배은영 · 양정하 · 오종희 · 유용식 · 주익수(2007). **사회복지행정론**. 경기 : 공동체.

김병식 · 박용순 · 변보기 · 윤도현(2005). **사회복지행정론**. 서울 : 창지사.

박차상 · 이경철 · 오세영(2010). **사회복지행정론**. 서울 : 창지사.

우종모 · 김재호 · 조당호(2007). **사회복지행정론**. 경기 : 양서원.

장인협 · 이정호(2006). **사회복지행정론 이론과 실무**. 서울 : 서울대학교출판부.

최성재 · 남기민(2005). **사회복지행정론**. 경기 : 나남출판.

허만영(2004). **사회복지행정론**. 서울 : 법문사.

홍봉수 · 임현진 · 장승전 외(2011). **사회복지행정론**. 경기 : 공동체.

황성철 · 정무성 · 강철희 · 최재성(2005). **사회복지행정론**. 경기 : 학현사.

Hasenfeld, Y., & English, R. A.(1983). *Human Service Organizations*. Ann Arbor : The University of Michigan Press.

Skidmore R. A.(1983). *Social Work Administration : Dynamic Management and Human Relation*. Englewood Cliffs, NJ : Prentice-Hall Inc.

Spencer, S.(1959). *The Administration Method in Social Work Education*. New York : Council on Social Work Education.

Chapter

02

사회복지행정의 역사와 영역

Chapter 02 사회복지행정의 역사와 영역

1. 미국 사회복지행정의 발전

미국 사회복지행정의 역사를 규명하는 데 있어서 선행되어야 할 작업이 시대구분이다. 그러나 역사적 시대구분은 학자마다 중요한 역사적 사건에 부여하는 의미를 달리하기 때문에 각양각색이다. 여기서는 패티(Patti, 1983 : 1-23)가 제시한 시기구분과 내용을 중심으로 인식기(19세기 말~1920년대), 기초 정립기(1930년대~1950년대), 정체기(1960년대), 발달기(1970년대~1980년대 중반), 도전과 응전기(1980년대 후반~현재) 5단계로 논의하고자 한다(신복기 외, 2010 : 57-72).

1) 인식기(19세기 말~1920년대)

19세기 중반 이후 미국에서는 산업화와 도시화가 급속히 진행되면서 인구의 도시집중, 유럽으로부터 대규모 이민자 유입, 경제환경의 변화로 예전에는 상상하지 못했던 빈민과 실업의 문제, 도시의 슬럼화 등 새로운 사회문제를 발생시켰다. 그러나 사회복지행정에 대한 관심이 최초로 이루어진 것은 19세기 말엽이라고 볼 수 있으며, 명목상으로나마 사회복지행정에 관한 인식이 이루어진 것은 20세기에 들어와서부터라고 할 수 있다.

(1) 사회복지전문가의 사회복지행정에 대한 인식

20세기 초반은 미국 사회복지의 역사에 있어서 강력한 전문화의 시대이며, 전문직업으로서 사회복지의 독자적 영역이 형성되고, 전문적 실천의 지배적이고 독특한 방법으로서 케이스워크가 확립되었던 시기였다(Lubove, 1965 : 119). 즉, 이 당시 사회복지의 모든 이론, 지식, 기술은 물론 심지어 사회복지교육까지도 전부 케이스워크에 초점을 두고 있었으므로 케이스워크가 전체 사회사업전문직을 대표하는 것으로 생각되었다.

그러나 여기에 대한 비판과 반성이 사회사업전문직 자체와 몇몇 학자들 그리고 전문직협회 및 관계 문헌들에서 제기되었는데, 이것이 사회복지행정에 대한 명목상 인식의 시초이다.

사회복지전문직은 빈민들의 사회적 조건을 개선하고, 과거부터 내려오는 사회사업시설들의 실천을 합리적으로 관리할 책임이 있었고 또한 많은 전문사회사업가들의 활동이 직접 또는 간접적으로 불가피하게 행정과 관련되어 있었기 때문에 완전히 행정에 무관심하기는 어려웠다(Lubove, 1965 : 22-34). 따라서 사회복지전문직은 사회사업시설들을 합리적으로 관리하고 그것의 효율성을 높일 수 있는 전문적 방법을 필요로 하게 되었다. 그리고 몇몇 사회사업학자들은 케이스워크가 사회적 서비스의 목적, 조직, 그리고 전달에 영향을 미치는 하나의 전문직으로서는 너무 좁은 영역이므로 보다 광범위한 접근을 하는 전문직이 필요하다고 강조하였다.

(2) 사회사업대학의 사회복지행정에 대한 인식

1914년 사회사업 교과과정에 최초로 행정이 등장하였으며(Skidmore, 1983 : 24), 사회사업대학들의 행정에 대한 인식에 많은 영향을 미친 것은 1929년에 개최된 Milford 회의이다. 이 회의에서는 케이스워크(개별사회사업), 그룹워크(집단사회사업), 지역사회조직, 사회사업조사, 그리고 행정을 망라하는 전문적 사회사업교육기관을 위한 교과과정이 제안되었다. 특히 이 제안 속에는 사회복지기관에 필요한 조직구조의 틀(framework)과 기준 등에 관한 언급은 있었지만, 효과적인 서비스 전달체계를 위한 조직상의 배경만을 언급하고 있다. 그러나 행정에 필요한 기술과 과정에 대한 언급은 없었던 시기로 패티(Patti, R. J.)는 이 시기를 명목상 인식기로 보았다(홍봉수 외, 2011 : 31).

2) 기초 정립기(1930년대~1950년대)

사회복지행정의 기초는 사회사업행정의 인식을 바탕으로 사회사업가들이 행정지식과 기술적 요구를 이해하려는 노력과 당시의 심각했던 공황문제 해결을 위해 수립된 공공복지정책의 실현과 연계되면서 사회복지행정의 토대가 마련되었다. 이러한 연계가 공공 사회복지행정의 실천영역을 생성시키고 그 개념 및 이론의 발전 계기를 제공하면서 행정발전의 기초를 형성하였다. 따라서 이 시기는 사회복지행정의 실천영역이 형성되어 가는 측면과 사회복지행정의 개념과 실천이론의 기초가 정립되는 것으로 구분하여 논의할 수 있다.

(1) 사회사업행정 실천영역의 형성

1930년대 발생한 대공황의 결과로 다수의 실업자와 경제적 파탄자를 원조하기 위해 연방정부적 차원의 연방긴급구호청(FERA : Federal Emergency Relief Administration)의 설립(1934년)과 사회보장법의 제정(1953년)을 통하여 연방과 주에 공공부조 제도를 창설함에 따라 사회사업행정의 실천영역이 생겨나게 되었다. 연방긴급구호청의 설립으로 주정부와 지방에도 공공 구제기관이 설치되어 이 분야에 전문지식을 갖춘 다수 직원과 관리자가 필요하게 되었다(Brown, 1940 : 280-289).

사회보장법의 제정은 공공부조 기준의 확립과 주와 지방정부의 차원에서 공공복지부의 창설 내지 확장에 공헌하였다. 이러한 제도들의 창설 및 확장은 연방에서 위임된 사회적 서비스를 계획하고 조직하며, 그리고 관리하고 감독할 많은 훈련된 직원을 필요로 하였다(Brown, 1940 : 273-298). 이러한 공공복지부문의 변화로 인해 기존의 사회복지행정은 그것의 실천영역을 확대하여 갔다.

이러한 사회적 변화에 부응하기 위해 사회복지대학들은 기존의 교과과정에 대한 재검토를 할 수밖에 없었다. 따라서 교과과정도 종래의 민간복지기관에서 케이스워크(case work)를 중심으로 한 직접적 실천가 양성에서 공공복지 부문의 실천가 양성으로 전환하게 되었다. 이렇게 전환된 교과과정으로 교육받은 학생들이 공공부문에 근무하게 되고, 그에 따라서 사회복지행정의 실천영역이 확대되게 되었다. 그리고 개정된 교과과정에 의해 교육을 받은 사람들이 민간 사회복지기관에 근무하게 됨으로써 기관의 효율적 운영에 기여하게 되었다. 이러한 일련의 변화로 인해 사회복지행정의 개념과 실천이론이 개발될 토대가 구축·정립되었다.

(2) 사회복지행정 개념과 이론의 정립

사회복지학자들은 실천가들과 협력하여 의도적으로 사회복지행정을 사회복지실천방법의 하나로 정착시키려고 노력하였다. 이러한 노력에 힘입어 사회복지행정과 일반행정의 차별이 가능해졌고, 인간관계 기술이 도입되었다. 제2차 세계대전 이후 10년간은 행정을 실무방법으로서 이론적이고도 체계적으로 발전시킨 시기로 다음과 같은 노력들이 있었다(강용규 외, 2013 : 40-41).

첫째, 사회복지행정과 일반행정을 구별하려는 노력이 있었다. 둘째, 사회복지행정을 케이스워크, 그룹워크 및 지역사회조직 등과 마찬가지로 사회복지방법으로 정립하려는 노력이 있었다. 셋째, 사회복지행정은 일반행정에 비해 그 과정에 있어 민주적이고 참여적인 경향을 가진다는 점을 강조하려는 노력이 있었다. 이러한 노력의 결실로 인해 사회복지행정은 제반 사회문제를 해결하는 데 있어 단지 하나의 도구나 보조적인 것이 아닌 독립적인 영역으로 자리 잡게 되었다.

3) 정체기(1960년대)

사회복지행정은 실천영역 및 이론적 기초 정립을 바탕으로 1960년대 초반에는 상당한 발달이 기대되었는데, 그러한 기대는 몇 가지 사실로 나타났다.

첫째, 1960년대 초반 사회사업가협회(NASW : National Association of Social Workers) 후원으로 사회복지조직 및 행정에 관한 많은 이론들이 연구되었고 또한 행정발달에 대한 건의안도 제시되었다(Fanshel, 1962 : 62). 그리고 사회복지협의회(NCSW : National Council of Social Welfare)는 사회복지행정에 관한 많은 논문들을 발표하였다(Reed, 1961 : 18).

둘째, 1961년 사회사업교육협의회(CSWE : Council on Social Work Education)는 사회사업대학의 교과과정에 사회복지행정을 포함시켰다(Skidmore, 1983 : 10). 그리고 사회복지행정부문의 실천가들을 위한 연구과정이 필요하게 되었고, 이러한 요구에 부응하기 위해 사회사업교육협의회는 개별 대학들이 사회복지행정 교육을 강화하는 교과과정을 인정하였다.

셋째, 사회복지행정에 대한 전문적 관심이 증대되고, 사회사업대학에서의 행정교육이 강조됨에 따라 1963년에 NASW산하에 사회사업행정위원회(CSWA : Council on Social Work Administration)가 창설되었다(Trecker, 1977 : 17).

이상에서 보듯이 사회복지행정은 1960년대에 발전할 것으로 기대되었지만, 그 기대는 만족스럽지 못했다. 이러한 사실로 인해 1960년대의 사회복지행정은 하나의 정체기로 볼 수 있다. 그러한 정체의 원인으로는 빈곤투쟁(war on poverty) 정책 수행에 따른 커다란 사회적 변화 요구에 사회복지기관들의 부적절한 대처에 대한 국민들의 불신과 사회복지행정의 대안으로 지역사회조직사업이 급격이 발달하였기 때문이었다.

4) 발달기(1970년대~1980년대 중반)

1970년대 이후 미국에서는 1960년대 비약적으로 확대된 사회복지 프로그램들에 대한 효과성과 효율성 및 사회적 책임성이 강하게 대두되기 시작하였다. 그 배경에는 1960년대 후반 이후 베트남 전쟁, 사회복지비 지출의 증가, 스태그플레이션으로 인한 경제성장의 둔화 등이 자리 잡고 있다.

이러한 상황에 처하자 정책결정자들은 사회복지 프로그램의 선택에 필요한 전문적 정보를 제공해 줄 수 있는 전문가를 필요로 하게 되었다. 이에 따라 사회복지행정가의 관심과 임무도 프로그램의 유지와 확장으로부터 프로그램의 해석, 선택, 통제 및 평가로 전환되었다. 그 결과 효과적이고 효율적인 사회서비스를 계획·유지·관리·평가하기 위한 새로운 관리기법(PPBS, PERT 등)들이 사회복지행정 영역에 도입되어 전문 사회사업의 고유한 방법으로 발전되었다.

1970년대에는 사회복지행정 발전에 대한 사회적 요청에 부응하기 위해 사회사업대학들은 행정교육을 급속도로 확대하였고, 이러한 사회복지행정 교육의 확산에 힘입어 전문적 문헌과 잡지가 출간되었는데, 사회사업행정(Social Work Administration : A Resource Book), 사회사업행정사례집(A Casebook in Social Work Administration), 그리고 1976년에 출간된 사회사업행정(Administration in Social Work)이 대표적이다.

이러한 전문적 저널은 사회복지행정 발달에 있어 사회복지행정에 대한 학문적 논의를 가능하게 하였는데, 특히 사회복지행정 연구를 위한 풍부한 자료의 제공뿐만 아니라 행정실천을 위한 지식과 기술의 검증에 기여하게 되었다. 이로써 사회복지행정의 원칙, 이론, 역할 등에 대한 사례 및 모델이 정립될 수 있었다.

5) 도전과 응전기(1980년대 후반~현재)

1980년대 이후 레이건 행정부에 의한 연방정부의 사회복지역할이 축소되었고, 1990년대 이후 사회복지환경의 변화에 따라 사회복지행정도 변화하게 되었다. 1990년대 사회복지환경의 변화는 첫째, 기획에서 서비스 전달까지 직접 담당했던 거대 공공 관료조직들의 퇴조, 둘째, 계약이나 서비스 구입 등의 방법을 통한 민간부문의 직접서비스 전달에서의 역할 증대, 셋째, 민간과 공공의 엄격한 조직적 구분의 퇴조, 넷째, 서비스 목적 실현을 위해서는 느슨하게 연결되어 있는 다양한 서비스 조직들을 연계할 서비스 전달체계의 통합이 필요하다는 인식의 확산, 다섯째, 사회복지서비스의 책임성에 대한 구체적인 행정실천 등으로 요약할 수 있다(김영종, 1998 : 51).

이러한 변화의 핵심은 사회복지서비스의 제공과 전달체계에서의 민영화에 관한 것이다(Austin, 1995 : 1645). 민영화는 정부의 부담을 줄이면서도 서비스의 다양성과 범위를 확보할 수 있도록 하기 위해 정부재원으로 공공복지조직을 운영하는 대신에 민간사회복지 프로그램에 대해 정부가 보조금을 지급하거나 또는 정부가 민간서비스를 구입하는 계약을 체결하는 것과 같이 사회복지에 민간부문을 적극 참여시키는 것이다. 민영화로 인해 급증하는 민간기관과 프로그램은 사회복지행정의 전문지식과 기술을 가진 인력을 필요하게 되었고, 이러한 사회적 요구에 부응하기 위해 사회복지행정의 지식과 기술뿐만 아니라 일반행정영역의 조직관리기법들도 사회복지교육의 내용에 포함되었다.

사회복지서비스 제공과 전달체계에 있어서 민간의 적극적 참여로 인해 나타난 또 하나의 변화는 공공기관과 민간기관이라는 전통적인 구분을 어렵게 만드는 복합적인 복지조직들의 출현이다. 이러한 복지조직들은 전통적인 민간서비스기관, 관립민영기관 및 공공기관 등의 구분을 어렵게 하는 소위 제3섹터적인 복지조직인 것이다. 그리고 전통적인 중앙집권적인 공공 관료조직들은 점차 기능적 혹은 지리적으로 탈집중화되어 자신들이 직접 서비스를 제공하기보다는 다양한 서비스를 제공하는 조직들과 연결하는 역할만을 담당하게 되었다(김영종, 1998 : 50).

2. 한국 사회복지행정의 발전

1) 일제강점기와 미군정하의 사회복지행정

이 시기의 사회복지행정은 응급구호행정이다. 그러나 응급구호행정이 이후의 사회복지행정의 발전에 많은 영향을 미치고, 근대 사회복지행정 역사의 출발점이 된다는 점에서 중요하다. 이러한 맥락에서 일제강점기와 미군정하의 사회복지행정의 역사를 개관하고자 한다.

(1) 일제강점기의 사회복지행정

우리나라 최초의 민간사회복지관은 1906년 미국 감리교선교단체에 의해서 원산에 설치된 인보관 성격의 반열방이다(장천식, 2007 : 36). 또한 미국 감리교는 1921년 서울 인사동에 태화여자관을 설치하여 민간사회복지관 활동을 전개하였다(황성철 · 강혜규, 1994 : 216).

1910년 일제강점으로 인해 종래의 구호사업들은 거의 자취를 감추고, 1921년 조선총독부 내무국에 신설된 사회과는 우리나라 사회복지사업의 지도와 통제를 전담하였다. 이것이 한국 사회복지행정의 효시로 볼 수 있으나 광복이 되기까지 공공조직의 사회복지활동은 시혜적 활동에 국한되어 공적인 사회복지조직이라고 보기는 어렵다(최성재 · 남기민, 2005 : 53). 왜냐하면 이러한 활동 대부분이 사회복지이념에 의해 시행한 것이라기보다는 일제의 통치목적에 따른 수단으로서 우리 민족에 대한 정치적인 목적의 시혜로서의 의미가 크기 때문이다.

그 후 1944년 3월 공포, 실시된 조선구호령에는 조선총독부가 국민의 빈곤, 불구, 폐질 등에 대하여 생활을 구호할 의무를 가지는 것으로 규정하고 있어 이들에 대한 공공 구호행정을 펼칠 수 있었지만, 이 법령은 조선총독부가 국민들을 회유하고 종속시키기 위한 정치적 맥락에서 시행한 법령상의 명분이었다. 이 법령에 근거한 구호행정도 형식적이며 명목적인 것에 불과하였으며, 생활보호법이 제정되기 전까지 우리나라의 공공 구호행정의 법적 근거가 되었다는 데 그 의의를 가지고 있다(신복기 외, 2013 : 42-43).

(2) 미군정하의 사회복지행정

1945년 광복 이후 미군 진주에 의해 우리나라는 독자적인 정부를 수립하지 못하고 약 3년간의 미군정이 실시되었다. 미군정은 1945년 10월 27일 보건후생국을 설립하였으며, 보건후생국은 1946년 3월 2일 보건후생부로 승격되었다. 보건후생국은 1946년 1월 12일 후생국보 3호를 발표하여 1944년 일제가 제정 · 공포한 조선구호령과 함께 시행하였다. 또한 1946년 9월 18일 후생국보 제3A호에는 재해민과 피난민 구호계획이 발표되었고, 그들에게 식량, 의류, 연료, 긴급의료, 매장, 치료 등의 편의를 제공하고자 했다. 동법 3C호는 빈민 및 실업자 구호계획을 제시하고 있었다. 조선구호령과 보건후생부에 의한 구호행정은 근대적 사회복지행정과는 거리가 있었다. 미군정의 구호정책은 그들에 의해 야기된 정치적 불안에 대한 대응으로 전개되었기 때문에 구호의 범위와 수준이 열악하고 일방적인 성격을 띠고 있었기 때문이다(최항순, 2012 : 71).

또한 미군정은 1946년 9월 18일 아동노동법규를 공포・시행하고, 이어 1947년 5월 16일에는 과도정부 법령 제4호로 전문 12조의 미성년자노동보호법을 공포・시행하였다. 이것은 아동 및 미성년자의 노동을 보호하게 함으로써 아동복지행정의 기초를 이루었다고 볼 수 있으나 역시 아동에 대한 구호행정 수준을 벗어나지 못하였다.

미군정 시기에는 사회사업실천 현장이 없었기 때문에 사회복지교육에 대한 필요성과 욕구도 전혀 없었다. 그럼에도 불구하고 1947년 이화여자대학교에 기독교사회사업학과가 설치되어 전문사회사업교육이 처음으로 시작되었다.

이 시기 사회복지행정은 구호행정으로 장기적인 관점에서 적극적이고 계획적으로 이루어지지 못하였으며, 주로 과도기적인 사회 혼란에 대처하기 위하여 기아의 방지, 최저생계 유지, 의료보호 등에 중점을 둔 응급적이고 임시방편적인 대책에 불과하였다. 따라서 이 시기의 사회복지행정은 근대적 사회복지행정의 개념에 입각한 행정으로 보기는 힘들다(신복기 외, 2013 : 43-44).

2) 제1・2공화국 사회복지행정(1948.8.15.~1961.5.16. 이전)

1948년 8월 15일에 자유민주주의에 입각하여 대한민국 정부가 수립되고 제1공화국이 탄생되었지만, 그 당시의 정치・경제・사회는 매우 불안정하였고 급기야는 1950년 한국전쟁이 발발하였다. 특히 휴전 이후 미국에 의해 제공된 원조는 심각한 식량난을 극복하는 데 어느 정도 도움이 되었지만, 우리 사회에 권리보다는 자선이나 구제라는 전근대적인 사회복지 개념을 인식시키게 되었다(강용규 외, 2013 : 49).

제1·2공화국의 사회복지행정은 당시 사회복지행정직제의 개편내용을 통해 살펴볼 수 있다. 제1공화국은 미군정 당시에 설치한 보건후생부와 노동부를 통합하여 사회부로 개칭하고 보건·위생·노동·부녀행정을 관장하게 하였다. 그 후 1949년 3월 사회부 관장하에 있던 보건행정을 분리하여 보건부를 신설하였다가 1955년 2월 다시 보건부와 사회부를 통합하여 설치된 보건사회부는 우리나라의 사회·복지·보건·부녀행정을 총괄하는 중심부서가 되었다.

한편 한국전쟁 이후 급증한 전쟁피해자들을 위한 외국의 원조기관들이 들어오면서 현대적인 민간 사회복지기관들이 설립되어 사회복지행정 실천의 장이 마련되었다. 그러나 이러한 외원기관들의 활동은 전쟁피해자인 고아, 미망인, 무의탁 노인, 빈민들에 대한 긴급구호 위주였기 때문에 조직적인 원조활동과 전문적 사회복지활동을 수행할 수 없는 상태였다(최성재·남기민, 2005 : 53). 따라서 민간사회복지행정도 단순한 시설·기관운영 외에 체계적으로 집행되지는 못하였다.

그러나 제1공화국 시기의 실천현장에서는 전문적인 사회복지교육의 요구가 나타나지 않았음에도 불구하고 1953년 현재 강남대학교의 전신인 중앙신학교에 사회사업학과가 설치되었고, 1956년에는 사회복지인력 단기양성소인 '국립중앙사회사업종사자훈련소'(후에 국립중앙사회복지연수원으로 개칭됨)가 창설되었다. 1958년에는 서울대학교 대학원에 사회사업학과가 설치되었으며, 1961년부터 서울대학교 3학년 과목으로 사회사업행정을 가르치기 시작하였다(최성재·남기민, 2005 : 54).

이러한 사실을 감안하면 제1·2공화국 시기의 사회복지행정은 전시대에 비해 별다른 진전이 없었다고 볼 수 있다. 다만, 사회사업교육의 측면에서 사회복지행정은 단순히 교과과정에 포함되어 있었다는 사실 이외에 그것의 중요성이나 필요성에 대해 달리 언급할 만한 사항은 없었다.

3) 제3 · 4공화국 사회복지행정(1963.12.17.~1981.3)

5 · 16 군사 쿠데타에 의해 탄생한 제3공화국 정부는 쿠데타의 명분과 민심 안정을 위하여 '시급한 민생고의 해결'을 위해 경제개발을 최우선 목표로 설정하고 절대빈곤의 탈피에 주력하였다. 그러므로 그 당시의 생활무능력자들에 대한 생계보호를 체계적으로 시행하기 위해 1961년 생활보호법을 제정하였다. 이러한 생활보호법을 시작으로 재해구호법(1962)을 확립하는 한편, 사회복지부문에 있어서도 아동복지법(1961), 윤락행위방지법(1961)을 입법화하였으며, 사회보장으로 공무원연금법(1960), 군인연금법(1963), 산업재해보상법(1963), 의료보험법(1963) 등의 관련 법률이 제정되었는데 한국은 1960년에 들어와 사회보험을 중심으로 한 근대적인 사회보장제도를 확립하는 사회복지정책의 기초가 정립되었다(장천식, 2007 : 42).

사회복지 교육 및 관련 단체들의 활동으로는 1952년에 창립된 한국사회사업연합회가 1961년 한국사회복지사업연합회로 명칭이 바뀌면서 그 기능이 확대되었으며, 1965년에 한국사회사업학교협의회가 창립되었고, 1967년에 한국사회사업가협회가 창립되었다(장천식, 2007 : 42).

또한 1960년대에는 7개의 대학이 새로이 사회사업학과를 설치하여 총 10개 대학에서 사회사업교육이 이루어졌다. 이때 신설된 학과에서 거의 대부분 사회복지행정이 교과목으로 채택되어 교육이 이루어졌으므로 사회복지행정의 학문적 중요성이 인식되었다고 볼 수 있다(황성철 · 정무성 외, 2010 : 54).

그리고 1970년에 사회복지사업법이 제정됨으로써 민간 사회복지사업의 체계 확립뿐만 아니라 국가와 지방자치단체에 의한 사회복지법인에 대한 보조와 지도 · 감독이 가능하게 되어 민간 사회복지행정과 공공 사회복지행정을 위한 토대가 마련되었다.

제3 · 4공화국에서는 공공부조제도의 수립과 사회복지사업법 제정으로 사회복지행정 발전의 기초가 마련되었다고 할 수 있다. 그러나 사회복지행정의 중요한 가치인 효율성과 합리성이 결여되어 있으며 행정의 역할과 시설의 보호수준이 이전의 구호활동과 거의 차이가 없었다는 점에서 한계가 있었다(신복기, 2013 : 48).

4) 제5공화국 사회복지행정(1981~1988)

한국에서 사회복지행정의 실천이 본격적으로 전개된 것은 1980년대 이후로 각종 사회복지관이 탄생하고 공공복지행정체계가 마련되면서부터이다. 특히 이 시기는 급속한 산업화와 도시화의 부산물로 각종 사회문제가 분출하였고 사회의 민주화가 급속도로 진행되어 사회 각 계층에서 나타난 사회복지욕구의 분출도 폭발적이었다(황성철 · 정무성 외, 2010 : 55).

이러한 각종 사회문제의 대두와 국민의 복지수요 팽창으로 사회복지서비스 관련법들의 제정이 이루어진다. 1981년에는 노인복지법이 제정되었고, 1984년 여성정책심의위원회를 구성하는 등 지금까지 등한시되어 온 특수계층에 대한 서비스를 강화하였다(박차상 외, 2010 : 50).

또한 1982년 한국사회사업가협회(현 한국사회복지사협회)가 사회복지사 윤리강령을 제정(1988.4. 공포)하여 사회복지사의 전문직으로서의 기본 요소를 갖추고 사회복지 영역에서 전문가의 책임과 역할에 대한 인식이 확산되기 시작하였다. 그리고 1983년에는 1970년에 제정된 사회복지사업법의 개정과 함께 사회사업의 공식명칭이 사회복지로 변경되었고 사회복지사의 국가 자격증 제도가 도입되었다. 한편 1987년 사회복지전문요원 제도가 도입되어 사회복지학 전공자들을 공무원으로 채용해 생활보호 업무를 전담하게 하였고(김영종, 2010 : 105-106), 1988년 국민연금법의 실시로 사회복지행정의 범위가 확대되고 내용이 보다 충실하게 되었다.

제5공화국의 사회복지행정은 다양한 사회복지 욕구를 가진 국민들의 인간다운 생활을 보장하고, 국민생활의 불안정과 계층 간의 갈등을 해소하고 융화하는 데 한계를 가지고 있었지만 사회복지서비스 행정에 대한 관심을 환기시켜 사회복지행정의 범위를 확대시켰다는 점에서 긍정적으로 평가할 수 있다.

5) 제6공화국 사회복지행정(1988~현재)

제6공화국은 1988~1993년까지의 노태우 정부, 1993~1998년까지의 김영삼 정부, 1998~2003년까지의 김대중 정부, 2003~2008년까지의 노무현 정부, 2008~2013년까지의 이명박 정부, 2013~현재까지의 박근혜 정부 시기로 각 정부는 나름대로 사회복지에 대한 정책 이념과 비전을 제시하였다.

사회복지행정이 실제적으로 중요성을 인정받고 체계화가 이루어진 시기는 1990년대 이후부터이다. 1991년 영유아보육법 제정, 1993년 고용보험법 제정과 1995년 정신보건법의 제정, 사회보장기본법이 제정되어 사회복지행정의 영역은 사회보험, 공공부조, 사회복지서비스, 사회복지관련 복지제도의 네 가지 영역으로 구분하여 체계화되었고, 적용대상의 범위도 확대되었다.

한편 1991년 사회복지사업법 개정을 통해 사회복지전담공무원과 복지사무전담기구(사회복지사무소)를 설치할 수 있는 법적 근거가 마련되었고, 다음해의 지방공무원임용령 개정에서 사회복지 관련 공무원의 전문화를 위해 사회복지직렬을 5급까지 설치하면서 점차 전문직에 의한 공공복지행정 수행의 기초를 마련하였다. 또한 지방자치제의 실시는 중앙과 지방의 사회복지에 대한 역할 분담에 대한 논의를 가속화시켰다. 그리하여 1995년 7월부터 전국 5개 지역을 대상으로 2000년 7월까지 보건복지사무소 시범사업을 실시하였다(신복기 외, 2013 : 49-51).

1997년 3월에 제정되고, 1998년 7월부터 시행된 사회복지공동모금법은 사회복지자원이 세금 등의 형태로 국가기관을 거치지 않고 민간 사회복지기관들이 필요한 자원을 민간의 여러 분야에서 직접 모집하고, 분배하는 방식을 권장하고 있는 것이다(박차상 외, 2010 : 51).

1997년 8월에 개정된 사회복지사업법에서 시설평가제도가 도입되어 사회복지시설(기관)은 3년에 1회 이상 평가를 받도록 하여 사회복지시설 설치에 따른 효율성, 효과성, 사회적 책임성을 높이도록 하였다.

1999년에는 기존의 생활보호법을 대체하는 국민기초생활보장법을 제정하였다. 이 법 제정의 근본 취지는 공공부조에 대한 국가의 책임을 '보호'에서부터 '보장'으로 강화하려는 것으로 공공부조의 급여 내용을 단순히 현금·현물에만 한정한 것이 아니라 자활서비스라는 사회복지서비스를 포함시켰다는 점에서 주목되었다. 그리고 1999년 사회복지행정 관련 학자와 관리자들이 모여 한국사회복지행정학회를 창립함으로써 학계와 전문직에서의 사회복지행정에 대한 관심이 증가하고 있음을 반영하고 있다(김영종, 2010 : 106-109).

2000년대는 우리나라가 드디어 복지국가의 기본 틀을 갖추게 된 시기이며, 복지국가의 확대는 전문적인 사회복지행정이 하나의 전문분야로서 일대 도약하는 계기가 되지만 또한 중요한 도전을 맞고 있는 때이기도 하다. 이는 IMF 체제 영향으로 산업화 이후에 경험하지 못한 경제위기와 대량실업, 빈곤의 문제에 직면하여 사회안전망 확충을 비롯한 각종 사회복지대책이 절실히 요구되었기 때문이다. 또한 사회복지 분야를 담당하는 인력의 전문성을 보다 강화하기 위하여 2003년부터는 국가시험(제1회)에 합격한 자에 한하여 1급 자격증을 교부하도록 하였다. 2004~2006년 시범사업으로 사회복지사무소를 설치하였으며, 시범사업 종료 후 각 시·군·구 단위의 주민생활지원국이 설치되었다. 2005년에 지역사회복지협의체가 운영되기 시작하여 공공과 민간, 그리고 주민과 학계 전문가가 참여하는 협의구조로서 지역사회복지를 현실화하는 토대를 마련하였다. 또한 2008년에는 노인장기요양보험제도, 기초노령연금제도, 다문화가족지원제도 등의 시행으로 노인복지행정의 범위가 보다 확대됨과 동시에 다문화가족지원 행정이 요청되었다.

2009년 1월부터 사회복지서비스 제공과 효율화와 수요자 중심의 통합적 서비스 제공이라는 목표하에 사회복지서비스 공공부문·민간부문의 전달체계 개편과 사회복지통합관리망 구축을 위해 '희망복지' 전달체계를 마련하였고, 2010년 1월부터 사회복지시설의 신고·변동관리, 온라인 보고, 보조금 및 각종 복지급여 지급의 전자적 처리 등의 사회복지통합관리망 '행복e음'을 개통하였다.

3. 사회복지행정의 영역과 범위

1) 사회복지행정의 영역

사회복지행정의 영역이란 사회복지행정에서 어떤 내용을 어디까지 다룰 것인가에 대한 범위, 즉 사회복지행정의 분류체계를 말한다. 사회복지의 영역은 크게 정책, 행정, 실천으로 구분한다. 이때 행정은 정책과 실천을 잇는 '가교(bridging)' 역할을 수행하는 것으로 사회복지의 이념이나 정책적 목적이 실천으로 이루어지도록 만드는 기능을 한다. 이러한 과정 혹은 가교 역할에 따른 활동은 수많은 공공이나 민간 영역의 공식조직들에 의해 수행된다. 그림에서 양방향의 화살표는 사회복지행정의 기능이 단순히 정책을 실천현장에 하향 전달하는 것에 그치지 않고, 현장의 실태와 요구를 파악하여 정책에 반영하는 것도 포함한다는 의미이다. 그래서 사회복지행정은 일방적 체계라기보다는 양방적 체계 혹은 가교체계에 가깝다. 휴먼서비스 속성을 반영하는 사회복지행정에서는 하향식보다는 상향식 활동이 더욱 크게 요구되는 측면도 있다. 사회복지행정 활동의 대상은 전달체계, 조직, 프로그램, 서비스가 된다(김영종, 2010 : 40-44).

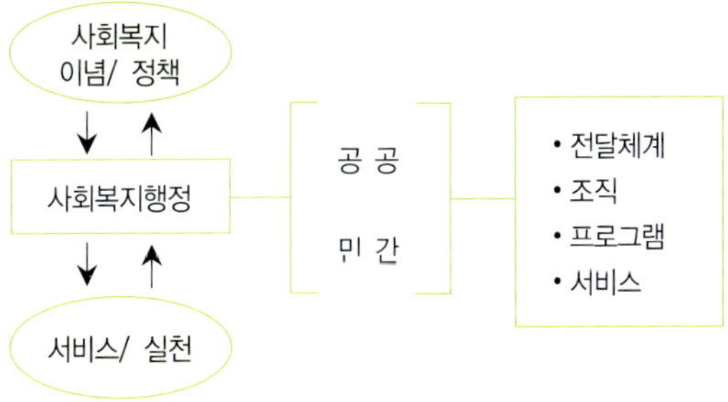

| 그림 2-1 | 사회복지행정의 영역

2) 사회복지행정의 범위

사회복지행정의 범위란 사회복지행정의 손길이 미치는 한계나 테두리를 의미하는 것으로 일반적으로 사회복지 실현방법, 클라이언트, 행정과정, 공간적 범위 및 실시주체를 기준으로 한 분류 등으로 구분할 수 있다(강용규 외, 2013 : 34-35). 그러나 이들 분류는 시행과정에서 복합적으로 이루어질 수도 있어 엄격히 구분하기 어려운 경우가 많다.

(1) 사회복지 실현방법을 기준으로 한 분류

인간의 기본적 수요를 충족시키는 방법으로서 사회적 급여 형태는 현금(cash)과 현물(goods), 기회(opportunity)와 우선권(preferences), 서비스(services) 등으로 ① 소득보장 또는 물질의 제공에 해당하는 사회보험행정과 ② 공공부조행정, ③ 서비스의 제공에 해당하는 사회복지서비스행정, ④ 기회나 권한 부여에 해당하는 사회복지행정으로 분류할 수 있다.

(2) 클라이언트를 기준으로 한 분류

사회복지행정의 대상이 되는 클라이언트를 기준으로 ① 노인복지행정, ② 아동・청소년복지행정, ③ 장애인복지행정, ④ 여성복지행정, ⑤ 근로자복지행정 등으로 분류할 수 있다. 그러나 사회복지행정의 대상이 되는 클라이언트는 시간이나 장소에 따라 그의 종별이나 차지하는 비중이 유동적으로 나타나기 때문에 사회복지행정의 유형을 고정화할 수는 없다.

(3) 행정과정을 기준으로 한 분류

사회복지행정이 이루어지는 행정과정, 즉 'POSDCoRBE'를 기준으로 ① 기획(Planning), ② 조직(Organization), ③ 인사(Staffing), ④ 지도(Directing), ⑤ 조정(Coordinating), ⑥ 보고(Reporting), ⑦ 재정(Budgeting), ⑧ 평가(Evaluating)로 분류할 수 있다.

(4) 공간적 범위를 기준으로 한 분류

공간적 범위에 따라 ① 국제사회복지행정, ② 국가사회복지행정으로 분류할 수 있으며, 국가사회복지행정은 다시 중앙사회복지행정과 지방사회복지행정으로 분류할 수 있다. 국제사회복지행정은 국제연합(UN) 등과 같이 행정이 미치는 영향력이 국가영역을 넘어서 국가 간의 협력에 의해서 사회복지 목적이 수행되는 행정을 의미한다.

(5) 실시주체를 기준으로 한 분류

사회복지행정의 실시주체에 따라 ① 공공사회복지행정, ② 민간사회복지행정으로 분류할 수 있다. 공공사회복지행정은 관련법규에 따라 국민의 조세에 의하여 국가 및 공공단체가 수행하는 것으로 주로 공공부조와 사회보험이 이에 해당되며, 민간사회복지행정은 국고보조금 및 의연금에 의하여 공공복지기관이 아닌 사회복지법인 및 시설에 의하여 수행되는 것으로 주로 사회복지서비스가 이에 해당된다.

참고문헌

강용규 · 김형수 · 양정하 외(2013). **사회복지행정론**. 경기 : 공동체.

김영종(1998). **사회복지행정론**. 서울 : 학지사.

_____(2010). **사회복지행정론**. 서울 : 학지사.

박차상 · 이경철 · 오세영(2010). **사회복지행정론**. 서울 : 창지사.

신복기 · 박경일 · 이명현(2010). **사회복지행정론**. 경기 : 공동체.

_______________(2013). **사회복지행정론**. 경기 : 공동체.

장천식(2007). **사회복지행정의 이해**. 서울 : 창지사.

최성재 · 남기민(2005). **사회복지행정론**. 서울 : 나남출판.

최항순(2012). **사회복지행정론**. 서울 : 대영문화사.

홍봉수 · 임현진 · 장승전 외(2011). **사회복지행정론**. 경기 : 공동체.

황성철 · 강혜규(1994). **사회복지기관 운영평가 및 모형개발**. 서울 : 한국보건사회연구원.

황성철 · 정무성 · 강철희 · 최재성(2010). **사회복지행정론**. 경기 : 학현사.

Austin, David(1995). Management overview. *Encyclopedia of Social Welfare*(19th ed.), Vol. 2.

Brown, Josephine, C.(1940). *Public Relief, 1929-1939*. New York : Henry Holt and Co.

Fanshel, David(ed.)(1962). *Research in Social Welfare Administration*. New York : NASW.

Lubove, Roy(1965). *The Professional Altruist*. Cambridge : Harvard Univ. Press.

Patti, R. J.(1983). *Social Welfare Administration : managing social programs in a development context*. New Jersey : Prentice-hall.

Reed, Ella(1961). *Social Welfare Administration*. New York : Columbia University Press.

Skidmore, Rex A.(1983). *Social Work Administration*. Englewood Cliffs : Prentice-Hall.

Trecker, Harleigh B.(1977). *Social Work Administration*. New York : Association Press.

Chapter

03

사회복지 조직이론

01. 사회복지 조직이론의 유형
02. 고전적 조직이론
03. 신고전적 조직이론 : 인간관계론(Human Relation Theory)
04. 개방체계이론
05. 현대조직이론

Chapter

03 사회복지 조직이론

1. 사회복지 조직이론의 유형

조직이론이란 조직에 대한 일종의 사고방식으로 조직을 바라보고 분석하는 방법이다. 즉, 우리가 연구대상으로 하는 조직과 그에 연관된 요인의 상호관계에 대해 체계적·논리적으로 기술·설명·처방하는 이론인 것이다.

지금까지 수많은 조직이론이 제시되고 있지만 실제로 그 어떤 이론도 완전히 복잡다양한 조직의 본성과 활동을 통합적으로 설명하는 데에는 한계가 있다. 그것은 각 이론 또는 관점마다 조직의 특정한 활동과 측면을 강조하거나 다른 측면을 소홀히 다루거나 간과하는 데서 비롯된다. 문제는 이렇게 수많은 조직이론을 어떻게 체계적으로 분류하고 선별하는가에 달려 있다.

스콧(Scott, 1998)은 다양한 조직이론들은 비록 강조점을 달리하지만 조직의 구성요소(목표, 구조, 참여자, 기술, 환경)를 갖춘 체계적인 관점에서 조직이론을 분류하였다.

〈표 3-1〉 Scott의 조직이론 분류체계

이론적 관점	강조 측면	주요 학파 및 이론
합리체계 관점	조직목표의 구체성과 공식화	Taylor의 과학적 관리론 Weber의 관료제이론
자연체계 관점	조직의 인간적 측면과 비공식조직의 중요성	Mayo의 인간관계론 Selznick의 제도적 접근
개방체계 관점	환경과 조직과의 관계	상황이론 Weick의 조직이론
통합적 관점	세 가지 분류체계 통합	Etzioni의 구조모델 Lawrence와 Lorsch의 상황적합이론 Thompson의 조직이론

한편 하센펠드(Hasenfeld, 1992)는 사회복지조직을 두 가지 축으로 구분하여 분류하였다. 하나는 조직이론이 환경에 대해서 개방적으로 접근하는가, 그렇지 않은가의 관점에 따라 폐쇄이론과 개방이론으로 나누고, 다른 하나는 조직이 자신의 운명을 결정하는 데 수동성과 능동성의 정도가 어떠한가에 따라 주도적 조직이론, 적응적 조직이론, 수동적 조직이론으로 구분된다고 하였다.

〈표 3-2〉 Hasenfeld 사회복지 조직이론의 분류

구 분		환경에 대한 관점	
		폐쇄적	개방적
조직의 운명 결정력	주도적	합리합법모델 (관료제이론, 과학적 관리론)	상황적합이론
	적응적	인간관계론	정치경제이론
	수동적		조직군생태학이론, 제도이론, 마르크스이론

하센펠드에 의하면 관료제이론과 과학적 관리론은 조직을 폐쇄체제로 보고 목표달성을 위해서 효율적인 내부체계를 유지한다면 자신의 운명을 스스로 적극적으로 개선해 나갈 수 있다고 보는 관점에서 일치한다고 보았다. 반면 인간관계이론은 조직의 목표달성에서 목표 자체에 대한 회의적인 시각에

서 출발하여 조직 내부 참여자의 복리증진과 동기부여가 궁극적인 조직의 목표달성에 더욱 중요하기에 내부구성원과의 타협에 의해서 조직의 성패가 결정될 수 있다고 보았다.

상황적합이론, 정치경제이론, 조직군생태학이론은 조직을 개방체계로 보면서 환경과의 관계를 중요시하는 이론이라는 점에서 공통점을 갖지만, 상황적합이론이 환경을 적극적으로 변화시키거나 조직을 환경에 매우 적합하게 내부구조와 기술을 개발하여 효과성을 극대화하며 조직의 생명력을 능동적으로 창조한다는 입장인 반면, 조직군생태학이론은 환경의 중요성을 너무나도 강조한 나머지 조직의 성패와 운명은 환경에 의해서 거의 결정된다는 관점을 보여주고 있다(황성철 외, 2010 : 66-67).

위와 같은 조직이론은 1900년대 초부터 싹트기 시작하여 1930년대에 확실한 윤곽을 드러내고, 1940년대에 성숙을 본 조직이론의 한 주류를 고전이론, 1950년대에 보다 넓은 세력을 갖게 된 신고전이론, 1950년대 중반부터 위의 두 가지 경향을 포용하면서 오늘날까지 발전해 온 현대이론으로 구분할 수 있다. 본 장에서는 이러한 분류에 따라 조직이론을 살펴보고자 한다.

2. 고전적 조직이론

고전이론은 산업화의 물결 속에 1900년대 초 과학적 관리론의 영향 아래 성립·발전되어 1930년대 완성을 보게 된 이론으로 공식적·합리적 조직에 중점을 두고 있다. 고전적 조직이론은 ① 합리주의적 입장에서 조직을 분업과 전문화의 기계적인 체계로 이해하고, ② 절약과 능률성 강조, ③ 폐쇄된 조직 내부를 대상으로 환경적 영향변수를 중시하지 못한 폐쇄체제 선호, ④ 최고관리층에 의한 행정통제 중점, ⑤ 행정조직을 지배하는 원리를 규명하려는 원리접근법을 특색으로 하고 있다. 고전적 조직이론은 테일러(F. W. Taylor)의 과학적 관리론, 베버(M. Weber)의 관료제이론, 귤릭과 어윅(L. Gulick & L. Urwick)의 행정관리론으로 대표되고 있다(오석홍, 1980 : 12-16).

1) 과학적 관리론(Scientific Management)

(1) 성립배경

19세기 초에는 급격한 산업혁명의 진행과 함께 과다한 경쟁으로 독점기업이 형성되고, 공황에 의한 공장폐쇄, 조업단축, 파산, 임금인하 등의 상황이 끊임없이 전개되어 도처에서 파업과 노동운동이 전개되었다. 이러한 사회적 배경은 과거의 생산과 관리방식에 대한 비판을 가하게 되었고 그 개선의 필요성을 강조하였다. 그 결과 테일러(F. W. Taylor)를 비롯한 여러 경영관리론자들이 새로운 관리방법을 모색하기 위해 과학적 관리법을 확립하였던 것이다.

(2) 의의

과학적 관리론은 미드베일 철강회사 엔지니어였던 테일러가 산업현장에서 자신의 경험을 바탕으로 당시에 새로 대두되고 있던 경영 및 생산의 기술들을 종합하면서 만들어진 것으로 조직구성원의 업무를 과학적으로 분석하여 조직의 능률성을 극대화하는 것을 의미하며, 절약과 능률을 실현할 수 있는 표준적인 업무절차를 만들어 업무의 생산성·능률성을 향상시키고자 하는 방법에 관한 관리기술이다.

과학적 관리론은 최소의 투입(시간·노력·자원·비용)으로 최대의 산출을 올릴 수 있는 최선의 방법을 탐구하는 것으로 오늘날에는 관리과학(management science)으로 발전되었으며, 테일러(Taylor)에 의해 체계화되었기 때문에 흔히 Taylor system이라고 한다. 과학적 관리론은 정부개혁운동에 따라 행정의 능률화를 위해 도입되었는데, 행정에 수정 없이 도입된 것은 행정이나 경영 모두가 하나의 관리체제라고 보았기 때문이다.

(3) 과학적 관리론의 내용

① 기본 단계

조직의 효율성과 생산성을 향상시키기 위해서 과학적 관리방법은 다음과 같은 4단계를 순차적으로 진행시킬 수 있다(황성철 외, 2010 : 72).

첫째, 조직이 달성하고자 하는 목표를 설정하는 단계이다. 산업조직의 경우 생산성은 조직의 산출물을 극대화하는 것이다. 예를 들면, 자동차를 10만 대 생산하려는 자동차 공장의 목표가 수량적인 지표에 의해서 설정될 수 있다. 목표달성에 대한 권한과 책임은 관리자에게 부여되어 있다.

둘째, 직무의 과학적 분석이다. 테일러(Taylor)는 조직의 직원들이 수행하는 업무를 시간과 동작연구를 통해 체계적으로 분석했다. 이때 최고의 업무생산량을 달성한 직원을 모델로 시간과 동작을 분석하여 전체 직원이 평균적으로 달성할 수 있는 생산량을 상향조정하여 일정한 기준으로 직무성과를 평가한다.

셋째, 관리원칙의 수립이다. 과학적 직무분석에 기초하여 모든 직무는 분업의 원칙이 적용되고 또한 엄격한 기획과 통제의 관리원칙이 수립되어 시행된다. 이때 관리자(supervisor)와 직원(worker)의 관계는 지시와 지도・감독의 주체와 대상이 된다. 직원의 선발과 배치도 과학적으로 이루어진다.

넷째, 경제적 보상이다. 개별적으로 달성된 직무를 성실히 수행한 사람과 그렇지 못한 사람을 구별하여 임금과 다른 경제적 보상을 달리한다. 즉, 주어진 과업을 성실히 수행한 사람에 대해서는 경제적 인센티브(예 수수료, 장려금)를 부여하고 과업을 달성하지 못한 사람에게는 낮은 임금을 주어 전체적으로 조직의 생산성을 극대화하려는 경제적 보상체계를 시행한다.

② 과학적 관리의 원리

테일러의 과학적 관리법은 조직 능률 향상의 일환으로 시간 및 동작 연구를 실시하고 작업과정의 합리화와 작업의 물리적 환경조건을 개선하고 직무배치에 과학적 방법을 동원하였는데, 주요 원리를 정리하면 다음과 같다(배은영 외, 2010 : 120).

첫째, 모든 근로자에게 명확하고 적정한 일일과업을 부여할 것

둘째, 근로자의 작업조건에 표준화를 부여할 것

셋째, 근로자가 과업을 완수한 경우에는 고임금을 지급하고, 달성하지 못하고 실패한 경우에는 손해를 입히도록 할 것

넷째, 과업은 일류의 근로자만이 달성할 수 있을 정도이어야 할 것

(4) 과학적 관리론의 적용과 한계

과학적 관리론은 사회복지조직에서 적용될 수 있는가? 이 이론이 사회복지조직을 설명하는 데 있어서 갖는 유용성과 한계는 무엇인가? 과학적 관리론도 사회복지조직에의 적용이 가능하다. 사회복지조직도 조직의 목표를 설정하고 각 업무에 적합한 인력을 모집하고 훈련하여 배치하고 있고, 과업수행에 따른 보상체계를 갖추고 있다는 점에서 그렇다. 또한 열악한 처우조건 속에서 과도한 업무를 강요당해 왔던 사회복지조직에서 과학적인 과업관리, 성과급제도, 과학적인 직원선발 등과 같은 과학적 관리론 원칙의 적용은 매우 유용하다. 아울러 과학적 관리론은 사회복지조직의 효율성이 강조되고 있는 사회복지행정의 최근 동향을 반영하고 있다는 점에서 그 원칙과 방법이 강조될 수 있다(오세영, 2013 : 136). 과학적 관리기법을 현행 사회복지조직에 적용하면 다음 <표 3－3>과 같다.

〈표 3-3〉 과학적 관리론의 사회복지조직의 적용

구 분	내용 예시	과학적 관리법	사회복지조직
시간·동작연구	직원 1인이 볼트, 너트 조립에 1분 소요	적용	적용
과업관리	하루 8시간 근무시간 기준으로 480개 생산	적용	적용 가능하나, 서비스 질·효과 측면에서 문제점 있음
직장제도	효율적 업무수행을 위한 교육	적용	적용
이율 임금제	목표를 달성하면 임금지급, 미달 시 임금 삭감	적용	과소평가되는 경향이 있으나 검토 가능함

출처 : 우종모 · 김재호 · 조당호(2004), pp.100-101.

그러나 과학적 관리는 조직의 능률성과 생산성을 강조한 나머지 ① 근로자를 기계적·합리적 존재로 파악하여 단순하고 물질적 이익만을 추구하는 경제적 인간으로 생각한 점, ② 인간적인 요소를 과소평가하여 근로자의 개성이나 잠재력 등을 파악하지 않고 인간의 감성적·정서적·사회심리적 면에 대한 연구를 소홀히 한 점, ③ 인간의 사기와 갈등 등의 내면적인 요소에 대해 파악을 하지 못한 점, ④ 조직에 영향을 주는 외적 요인이나 외부환경의 중요성을 무시하여 인간을 단순 노동력으로만 파악한 점, ⑤ 근로자 간의 협동체계, 즉 노동조합 등과 같은 조직체 결성 등을 고려하지 않았으며, 과학적 원리와 방법에 의하여 작업을 한다는 신조하에 구성원 서로 간의 교류문제를 소홀히 한 점 등은 테일러의 과학적 관리방법의 대표적인 한계로 지적되고 있다(신복기 외, 2013 : 65). 이러한 한계는 새로운 이론 연구의 필요성을 낳았고, 그 결과 하버드 대학교의 메이요(Mayo) 교수와 연구진이 호손(Hawthorne) 공장의 실험을 통해 인간관계론을 발달시켰다.

2) 관료제이론(Bureaucracy Theory)

(1) 관료제의 의의

① 개념

관료제 이론은 베버(Weber)에 의해 전개 및 확립된 것으로 관료제(bureaucracy)의 개념은 bureau(사무실, 책상, 책상보)와 cracy(kratia : 관리, 지배)의 합성어로서 사무실 책상에서 미리 규정과 절차를 정해놓고 현장 실무를 진행하는 조직의 모든 구성원은 그에 따라 행동해야 한다는 뜻이다. 따라서 관료제란 많은 분량의 업무를 법령에 따라 비정의적으로 처리하기 위하여 구성된 대규모의 분업체제로 계층적 조직구조를 갖고 합리적인 지배가 제도화된 조직형태를 의미한다(오세영, 2013 : 131). 베버는 산업사회에서는 관료제가 발달하고 가장 보편적인 사회조직으로 등장할 수밖에 없다고 주장하였는데, 그것은 자유와 권력을 합법적이고 합리적으로 사용하는 데 가장 효율적인 조직이기 때문이다.

② 베버의 지배유형

베버는 정당성을 기준으로 조직의 바탕이 되는 지배유형을 전통적 권위, 카리스마적 권위, 합법적 권위 등 세 가지로 분류하고 있다(Weber, 1947 : 152).

첫째, 전통적 권위는 족장이나 군주에 대한 존경과 순종이 세습적이고 전통적으로 계승되는 것처럼 하급자가 상급자의 명령을 정당한 권위로 받아들이는 것으로, 우리나라 조선 관료제는 가산관료제의 성격을 띠고 있다.

둘째, 카리스마적 권위는 일상적인 것을 초월한 지도자의 비범한 기질이나 능력에 대한 존경심에 의하여 하급자가 그의 명령을 전적으로 수용하는 것이다.

셋째, 합법적 권위는 지배의 정당성이 인간적인 지배가 아니라 법과 규정에 의한 지배만이 인정된다는 것이다.

산업사회에서는 전통적 권위와 카리스마적 권위가 이제 보편적으로 인정되기 어렵기 때문에 공식적인 조직에서 정당하고 합법적인 권위의 지배가 구조화되어 있는 관료제가 이상적인 구조의 형태로 나타나고 있다. 따라서 관료제는 합법적 또는 합리적인 지배가 제도화된 조직체계로 인정되고 있다(박용순 외, 2011 : 65).

(2) 관료제의 특징

관료제 조직이라 하면 정부조직을 연상하게 되는데, 처음에는 정부에 한하지 않고 교회, 지방자치단체, 기업조직, 군대, 정치단체 등 모든 조직을 포함하고 있었다. 베버가 주장한 관료제의 특징을 정리하면 다음과 같다.

① **명확한 권한** : 관료의 모든 지위에 대한 직무범위나 직무수행을 위한 명령권이 명백히 법규에 규정되어 있다.

② **규칙과 규정에 의한 지배** : 의도적으로 마련된 일관성 있는 규칙, 규정에 따라 직무의 배분 및 인력의 배치가 이루어진다. 규칙과 규정에 의한 행정은 조직에 가장 중요한 계속성과 안정성을 제공한다.

③ **계층제** : 기관의 상하 간 혹은 조직 내부의 직위 간에는 명확한 명령복종관계가 확립되어 있어서 하급기관이나 하급지위는 상급기관이나 상급지위의 통제와 감독을 받는다.

④ **문서주의** : 행정행위나 결정 및 규칙은 공식화되고, 모든 업무는 문서에 의해서 처리된다.

⑤ **분업과 전문화** : 조직에서 수행되는 모든 과업은 각 구성원에게 분담되며 특정한 과정을 분업함으로써 전문화를 추구할 수 있다.

⑥ **비정의성**(非情誼性) : 조직의 운영에 있어서 개인적인 생각이나 감정이 무시되고 공식적인 원칙과 절차를 중요시한다.

⑦ **경력지향성 강조** : 조직구성원의 전문적인 능력과 기술을 중요시하기 때문에 자신의 경력을 지향한다. 따라서 조직구성원의 승진은 일정한 경력의 규칙하에 연공서열과 실적에 따라 이루어진다.

⑧ **능률성 강조** : 조직에서 최대의 능률을 올릴 수 있다고 말했듯이 합리적인 의사결정과 행정능률을 극대화하고자 한다.

(3) 관료제의 순기능과 역기능

베버는 관료제이론을 이념형(ideal type)이라 했는데, 관료조직이 현실사회에서 존재할 수 있고 그렇지 않을 수도 있다. 그러나 모든 조직이 관료제의 특성을 완전하게 갖추었다고 보기는 어렵지만, 대체로 관료제의 특성을 거의 내포하고 있다. 그렇다면 모든 조직이 관료제의 특성을 갖고 있다면 어떤 기능을 수행하는가에 관한 논의가 중요하다. 따라서 관료제이론의 순기능과 역기능에 대해서 이해할 필요가 있다.

베버는 조직의 표면적이고 형식적인 면만을 중심으로 하는 합리적 구조에 치중한 나머지 비공식적인 면과 인간관계적인 요소를 간과하였기 때문에 그에 따른 관료제의 역기능을 등한시하였다. 관료제의 순기능과 역기능을 비교해 보면 다음 <표 3-4>와 같다.

〈표 3-4〉 관료제의 순기능과 역기능 비교

관료제의 순기능	관료제의 역기능
• 계층제의 승진제도는 인간본성인 상승욕구 충족 수단 • 정실주의 배제 • 수직적 권한 계층을 통한 책임 수행 용이 • 갈등의 제도적 조정 • 고도의 합리주의와 실적·능력에 의한 충원제도 • 종신 재직권을 허용함으로써 고용의 안정성 제공	• 관료의 특권계층화 • Merton의 동조과잉현상과 목표전치, 번문욕례(red-tape), 형식주의 • Selznick의 조직 내 파벌의식, 할거주의 현상 초래 • Bennis와 Blau의 지적으로서 변화에 대한 저항과 경직성(비융통성) • 지나친 공사분리로 인간의 몰주관성, 비인간화 • Laski의 지적으로서 선례주의, 무사안일주의와 상급자의 권위에 의존 • 크리밍(creaming) 현상의 발생

출처 : 신복기 외(2013), p.67.

또한 호이와 미스켈(Hoy & Miskel, 1987 : 114-115)은 관료제의 특성에 따라 관료제의 순기능과 역기능을 다음 <표 3-5>와 같이 정리했다.

〈표 3-5〉 관료제의 특성에 따른 순기능과 역기능

관료제의 특성	순기능	역기능
권위의 위계구조	엄격한 지시이행과 조정	의사소통의 저해
규칙과 규정	지속성과 통일성	경직성과 목표전치
사적 감정 배제	합리성 확보	직원의 사기저하
분 업	전문성 강화	직무에 대한 권태
경력지향성	유인체계	연공과 업적 간의 갈등

이러한 관료제의 병폐에 대해 1970년대 이후 조직론자들은 베버의 관료제 이론을 수용하면서도 보완적인 대안을 제시하는 사람들과 관료제 조직에 의한 조직구조 형성을 부인하는 사람들로 구분할 수 있는데, 후자를 탈관료제론이라고 한다. 이들 주요 견해를 요약하여 종합하면 다음 <표 3-6>과 같다(민 진, 2004 : 148-149).

〈표 3-6〉 탈관료제론자들의 관료제 조직의 대안

주요 학자	관료제 조직의 대안
베니스(W. Bennis)	유기적 적응조직 : 비계층제적 구조, 구조적 배열의 잠정성, 권위보다는 능력에 의한 지배, 민주적 리더십 등
커크하트(L. Kirkhart)	연합적 이념형 : 신행정학의 조직관+Bennis의 유기적 적응조직
화이트(O. White)	고객중심적 조직 : 구조의 유동화에 관한 원리, 전통적인 경계관념의 타파에 관한 원리
타이어(H. Tayer)	비계층적 조직 : 의사결정의 위임, 관리에의 고객 참여, 개방체제
토플러(A. Toffler)	Ad-Hoc조직(Adhocracy) : 유연성, 적응성, 대응성, 혁신성이 높은 유기적 조직
맥커디(H. McCurdy)	후기관료제 : 문제해결 능력을 가진 자가 권한 행사, 업무수행의 규정과 절차를 상황적응적 원리 적용, 고객을 동료처럼 응대, 비계층제 원리, 문제해결과 의사결정은 집단사고와 집단적 과정, 관료제 내의 작업상의 이동성 보장, 임시적인 조직구조, 의사전달의 공개주의

① **분화 대신 통합 · 조정** : 베버의 이론은 분업화나 전문화를 도모하는 데 비하여 이들은 전체를 중심으로 통합과 조정을 요구하면서 기획관리 조직이나 위원회 조직 등을 강조하고 있다.

② **복합 조직구조** : 새로운 조직형태는 사업구조와 기능구조를 결합시킨 일종의 혼합구조 조직을 요구하는 매트릭스 조직을 들 수 있다.

③ **일시적 · 임시적 조직** : 관료제처럼 고정된 조직이 아니라 일이나 사건, 사업이 있을 때마다 조직을 만드는데, 전담반(T/ F)이나 프로젝트 팀이 그것이다.

④ **고객중심 관료제** : 관료제가 종전에는 조직의 최고 관리층만을 고려하여 그들의 의견을 따랐으나 이제는 고객을 동료와 같이 다루고 고객이 중심이 되어야 한다는 것이다.

⑤ **관료제와 관료의 융화** : 관료제의 목표달성 극대화와 관료의 자기실현이나 성장욕구가 관료제 내에서 융화되고 조화를 이루어야 한다는 것이다.

(4) 관료제의 적용과 한계

관료제이론은 사회복지조직을 설명하는 데 있어서 어느 정도의 유용성을 갖고 있는가? 또한 그 한계는 무엇인가? 사실 거의 모든 사회복지조직은 규모에 상관없이 어느 정도 관료제화되어 있다고 볼 수 있다. 예컨대 기관장, 부장, 과장, 일반 직원 등의 직책에 따른 권한과 책임이 명백하고, 규칙에 따라서 직무와 인력이 배치되어 분업화가 이루어져 있다. 사회복지조직은 자칫 방만하거나 비체계적으로 운영될 수 있는 전문가집단의 성격을 띠고 있다. 이러한 사회복지조직의 활동을 합리적으로 수행하기 위해서 관료제이론의 적용은 유용하다고 볼 수 있다. 왜냐하면 사회복지조직에서 추구하고자 하는 목표를 분명히 하고 그에 따른 조직구성원의 다양한 활동을 체계적으로 분화시켜 규칙에 의한 서비스의 질적 통제와 관리를 가능하게 해주기 때문이다.

그러나 사회복지서비스를 산출하는 사회복지조직에 관료제이론을 일방적으로 적용시키는 데는 한계가 있다. 첫째, 법칙과 규제에 대한 과도한 의존, 서비스 전달과정에서 조직성원과 클라이언트 간의 비인간적인 관계, 서비스 제공 과정의 융통성 결여, 구성원들을 비인격적으로 평가하려는 문제 등에 대한 비판이 있다.

둘째, 관료제는 틀에 박힌 듯한 업무를 수행하는 데 효과적이고 합리적인 모형이지만 사회복지조직에서는 비일률적인 업무를 주로 수행하므로 수정되어야 한다.

셋째, 사회복지조직에서는 일련의 규칙과 법규보다는 전문직의 규범에 따라 행동한다.

넷째, 사회복지조직의 관료제화는 서비스의 합리화・효율성의 증대, 개선된 서비스 기술 등을 가져다주었지만 서비스 대상자들을 소외시키는 결과도 가져왔다는 견해가 있기 때문에 둘 사이에 적절한 균형이 중요하다(배은영 외, 2010 : 119).

3) 행정관리론(Administrative Management)

(1) 의의

행정관리론은 1920~1930년대에 발전된 이론으로서 대표적인 학자로는 페이욜(H. Fayol), 귤릭(L. Gulick), 어윅(L. Urwick) 등이 있으며, 테일러(Taylor)의 생산성・효율성보다 행정관리 기능 향상이 초점이었다.

행정관리론은 테일러의 과학적 관리론이 작업현장으로부터 근로자의 과업을 분석하는 '조직 아래로부터'의 연구라면 행정관리론은 '조직의 상부에서부터' 연구하여 조직의 목적을 성취하기 위한 업무의 최적방법을 도출하고 그에 따라 조직을 설계하는 과정을 추구한다.

행정관리론은 행정을 위한 규칙과 원칙만 있으면 조직관리가 잘 될 것이라는 전제에 기초하고 있으며 행정관리론의 내용은 노동의 분업과 조직단위 간 전문화, 인간의 동기를 고취시키는 방안으로 보상원리 등을 강조하고 있다. 또한 과업분류를 강조하며 한 사람의 상관에 의하여 지도・감독될 수 있는 부하의 수는 제한되는 통제범위의 통일성과 한 사람의 상관이 한 사람의 부하직원에게 권한과 책임을 갖는다는 계선상의 1 : 1 책임을 강조한다(홍봉수 외, 2011 : 117).

(2) 행정관리론의 원칙

원리이론의 개척자로 알려진 페이욜(Fayol, 1918 : 20-54)은 조직관리의 14가지 일반원칙을 제시하였는데 ① 노동의 분업, ② 권한과 책임, ③ 규율, ④ 명령통일, ⑤ 지휘의 통일, ⑥ 개인이익의 전체적 이익에의 종속, ⑦ 보상, ⑧ 집중화, ⑨ 계층제(최하급에서 최상급까지 권한의 선), ⑩ 질서, ⑪ 형평성(평등), ⑫ 직원의 신분보장, ⑬ 솔선, ⑭ 단결심이다. 페이욜의 14개 행정원칙은 행정가에게 높은 수준의 관리기능을 수행하는 것을 돕도록 설계되어 있는 점과 인간의 동기부여를 위해 테일러의 보상원리를 수용했다는 점이 특징적이다.

그 후 귤릭(Gulick)과 어윅(Urwick)은 관리자의 기능을 POSDCoRB라는 일곱 가지로 제시하였는데 ① Planning(기획 : 목표달성을 위한 행동결정), ② Organizing(조직화 : 필요한 부서 조직), ③ Staffing(인사 : 인력채용), ④ Directing(지휘, 지도), ⑤ Coordination(조정 : 업무연계), ⑥ Reporting(보고 : 상급자에게 보고), ⑦ Budgeting(예산)이다. 이러한 원칙은 합리적 조직화를 위해 영향력이 있는 것으로 평가되어 왔으며, 조직을 구조하는 방법을 개발하는 데 있어서 기초가 되었다(한동일 외, 2009 : 11-12).

(3) 행정관리론의 비판

행정관리론은 몇 가지 측면에서 비판을 받아 왔는데, ① 과학적 관리론과 마찬가지로 개인적 동기, 비공식집단과 같은 조직 내에서 인간적인 요소들을 간과했다는 점, ② 조직의 보편적인 원리를 제시하면서도 그것들을 경험적으로 검증하거나 구체화하지 못했다는 점, ③ 사회복지조직들에 이 이론을 그대로 적용한다면 조직구조를 경직화시킬 뿐만 아니라 개인의 창의성이나 자율성을 저해하여 조직의 발전을 해친다는 것이다(강용규 외, 2013 : 66).

3. 신고전적 조직이론 : 인간관계론(Human Relation Theory)

인간을 기계시하고 효율성과 합리성만을 중요시하는 고전적 조직이론에 대한 반동으로 등장한 것이 신고전적 조직이론의 핵심인 인간관계론이다. 신고전적 조직이론은 ① 경제적·수단적 능률보다는 조직 내의 비공식적 관계와 조직 참여자의 사회적·심리적 측면을 강조함으로써 사회적 능률을 채택하였으며, ② 공식적인 관계보다는 비공식적인 관계에 집중, ③ 조직구성원의 감성적·정서적 측면 중시, ④ 과학주의의 형식성을 비판하고 경험성을 강조하면서 우리가 지각할 수 있는 사실에 입각하여 조직을 분석하여야 한다고 주장하였다.

1) 인간관계론의 의의

(1) 개념

인간관계론은 인간의 감성적·정서적·사회적 요인에 입각하여 인간을 관리함으로써 생산성·능률성을 향상시키려는 이론체계로서 메이요(E. Mayo) 교수와 동료들이 미국 시카고 지역에 위치한 전기회사의 호손(Hawthorne) 공장에서 실험연구를 통해 개발한 조직이론이다. 과학적 관리론과 대비하여 인간관계론은 조직 내에서 구성원의 활동을 이해하면서 그들의 태도, 사기, 대인관계, 심리적 안녕 등에 영향을 주는 것을 의미한다.

(2) 성립배경

① 과학적 관리론에 대한 반발

테일러(Taylor)의 과학적 관리론은 목표를 달성하지 못할 경우에 저임금을 지불하게 되는데, 이는 노동조합의 강한 반발을 야기시킨바, 이의 한계를 보완하고 새로운 관리방식을 모색함에 따라서 인간관계론이 대두되었다.

② 인간소외의 극복

과학적 관리론이 인간을 기계취급하였기에 지나친 비정의성·몰인정성을 초래한바, 인간관계론은 이러한 인간소외를 극복하기 위해 대두되었다.

③ 강압적 관리방식에 대한 반발

과학적 관리론이 맥그리거(McGregor)의 X이론에 입각한 관리전략이었기 때문에 이에 대한 반발과 기업경영의 민주화를 위해 인간관계론이 대두되었다.

④ 상·하 간의 단절 극복

과학적 관리론이 기업을 대규모화·관료제화시킴에 따라 상·하 간의 의사소통이 곤란하게 되었는데, 이러한 상·하 간의 단절을 극복하기 위한 부하참여·하의상달·제안제도·고충처리제도 등을 중시한 인간관계론이 등장하게 된 것이다.

⑤ 메이요(E. Mayo)의 호손(Hawthorne) 실험

인간관계론이 성립하게 되는 직접적인 요인은 메이요(E. Mayo)를 중심으로 한 호손(Hawthorne)실험(1927~1932년)이다.

2) 호손실험과 인간관계론

메이요(E. Mayo)의 호손실험의 주된 관심사는 공장의 작업조건에서 불의 밝기 등이 작업생산성에 어떤 영향을 미치는지에 대한 실험이었다. 이 실험의 기본적 가정은 조명을 밝히면 생산성이 높아지는 반면, 조명의 광도를 낮추면 생산성이 떨어질 것이라는 가정이었다. 그러나 실험의 결과 노동자들의 태도나 감정에 의해서 생산성의 변화가 온다는 사실을 발견하였다. 따라서 호손실험의 과정을 단계별로 제시하면 다음과 같다.

① 제1차 조명실험(1924.11.~1927.4) : 여공 6명씩을 대상으로 조명도와 작업능률의 관계성을 살펴보는 조명실험을 실시하였다. 실험 결과 실험집단(experiment test group)의 경우 조명을 높이거나 낮추거나 생산성이 증가하

였고, 통제집단(control group)의 경우 조명의 강도를 그대로 유지하였으나 생산성이 증가하였다.

② **제2차 조립실험**(1927.4.~1929.6) : 여공 6명씩을 대상으로 물리적 작업 조건 변화(휴식시간의 합리적 배정, 노동시간의 단축, 사내급식의 실시 등)를 살펴보는 계전기(relay) 조립실험을 실시하였다. 작업조건에 관계없이 생산성이 향상된 것은 연구자들의 관심집중, 회사를 대표하는 중요한 존재라는 인식, 자신들의 의견존중·건강유의, 구성원의 집단의식 등 인간적 측면에 대한 고려 때문이었다.

③ **제3차 면접실험**(1928.9.~1930.9) : 2만 명을 대상으로 작업능률과 감독방법 간의 관계성을 살펴보는 면접실험을 실시하였다. 작업자들은 집단의 구성원으로 행동하며, 보람 없는 일의 반복이 아니라 회사의 운명·장래 문제에 참가하고 싶어 하였기 때문에 작업자들의 제안을 수락하고 실천한 결과 생산성이 향상되었다.

④ **제4차 관찰실험**(1931.11.~1932.5) : 14명의 남자를 대상으로 계전기 뱅크배선의 작업장을 통한 관찰실험에서 작업자들은 작업순서가 아니라 고참순으로 배석하며 2개의 비공식집단을 형성하였다. 집단규범이 설정되어 구성원의 행동을 규제하였는데, 이러한 집단규범은 지나치게 일해서도 안 되고, 너무 일에 태만해서도 안 되고, 상관에게 고자질해서는 안 되고, 지나치게 자기 자랑을 하여서도 안 된다는 것이었다.

이상에서 인간관계론의 연구자들은 구성원의 사기와 생산성, 동기와 만족, 리더십, 조직 내 비공식집단의 역동성 등 구성원의 상호작용에 초점을 맞추고 있다.

3) 인간관계론의 주요 내용

인간관계론의 주요 내용은 메이요에 의한 호손실험을 통하여 생산과 관리에서 인간적인 요소와 감정의 중요성을 강조한 것으로 기본 관점은 사회심리학적 접근방법이다. 인간관계론의 중심적 내용을 살펴보면 다음과 같다(박용순 외, 2011 : 71-72).

① 조직구성원의 생산성 향상을 도모하는 것은 조직환경과 근로조건이 아니라, 작업반 내의 동료와 상사와의 인간관계에 의해서 좌우된다.

② 조직구성원은 개인적으로 일하기보다는 비공식적 집단의 구성원과 작업하며, 이에 비공식적인 집단으로서 정서적인 요소의 인간관계에 초점을 둔다.

③ 조직구성원은 공식적인 집단과 달리 비공식적인 집단이 존재하며, 이러한 비공식적인 집단은 개인의 작업태도와 생산성 향상에 영향을 준다.

④ 조직구성원은 경제적인 동기에 입각한 합리적인 행동보다는 비경제적 동기인 심리적·사회적 욕구에 따라 행동을 한다.

4) 사회복지조직에서 인간관계론

인간관계론은 인간중심적인 조직이론의 토대를 형성하고 사회복지조직에도 많은 영향을 미치고 있다. 이 이론은 사회복지조직에서 인간의 행위를 이해하는 데 다음과 같은 몇 가지 장점을 갖는다.

① 조직에서 인간을 보는 시각이 단순히 조직목표의 달성을 위한 수단이 아니라 인간 자체가 목적이 된다는 점에서 인도주의적 관점의 견해를 가지기 때문에 사회복지의 철학과 이념이 부합된다.

② 대인관계기술, 클라이언트 노력과 동기부여 등 사회복지조직에서 중요시하는 요소들과 인간관계이론의 기본 관점이 부합하기 때문에 사회복지조직에서 기본적으로 많이 적용된다.

③ 사회복지조직의 효과성은 조직목표에 대한 클라이언트의 동기·태도 및 헌신 여하에 달렸는데, 여기서 인간관계가 중요한 역할을 한다.

④ 자아의 활용은 사회복지실천에서 매우 중요하기 때문에 구성원 간의 관계는 구성원과 클라이언트 간의 관계에 영향을 미친다는 점에서 인간관계이론의 적합성이 있다.

5) 인간관계론의 한계

인간관계론이 조직의 인간적인 측면을 중요하게 부각했다는 점은 큰 공헌이다. 하지만 다음과 같은 측면에서 비판을 받고 있다.

① 인간의 정서적 측면과 조직에서 인간관계인 사회적 측면을 지나치게 강조한 나머지 조직의 효과성을 결정하는 조직의 목표, 자원, 기술, 특성 등을 소홀히 다루는 경향이 있다.

② 업무수행에 영향을 미치는 조직 내의 정치 및 경제적 과정을 무시하는 경향이 있다.

③ 공식적인 조직목표를 달성하기 위해서 조직구성원에 대해 적절한 지도와 통제가 필요하기에 인간을 너무 단순화하는 문제가 있다.

④ 조직 내에서 인간관계는 협동과 참여가 일어나기도 하지만 갈등과 지배의 본질을 간과할 수가 없다.

⑤ 인간관계를 지나치게 강조하여 사회복지 실천가들과 분석가들의 관심을 조직문제의 실제요인으로부터 멀어지게 하고 연구결과를 잘못 해석하게 할 수도 있다.

6) 인간관계론과 과학적 관리론의 비교

(1) 유사점

① **조직목표와 개인목표의 양립성 인정** : 과학적 관리론과 인간관계론은 조직목표인 생산성 향상과 개인목표인 구성원의 욕구충족 간에 근본적인 모순이 없으며 양립될 수 있다고 보았다.

② **환경 무시의 폐쇄체제이론** : 과학적 관리론은 공식구조를 중시하였고 인간관계론은 비공식구조를 중시하였으나 양자는 조직의 외부환경문제보다는 어디까지나 조직의 내부문제를 연구하는 데 초점을 맞추었다. 즉, 과학적 관리론이나 인간관계론은 조직 내부지향적·미시적 입장에 있으므로 환경을 고려하지 않은 폐쇄체제이론이다.

③ **수단화된 인간가치** : 과학적 관리론이나 인간관계론은 관리자의 역할 · 지위의 우위를 인정하고, 일선 직원을 효과적으로 다루기 위한 기술적 성격(작업층 관리를 위한 술책)을 띠고 있다.

④ **능률성과 생산성 향상 추구** : 과학적 관리론이 기계적 능률관에 입각하고, 인간관계론이 사회적 능률관에 입각하고 있다는 차이에도 불구하고 양자는 조직의 능률성과 생산성 향상을 지향하고 있다는 점에서 유사점이 있다.

⑤ **동기부여 방식의 동일** : 과학적 관리론이 인간의 경제적 욕구충족을 중시하였고, 인간관계론이 사회 · 심리적 욕구충족을 중시하였음에도 불구하고 양자는 동기부여 방식에 있어 내재적 요인보다는 외재적 요인을 중시하였다는 유사점이 있다.

⑥ **관리층을 연구대상에서 제외** : 과학적 관리론과 인간관계론은 주로 작업계층을 연구대상으로 하여 조직의 생산성 향상을 위한 동기부여 방식을 연구하였다.

〈표 3-7〉 **과학적 관리론과 인간관계론의 유사점**

구 분	유사점
목표의 양립성	조직목표인 생산성 향상과 개인목표인 구성원의 욕구충족 간의 양립성 인정
환경관	환경을 무시한 폐쇄체제이론
인간에 대한 태도	인간을 목표달성을 위한 수단으로 인식
궁극적인 목적	조직의 능률성과 생산성 향상을 목표
동기부여 방식	외재적 동기부여 방식
연구대상	주로 작업계층을 연구함(관리층을 연구대상에서 제외)

(2) 차이점

① **조직관** : 과학적 관리론은 조직을 합리적 · 기계적 모형으로 인식하며 공식적 조직을 중시하였으나, 인간관계론은 조직을 비합리적 모형으로 인식하며 비공식조직과 소집단을 중시하였다.

② 인간관 : 과학적 관리론은 인간을 합리적·경제적 인간으로 인식하여 경제적 욕구 충족을 중시하였으나, 인간관계론은 인간을 사회적 인간으로 인식하여 사회·심리적 욕구 충족을 중시하였다.

③ 능률관 : 과학적 관리론은 기계적·단기적·공리적 능률관에 입각하였으나, 인간관계론은 사회적·장기적·인간적 능률관에 입각하였다.

④ 관리방식 : 과학적 관리론은 권위적 리더십이나 맥그리거(McGregor)의 X이론적 입장에 있으나, 인간관계론은 민주적 리더십이나 맥그리거(McGregor)의 Y이론적 입장에 있다.

⑤ 조직목표와 개인목표 간의 균형 : 과학적 관리론은 조직목표와 개인목표 간의 균형은 당연히 이루어진다고 보았으나, 인간관계론은 조직목표와 개인목표 간의 균형은 의식적으로 성립되어야 한다고 보았다.

〈표 3-8〉 과학적 관리론과 인간관계론의 차이점

구 분	과학적 관리론	인간관계론
조직관	기계적·합리적 모형	비합리적 모형
인간관	합리적·경제적 인간	사회심리적 인간
능률관	기계적·단기적·공리적 능률	사회적·장기적·인간적 능률
관리방식	권위적 리더십 McGregor의 X이론	민주적 리더십 McGregor의 Y이론
조직목표와 개인목표 간의 균형	저해요인만 제거되면 당연히 균형	의식적으로 성립되어야 균형
구 조	공식적 조직 중시	비공식조직·소집단 중시
보상체계	경제적 물질적 보상	비경제적 인간적 보상
공 헌	조직의 능률성 향상에 기여	조직의 민주화에 기여

4. 개방체계이론

1) 체계이론(System Theory)

(1) 의의

체계란 상호작용하는 부분들로 구성된 전체, 즉 '부분들 간에 관계를 맺고 있는 일련의 단위들'로 정의된다. 체계는 서로 상호작용을 하는 여러 하위체계들의 요소에 의하여 통일된 전체를 형성하고 있다. 따라서 체계이론은 조직을 다양한 역동성과 메커니즘에 기초를 둔 구체적 기능을 수행하는 많은 하위체계로 구성된 복합체로 보고 있다.

사회복지행정에서의 체계이론이란 사회복지조직도 하나의 유기체로서 안정을 유지하기 위해 '투입－전환－산출'의 체제를 가지고 안정을 유지한다는 것이다. 체계론적 관점에서 사회복지조직을 보면 각종 자원, 클라이언트, 사회복지사 등이 투입되고 서비스를 직접 전달하는 개입과정을 통해 투입(input)한 것이 전환(transformation)되어 서비스로 산출(output)된다. 개입의 결과를 나타내는 산출을 통해 전달체계를 평가 및 분석하게 되고, 그 결과를 토대로 다시 환경에서 투입을 얻어 산출과정을 반복하며 생존한다(오세영, 2013 : 144).

체계이론은 관리자에게 조직의 문제를 분석하고 진단하려는 방법을 제공해 주며, 조직의 어느 부분이 잘못된 기능을 하고 있는가를 찾아내어 고치도록 사용될 수 있다. 즉, 조직 각각의 하위체계가 어떠한 기능, 역동성, 기제를 수행하는가의 표준을 제시함으로써 특정한 조직의 성과를 그 표준과 비교 평가할 수 있다(최덕경 외, 2014 : 80).

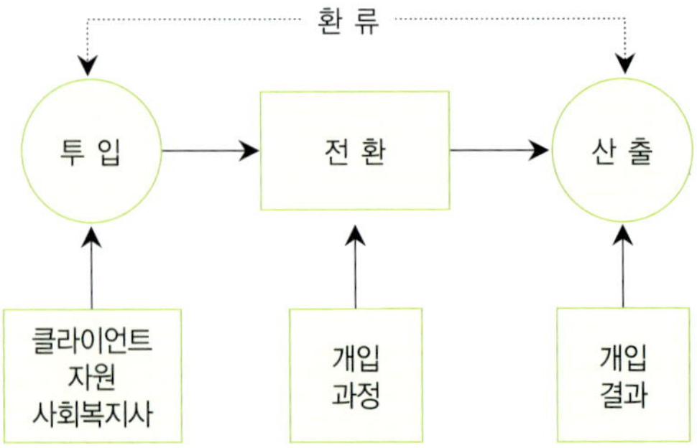

【그림 3-1】 체계 모형

(2) 체계이론에서의 하위체계

조직은 어떤 것이든지 환경과의 투입과 산출이라는 상호작용을 계속하면서 내부에서는 여러 개의 하위체계가 서로 얽혀서 상호작용하고 있는데, 체계모형의 다섯 가지 하부체계를 간략히 설명하면 다음과 같다.

① 생산하위체계(Production Subsystem) : 조직목표에 의한 자체의 과업을 수행하면서 할당된 생산품(제품, 서비스)을 생산하는 데 중점을 둔다. 사회복지조직에서 생산하위체계의 기능은 클라이언트에게 서비스를 제공하는 것을 말한다. 생산하위체계는 전문화의 원리로서 숙련과 기술을 강조하는데, 전문화는 목적(purpose), 과정(process), 사람(person), 장소(place) 등의 네 가지 영역에서 활용되고 있다. 첫째, '목적에 의한 전문화'는 정신건강, 교정문제, 주택문제 등 다양한 사회문제를 해결하기 위해 분야별로 접근하는 것이고, 둘째, '과정에 의한 전문화'는 개별사회사업, 정신의학 등과 같이 방법론에 따라 접근하는 것이고, 셋째, '사람에 의한 전문화'는 아동, 청소년, 노인, 장애인 등과 같이 수혜대상에 따라 접근하는 것이며, 넷째, '장소에 의한 전문화'는 클라이언트의 접근을 용이하게 하기 위해 지리적 구분에 따라 접근하는 것을 말한다.

② 유지하위체계(Maintenance Subsystem) : 조직의 계속성을 확보하고 조직을 안정상태로 유지하는 것이다. 이를 위해서는 조직활동을 공식화시키는 것, 보상체계를 확립하는 것, 새로운 구성원을 선발하고 교육・훈련시키는

것들이 필요하다. 조직의 욕구에 개인의 욕구를 통합하는 데 강조를 두는 인간관계이론에 기초한다. 조직의 궁극적 목표는 클라이언트의 욕구 충족에 있다. 따라서 직원들에 대한 관심은 어디까지나 클라이언트의 욕구충족이라는 조직의 궁극적인 목표를 달성하기 위한 수단이다.

③ **경계하위체계**(Boundary Subsystem) : 조직이 주위 환경에 영향을 미치기 위한 체계의 의미로서 사회복지조직의 생존과 발전을 위해 필요한 체계가 된다. 경계체계는 생산지지체계와 제도적 체계의 두 요소를 포함하고 있다. 생산지지체계는 서비스 전달에 필요한 범위 내에서 외부의 다른 조직과 교환관계를 맺는 것을 말한다. 사회복지조직에서도 조직마다 인력이 한정되어 있으므로 클라이언트의 욕구를 적절히 충족시키기 위해서도 조직 간의 협력과 조정이 필요하다. 제도적 체계란 조직이 홍보와 PR을 통해 지역사회의 지지를 받아 조직의 정통성을 확보하고 지원을 확보하는 것이다.

④ **적응하위체계**(Adaptive Subsystem) : 변화하는 환경의 욕구에 반응하여 조직을 변화시킬 필요성을 인식하고 조직변화를 위한 최적의 대안을 찾기 위해 연구하고 평가해 나가는 것이다. 따라서 프로그램의 효율성·효과성을 정확히 파악하고, 클라이언트의 요구, 정부의 요구조건, 자금조달 경쟁에서 뒤지지 않도록 노력해야 한다.

⑤ **관리하위체계**(Managerial Subsystem) : 지금까지 제시한 네 가지 하위체계를 조정하고 통합하는 체계이다. 따라서 조직구성원 간 혹은 부서 간 갈등 해결과 조정, 적절한 업무환경의 제공, 외부환경의 영향에 대한 조직의 대응책을 모색하기 위해 노력하는 것 등은 이 하위체계에서 중요하다.

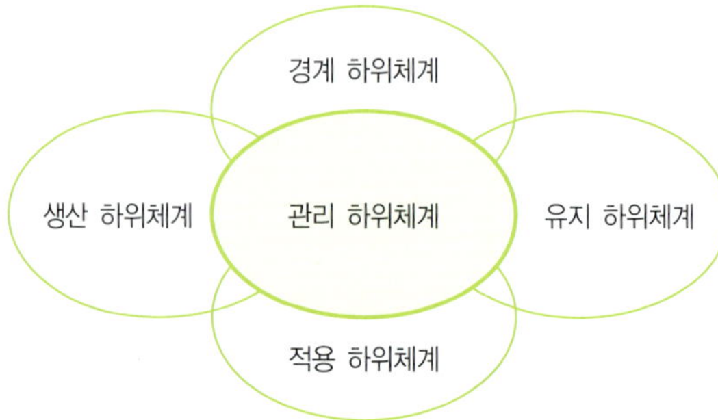

- 고전이론의 관점 : 생산, 관리 하위체계
- 인간관계이론의 관점 : 유지, 관리 하위체계
- 구조주의 이론의 관점 : 경계, 적응 하위체계

그림 3-2 체계 모형의 하위체계

(3) 사회복지조직에서 유용성

체계이론이 사회복지조직을 설명하는 데 있어서 갖는 유용성과 한계는 무엇인가? 체계이론은 사회복지조직에 있어 시사하는 의미가 크다(김형식 외, 2002 : 51-53).

첫째, 체계이론의 핵심적 내용은 조직을 형성하고 있는 다양한 구성체계와 단위 간의 상호의존성이다. 사회복지조직에 있어서도 사회복지사들의 행동, 결정 등이 불가피하게 다른 조직성원들의 행동, 전체조직과 연루된다. 조직성원들은 결코 독립적, 독자적인 성원일 수가 없다. 조직과 사회복지사는 공생적인 관계에 있다는 점에서 조직과 사회복지사들 간에는 연대가 요구된다.

둘째, 체계이론에서 또 하나의 중요한 점은 조직은 조직 나름대로 욕구를 가지고 있다는 점이다. 조직의 욕구에는 외적 욕구와 내적 욕구가 있다. 외적 욕구는 조직의 기능을 수행하고 지역사회의 기제에 부응하기 위한 자원(시설, 기금, 이용자)을 의미한다. 내적 욕구는 조직을 구성하는 요소와 단위들 간의 통합, 조직성원들 간의 충성과 헌신, 자원을 동원하고 개발할 수 있는 기술적 · 정치적 능력과 같은 것이다. 조직의 욕구를 이해하는 것은 사회복지사들이 나름대로 조직 내에서 그들의 영향력을 행사할 수 있는 여지가 있음을 시사한다. 이를 위해 조직의 욕구를 파악하여 그 욕구를 충족시키는 역할을 하나의 전략으로 활용할 수 있는 여지를 부여한다. 전략적 역할로는 프로포절 작성, 평가사업, 홍보, 기금모금 등을 예로 들 수 있다.

셋째, 체계이론에서는 조직환경의 중요성을 강조한다. 사회복지조직도 조직이 처한 환경 속에서 다양한 형태의 자원을 확보하고 그 자원을 여러 형태의 서비스로 전환시키는 등 조직과 교환관계를 형성하고 있다.

2) 상황이론(Contingency Theory)

(1) 의의

상황이론은 로렌스와 로쉬(Lawrence & Lorsch)에 의해 처음 사용되었는데, 이 이론의 기본적 전제는 고전이론과 인간관계론에서 제시되는 근본적인 전제를 부정한다. 즉, 모든 상황에 적합한 유일·최선의 조직화 방법은 존재하지 않으며, 조직화는 상황에 따라 결정되어야 한다는 것이다. 여기서 상황이란 조직을 둘러싼 내·외적 환경을 의미한다. 따라서 상황이론은 기존 이론들이 조직을 폐쇄체제로 보고 조직 내부의 문제에 주안하여 이론적인 전제와 주요 개념을 제시하는 데 반해 조직을 개방체계로 보고 상황에 적합한 조직구조와 형태를 유지하는 것이 보다 바람직하다는 입장을 보이고 있다(황성철, 2010 : 81). 따라서 사회복지조직에서의 상황이론은 다음과 같은 점에서 의의가 있다.

첫째, 환경의 중요성을 강조한 것으로 사회복지조직의 내부적 특성을 잘 설명하고 상황과 환경의 중요성을 강조한다는 점에서 시사하는 바가 크다.

둘째, 기존의 조직이론이 환경과의 관계를 도외시한 반면 상황이론은 환경적 변수의 중요성을 강조한다는 측면에서 사회복지조직에서의 적용 가능성을 더욱 크게 하고 있다.

(2) 주요 내용

상황이론은 조직이 잘 되기 위해서는 조직 내 하위시스템 간의 '적합과 조화' 그리고 조직과 환경과의 적합관계가 이루어져야 한다는 것이다. 특히 상황이론은 조직유효성에 중요한 영향을 미치는 것이 조직구조라고 보기 때문에 조직과 환경, 기술, 조직규모와의 관계를 중요시하며, 이러한 환경, 기술, 조직규모 등의 상황요인과 조직 특성의 적합이 조직의 성과를 결정한다고 본다. 상황이론의 요체를 그림으로 표시하면 다음 ❙그림 3-3❙과 같다(황성철 외, 2010 : 81-82).

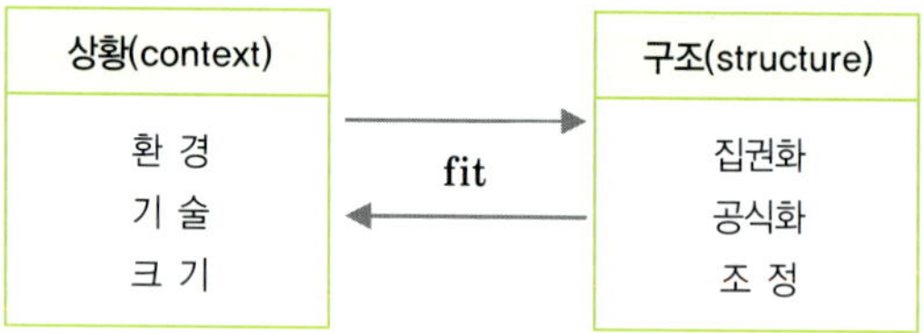

❙그림 3-3❙ 상황이론도

위의 그림에서 상황(context)을 구성하는 요소는 환경, 기술, 규모로서 환경이 안정적이면 조직구조는 집권화와 공식화의 정도를 높일 수 있으나, 환경이 불안하고 변화의 정도가 클 경우 효과적인 대응을 위해서 조직구조는 집권화의 정도를 낮추어야 신속한 업무처리에 유리하다는 것이다. 기술의 상황에서도 기술이 복잡하고 전문적인 기술을 사용하는 경우 분권화하는 것이 더욱 적합하고 조정의 필요성이 크게 강조될 수 있다. 조직의 규모에서도 대규모 조직으로 규모가 큰 경우 공식화의 정도는 높여도 되나 소규모 조직일 경우 공식화의 정도를 높여서 계층별 승인과 결재가 요구된다면 비효율적이라는 것이다.

이상에서와 같이 상황이론에서 조직의 구조는 환경의 변화와 안정성 정도, 기술의 복잡다양성 정도, 조직의 규모에 따라 적절히 결정되어야 한다는 것이다. 결국 상황이론은 조직이 환경에 적합(fit)해야 효과적이기 때문에 상황적합이론이라고 부르기도 한다.

사회복지조직 관리자가 상황이론을 활용할 경우 가장 우선적으로 고려해야 할 사항은 자신이 운영하는 사회복지조직의 특성과 욕구를 분명히 파악하는 것이며, 그 다음으로 결정할 사항이 환경적 특성을 잘 이해하는 것이다(Lewis et al., 2001 : 95).

(3) 사회복지조직에서의 유용성

사회복지조직에 있어서 상황이론은 어느 정도의 유용성을 갖고 있고, 또한 그 한계는 무엇인가? 사회복지조직에 있어서의 상황이론의 유용성은 다음 두 가지로 설명된다(황성철 외, 2010 : 82-83).

첫째, 사회복지조직의 내부적 특성을 잘 설명하고 상황과 환경의 중요성을 강조한다는 점에서 그 적용이 유용하다. 실제로 사회복지조직은 클라이언트 집단에 따라 그 조직의 특성이 매우 다르다. 따라서 제각기 다른 특성을 충분히 이해하고 조직화와 관리방법 및 형태를 결정해야 한다는 점은 시사하는 바가 크다.

둘째, 기존의 조직이론이 환경과의 관계를 도외시한 반면 상황이론은 환경적 변수의 중요성을 강조한 측면이 사회복지조직에 적용 가능성을 더욱 크게 하고 있다. 실제로 사회복지조직은 환경적 변화에 크게 좌우되기 때문에 그에 따른 조직구조와 관리스타일의 적용이 절실히 요구되므로 이론적 타당성은 충분하다.

3) 정치경제이론(Political Economy Theory)

(1) 주요 내용

정치경제이론은 상황이론처럼 조직과 환경의 상호작용에 초점을 두고 있지만 자원과 권력관계를 중심으로 전개되는 상호작용의 역할관계에 따라 조직의 성패가 좌우된다는 점을 강조하는 이론이다. 이 이론에 의하면 조직의 생존과 발전에는 두 가지 기본적인 자원이 필수적이다(황성철 외, 2010 : 83).

첫째, 합법성과 권력과 같은 정치적 자원이다. 조직에서 합법성은 조직의 설립기반과 모든 활동의 근거가 되는 중요한 요소이며, 권력과 같은 정치적 자원은 조직의 목표달성 및 생존에 지대한 영향력을 행사하는 요인이라 할 수 있다.

둘째, 생산과 서비스에 요구되는 경제적 자원이다. 재원, 클라이언트, 인력과 같은 생산과 서비스를 위한 경제적 자원이 확보되지 않는다면 조직은 정상적으로 가동될 수 없기 때문에 필수적이다.

정치경제이론은 조직이 서비스 전달체계를 형성하는 데 있어서 과업환경(task environment)의 중요성을 강조한다(Hasenfeld, 1992 : 31). 과업환경이란 조직에 직접적으로 영향을 미치는 환경으로 대개 지역사회 내의 다른 조직과 클라이언트 집단을 포함한다. 이러한 과업환경의 요소들은 조직이 필요로 하는 자원(합법성, 재원, 클라이언트 등)을 통제하고 있고 조직을 통해서 자신들의 목적을 실현시키려 하기 때문에 밀접한 이해관계를 형성하고 있다.

정치경제이론은 일명 자원의존이론(resource dependency model)이라고도 한다. 자원의존이론의 기본 전제는 조직이 과업을 수행하기 위해서는 결국 환경에 의존적일 수밖에 없다는 것이다. 따라서 조직의 관리자에게 있어 효과적인 전략이 요구되는데, 여기에는 완충(buffering)과 연계(bridging) 등이 있다(Scott, 1998 : 48-62).

완충전략은 조직이 과업환경으로부터 야기되는 혼란에서 조직을 보호하기 위하여 조직 내의 구조와 주요 구성요소들을 정비하는 방법이며, 연계전략은 조직이 필요한 주요 자원을 획득하기 위해서 다른 조직 등의 환경요소들과 협력 혹은 공조관계를 형성하고 발전시키는 것을 말한다. 완충전략은 내부지향적이며 수동적인 환경대응전략이라면 연계전략은 외부지향적이고 능동적인 조직의 변화전략이라고 볼 수 있다. 완충전략을 선택했을 경우 관리자가 취할 수 있는 전술은 다음과 같다(황성철 외, 2010 : 84-85).

① **분류**(Coding) : 외부환경으로부터 지속적으로 투입되는 자원의 흐름에 방해가 생겼을 때 또는 새로운 자원 확보에 문제가 발생했을 경우 기존의 자원과 투입을 재분류하여 정리하는 방법을 말한다.

② **예측**(Forecasting) : 조직의 투입과 산출에 대해서 미리 예측하여 환경적 변화에 적응하는 방안을 강구하는 전술을 말한다.

③ **비축**(Stockfiling) : 환경으로부터 유입되는 자원이 불충분하다고 판단될 때 조직의 주요 자원을 비축하여 긴급한 상황에 사용할 수 있도록 조치하는 전술이다.

④ **평준화**(Leveling) : 환경적 요소의 변화가 조직에 큰 충격을 줄 경우 조직 내의 특정 부서나 일부 직원이 부담할 충격을 나누어 분담케 함으로써 충격을 완화시키는 전술이다.

한편 연계전략을 선택했을 경우 관리자가 활용할 수 있는 전술은 다음과 같다.

① **협력**(Cooperation) : 충분한 수의 클라이언트를 환경으로부터 확보하기 위해 타 기관과 협력관계를 형성하여 클라이언트를 의뢰받을 수 있는 방안이다.

② **대체자원개발**(Developing Alternative Resources) : 의료기관이나 사회복지조직에서 흔히 사용할 수 있는 전술로서 적극적으로 환경의존적인 조직의 위치를 변화시킬 수 있다.

③ **서비스나 프로그램의 다변화**(Diversification) : 새로운 클라이언트나 자원을 획득할 수 있는 방법으로 유용하게 사용될 수 있다.

그러나 이러한 완충과 연계전략이 갖는 장점이 있는 반면 사회복지서비스 대상자에 대한 윤리적인 문제(크리밍; creaming)[1]도 야기할 수 있다는 점에서 주의가 요망된다. 사회복지조직이 희소한 자원 확보와 유지에 몰두한다면 서비스를 절실히 필요로 하는 클라이언트가 배제될 수 있기 때문에 크리밍에 따른 윤리적인 문제가 대두될 수 있다.

(2) 사회복지조직에서 정치경제이론

정치경제이론은 사회복지조직 내·외부 정치경제적 관계가 조직의 서비스 전달체계에 미치는 영향을 잘 설명해 준다(Hasenfeld, 1992 : 32). 특히 사회복지조직이 외부환경에 크게 의존하고 있다는 사실을 강조하고 환경의존성을 탈피하려는 조직의 적응전략을 사용했을 때 어떤 영향이 나타나는가를 명확히 설명해 준다는 점에서 사회복지조직에의 적용 가능성은 매우 높다고 평가된다. 이 이론은 클라이언트를 중요한 자원으로 보면서 조직에 영향을 주는 이

1) 사회복지조직이 투입비용을 줄이고 자원을 극대화하기 위해서 비교적 성공의 가능성이 큰 클라이언트를 선별적으로 모집하고, 반대로 자원의 소모가 많고 서비스의 수요가 큰 클라이언트를 배척하는 현상

해집단으로 파악하여 사회복지조직이 클라이언트 집단에 대해서 반응해야 하는지를 예측 가능하게 한다.

그러나 정치경제이론은 사회복지조직의 형태를 설명하는 데 있어서 돈이나 권력 같은 정치·경제적 자원들에만 한정하고 있는데 사회복지조직은 이에 전적으로 좌우되는 것은 아니며 그 조직을 이끄는 가치와 이념을 간과하고 있다는 점에서 적용상의 한계는 있다.

4) 조직군생태학이론(Population Ecology Theory)

(1) 주요 관점

조직군생태학이론은 조직을 개방체계로 보아 환경과의 상호작용을 전제로 하고 있지만 조직의 생존을 결정하는 것은 결국 환경이라는 결정론적 입장을 취한다. 즉, 조직이 환경의 여러 요소들과 끊임없이 상호작용하면서 적응하고 진화한다는 견해를 바탕으로 조직이 환경을 변화시켜 환경과의 지속적인 상호작용을 통해서 변화한다고 보면서 환경은 조직의 생존을 위한 중요변수가 되는 것이다(오세영, 2013 : 147).

조직군생태학이론은 하나의 조직이 변화하는 환경에 적응할 수 있는 역량의 문제, 제한된 자원의 확보를 위해 경쟁해야 하는 특수한 환경 등에 관심을 가진다. 궁극적으로 변화하는 환경에 적응하는 조직은 살아남고 그렇지 않은 조직은 도태된다는 것이다.

(2) 주요 특징

조직군생태학이론에서 분석의 단위는 개별조직이 아니라 조직의 군 혹은 집합체로 장기적 조직변동과 정치·경제적 조건에 관심을 두고 있다. 다윈의 진화론에 영향을 받아 적자생존이라는 개념에 영향을 받은 것으로 조직과 환경 간의 관계에 있어 개별조직에 관심을 두지 않고 조직의 무리나 어떠한 범주에 대해서 관심을 둔다. 사실 조직은 환경의 변화속도보다 조직의 변화속도가 느림에 따라 구조적 관성이 나타나게 되고 이 구조적 관성에 의해서는 개별조직의 변화가 일어나기 어렵기 때문에 조직의 환경적응이 어렵게 된다. 이에 따라 조직은 환경에 의해서 선택당하게 될 수 있음을 주장하고 있다(김경우 외, 2013 : 87). 의료산업에서 최근 임신과 출산의 저하로 인해서 산부인과 의원이 점차 사라지는 이유는 변화된 인구적 환경의 선택 때문이라 할 수 있다.

(3) 사회복지조직에서 조직군생태학이론

조직군생태학이론을 사회복지조직에 적용시켜 볼 때 그 유용성은 오랜 기간 동안 사회복지조직의 변화 양태, 즉 사회복지조직의 생존과 소멸이라는 현상을 설명하는 데서 찾을 수 있다. 예를 들어, 과거에 우리나라 사회복지시설은 생활시설 중심이었으나 정부가 1980년대 이후부터 지역사회를 중심으로 한 재가복지정책을 주요 방향으로 설정하자 사회복지관이나 재가복지봉사센터 등의 이용시설이 급격히 확산되고 기존 모습의 생활시설은 점차 자취를 감추고 있다. 바로 이러한 변화의 양상이 조직군생태학이론을 적용하여 이해해 볼 수 있는 현상이다(황성철 외, 2013 : 87).

그러나 조직군생태학이론은 환경결정론적 입장이 강하기 때문에 조직의 재정능력, 또는 환경을 극복할 수 있는 가능성 등을 소홀히 한다는 비난을 받기도 한다(김형식 외, 2002 : 55-56). 또한 조직군생태학이론에서 환경의 개념은 매우 모호하고 환경에서의 조직 간의 권력관계, 갈등, 마찰 등 중요한 사항을 도외시하고 있다는 지적도 있다(Perrow, 1986 : 213).

5) 제도이론(Institutional Theory)

(1) 주요 내용

제도이론도 상황이론이나 정치경제이론과 마찬가지로 조직에 대한 환경의 영향력을 강조하는 개방체계적 관점을 지니고 있다. 그럼에도 불구하고 보다 거시적인 제도적 환경 요소들에 초점을 맞추었다는 점에서 서비스의 직접적인 환경 요소들에 초점을 둔 상황이론과는 차이가 있다. 또한 정치경제이론에서는 가치나 이념들의 중요성을 간과하는 경향이 있지만, 제도이론에서는 조직의 제도적 외부환경이나 내부 구성원들이 채택하고 있는 가치나 신념체계와 같은 것들이 사회복지조직의 형태를 설명하는 데 결정적으로 중요한 요인들이라고 간주한다(김영종, 2010 : 139). 즉, 제도이론에서는 사회복지조직을 위시한 휴먼서비스 조직들은 기술적인 특성들보다는 제도적인 환경 속에 내재하는 규범이나 규칙들에 의해서 조직의 성격들이 결정된다고 본다.

현대사회 조직들에서는 조직의 위상, 정책, 프로그램, 절차는 사회적 여론, 주요 이해관계자의 시각, 교육과정에서 인정된 지식, 사회적 지위, 법률과 법원의 판결 등의 제도적 환경의 영향력에 의해서 규정된다고 보았다. 이와 같은 제도적 환경이 조직의 구조나 성격에 큰 영향을 미칠 수 있는데, 사회복지조직의 주요 제도적 환경으로는 국가, 전문직, 여론을 들 수 있다(김영종, 2010 : 139).

(2) 제도적 규칙들이 받아들여지는 과정과 방법

조직은 제도적 규칙들이 합법성의 원천이자 자원 획득을 위한 통로가 되기 때문에 생존을 위해서 제도적인 규칙들을 받아들이게 된다. 조직에서 제도적 규칙이 받아들여지는 과정과 방법은 다음의 세 가지로 구분된다(김영종, 2010 : 140).

① **강요적**(Coercive) : 정부나 법률의 규정에 의해서 '강제'로 받아들여지는 경우이다. 예를 들어, 사회복지사업법, 보건복지부 장애인생활시설 운영지침 등에 들어 있는 규칙은 사회복지시설들에 강요적 성격을 띤다.

② **모방적**(Imitative) : 성공적인 조직의 관행과 절차를 '모방'하여 규칙을 정하는 방법이다. 다른 조직이나 프로그램들에서 효과적으로 시행되고 있는 각종 행정 및 서비스 관련 규칙들을 도입하여 시행하는 경우가 여기에 해당한다.

③ **규범적**(Normative) : 전문직의 '규범'들의 전이에 의해 제도적 규칙들이 조직이나 프로그램에 반영되는 경우이다. 예를 들어, 정신보건 관련 조직들에서 DSM(Diagnostic and Statistical Manual : 정신질환 측정도구)을 공통적으로 채택하면, 이에 수반된 서비스 규칙이 조직들에 공통적으로 전이되는 효과를 나타낸다.

(3) 사회복지조직에서 제도화이론

제도이론은 사회복지조직을 설명하는 데 있어서 어느 정도의 유용성을 갖고 있는가? 또한 그 한계는 무엇인가? 제도이론을 사회복지조직 상황에 적용시켰을 때 얻을 수 있는 가장 큰 장점은 사회복지조직들은 정부의 정책 및 사회적 가치와 규범 등 제도적 환경의 영향력하에 매우 강하게 놓여 있다는 사실을 명확하게 이해할 수 있다는 것이다. 사회복지기관은 정부나 법률에 의해서 설립이 인가되고 조직운영의 형태나 관행은 대체로 법률이나 규정에 의해서 규제되고 있는 것이 현실이다. 또한 사회복지기관은 지속적으로 사회적 규범과 가치에 의해서 활동과 조직의 내용이 결정되는 경향이 있기 때문에 제도이론은 사회조직이 환경관리적 차원에서 무엇을 우선시해야 하는지를 인식하는 데 매우 중요한 시사점을 제공한다(황성철, 2010 : 88-89).

그러나 제도이론도 한계를 지니고 있다. 제도이론의 핵심이라고 할 수 있는 '제도화' 과정 자체에 대해서 명확하게 언급하고 있지 않다. 또한 기술적 환경과 제도적 환경의 상호연관성에 대해서도 언급하고 있지 않다. 그러한 이유 때문에 구체적인 조직관리의 원칙을 도출할 수 없을 뿐만 아니라 실천을 위한 개입 지식으로 활용되기 어려운 것이다(박차상 외, 2010 : 74).

5. 현대조직이론

1) 목표관리(MBO : Management By Objective)

(1) 의의

조직의 목표는 조직의 성장을 위해서 끊임없이 수정할 수밖에 없다. 목표를 더욱 바람직한 방향으로 변화시키려는 노력이 목표관리이다. 목표관리는 마치 기업이 매출액을 매년 늘리되 수시로 변하는 시장 상황과 보조를 맞추어 나가야 하는 것과 같다. 따라서 목표도 설정에서부터 실행과 중간점검, 최종평가에 이르기까지 치밀하게 관리해야 한다. 목표관리는 목표를 보다 합리적이고 과학적으로 관리하는 조직관리의 한 기법으로서 1954년에 드럭커(P. Drucker)에 의해 최초로 주창되고 1957년에 맥그리거(D. McGregor)에 의해 소개되었다.

드럭커(P. Drucker)에 의해 주창된 목표관리(MBO : Management By Objective)란 '참여과정을 통해 조직단위와 구성원들에게 측정 가능하고 1년 미만 정도의 비교적 단기적 목표를 명확하고 체계적으로 설정하고 그에 따라 생산활동을 수행하도록 하며 활동의 결과를 평가, 환류(피드백)시키는 관리기법'이다. 이러한 목표관리의 의의는 ① 공식적 목표를 실체화하는 과정이며, ② 명확한 목표설정과 책임한계의 규정, ③ 참여와 상하협조, ④ 환류의 개선을 통한 관리계획의 개선, ⑤ 조직참여자의 동기유발, ⑥ 업적평가의 개선을 도모하고, ⑦ 궁극적으로 조직의 효율성을 증진시키려는 것이다(신복기 외, 2013 : 74).

(2) 기본 요소

MBO는 기본적으로 다음의 네 가지 구성요소를 특징으로 하고 있다(유기현, 1998 : 77-78).

① 목표의 구체화이다. MBO의 목표는 기대되는 결과를 명확하게 표현해야 한다. 예를 들면, 단순히 비용절감, 서비스의 개선이나 품질향상을 기대한다는 표현은 적절하지 않다. 이러한 기대는 측정과 평가할 수 있는 분명한 목적으로 전환되어야 한다. 부서별 비용을 5% 절감하고, 전화주문을 받고 나서 24시간 이내에 처리함으로써 서비스를 개선하고, 품질에 대한 리콜(recall)이 총 매출에서 차지하는 비율이 1% 내외가 되도록 품질을 개선하는 것이 바로 목표의 구체화이다.

② 참여적 의사결정이다. MBO는 상급자가 목표를 설정하고 하급자는 지시에 따르기만 하는 그런 전통적인 목표설정과는 다르다. MBO에서는 목표가 상급자에 의해서 일방적으로 부여되는 것이 아니라 참여적인 의사결정방식으로 결정한다.

③ 명시적 기간 설정이다. 목표에는 그것이 성취되어야 할 정확한 기간이 존재하여야 한다. 보통 그 기간은 3개월, 6개월 내지 1년이 보통이다.

④ 성과에 대한 피드백이다. MBO는 목표를 향해 가는 과정에서 지속적인 피드백을 추구한다. 진행 도중 지속적인 피드백을 구성원에게 제공함으로써 스스로의 행동을 관찰하고 수정하도록 한다는 것에 그 목적이 있다. 주기적이고 공식적인 평가 기회를 통하여 경영자와 직원은 목표를 향한 진행과정을 점검하고 보다 많은 피드백을 제공받게 된다.

(3) MBO의 장단점

목표관리가 사회복지조직을 설명하는 데 있어서 갖는 장단점은 무엇인가? 목표관리는 다음과 같은 장점이 있어 사회복지조직에 적용이 유용하다(우종모 외, 2004 : 113).

첫째, 목표관리는 전체 조직·부서·개인의 목표가 조직원 모두의 참여를 통해 정확히 설정되어 있기 때문에 조직의 목표와 개인들의 목표를 통합시킬 수 있고, 참여를 통한 조직의 인간화로 조직발전에 기여할 수 있는 장점이 있다.

둘째, 평가의 객관적 기준이 있어 결과 측정이 용이하고 결과에 대한 책임한계가 명확하므로 조직의 효과성과 효율성이 제고된다.

셋째, 관리자에 의한 주관적이고 즉흥적인 업무계획이 지양되고, 업무수행 시 갈등이 감소할 수 있다.

넷째, 참여적 의사결정 행위로 인해 조직 참여자의 사기를 높여주며 관료제의 부정적 속성을 제거하는 데 유용하다.

그러나 목표관리는 다음과 같은 단점으로 사회복지조직에의 적용에 한계가 있다(우종모 외, 2004 : 114).

첫째, 구성원 전체가 참여하므로 시간과 노력이 과다 소요되는 경향이 있어 목표설정이 곤란하다는 점이다.

둘째, 불확실한 상황에서는 의도된 목표를 달성하기 어렵다.

셋째, 목표설정을 자주 해야 하므로 실현 가능한 단기적 목표를 남용함으로써 장기적이며 이상적인 목표가 저하될 수 있다.

넷째, 목표와 결과를 중시하므로 업무과정에 나타나는 수단의 적절성과 정당성이 무시되기 쉽다.

(4) 사회복지조직에의 적용

목표관리의 절차와 그에 따른 역할을 사회복지조직에 적용해 보면 다음의 <표 3-9>와 같이 도식화할 수 있다.

〈표 3-9〉 사회복지조직의 MBO 적용 예

단 계	MBO 절차	사회복지조직
1단계 목표 발견	• 조직에 필요한 거시적 목표 발견	• 사회문제를 고려한 장기적 목표 발견 • 당면한 문제해결을 위한 단기적 목표 발견
2단계 목표 설정	• 조직이 이루고자 하는 목표 정립 – 계획수립 – MBO를 위한 팀 운영	• 상위목표(조직의 목표) 설정 • 하위목표(부서와 개인별 목표) 설정 – 상사와 부하의 합의에 의한 목표와 평가 기준 설정 – 팀 운영
3단계 목표 확인	• 설정된 목표가 실제 수행 가능성이 있는지 검토 – 목표 면담	• 상위목표 확인 • 하위목표 확인
4단계 목표 실행	• 구체적 전략과 실제 행동 – 사업(업무) 추진	• 하위목표 실행 • 목표 수행과정에서 피드백
5단계 평가	• 계획의 평가 – 실적집계 – 평가면담 – 인사평가	• 중간결과의 평가와 피드백 • 최종결과의 검토와 평가 – 실적집계 – 평가면담 • 인사평가에 반영
6단계 피드백	• 부족한 부분, 추가할 사항은 차기 계획에 반영	• 부족한 부분, 추가할 사항은 차기 계획에 반영

출처 : 우종모 외(2004), p.114.

2) 총체적 품질관리(TQM : Total Quality Management)

(1) 의의

TQM은 일본 기업들이 산출물의 결함을 제거하여 소비자 만족을 극대화하는 조직관리방법을 효과적으로 사용하고 있다는 데 착안하여 1980년대 초반부터 미국 기업에도 적용하기 시작한 경영이론이며 기법이다(Martin, 1993 : 22). 다르게 표현하면, 조직운영, 제품, 서비스의 지속적인 개선을 통해 고품질과 경쟁력을 확보하기 위한 전 종업원의 체계적 노력으로, 단순히 제품이나 서비스의 결함을 발견하여 그것을 제거하는 데 있는 것이 아니라 총체적으로 소비자가 만족할 수 있도록 제품과 서비스를 향상시키는 혁신적인 조직관리 방법이다. 이 구성요소를 살펴보면 다음과 같다.

① **총체적**(Total) : 총체적이란 품질향상의 노력은 조직구성원 모두에 의해 공유되어야 한다는 것이다. 또한 서비스나 제품의 설계 · 제조 · 판매 · 사후관리에 이르기까지 모든 단계에 걸쳐 품질향상 노력이 총체적으로 이루어진다는 것이다. 여기에는 관리자와 하위직원의 구분이 있을 수 없고, 품질관리 전문요원과 현장직원의 구분이 따로 있을 수 없다.

② **품질**(Quality) : 고객의 요구에 부응하는 것으로 여기에는 재화 · 서비스의 우수성, 생산성, 능률성, 효율성 등을 포함한다. 따라서 TQM의 목표는 고객의 기대에 부응하기 위해 서비스나 제품의 품질을 지속적으로 향상시키는 것이다.

③ **관리**(Management) : 관리란 품질향상이라는 목적을 달성하기 위한 수단을 의미한다. 품질향상을 위해 필요로 하는 물적 · 인적자원의 적절한 관리뿐 아니라 조직 내부의 제반 절차나 과정, 그리고 구조적 측면의 관리를 포함한다.

사회복지조직에서 TQM이란 고객만족을 위하여 모든 부서가 협력적으로 지속적인 서비스 질의 개선과 향상을 수행하는 총체적 활동으로 볼 수 있다(박경일, 2006 : 147).

(2) TQM의 주요 원칙과 특징

TQM을 원활히 수행하기 위해서는 기본적으로 TQM의 원칙과 그것을 구성하는 기본 요소들이 무엇인지를 명확히 규정해야 한다. 스위스(Swiss)는 TQM의 일곱 가지 주요 원칙을 다음과 같이 제시한다(황성철 외, 2010 : 89-90).

① 서비스의 질은 궁극적으로 고객이 결정한다.

② 서비스의 질은 제공과정보다는 서비스의 계획단계부터 고려된다.

③ 서비스의 변이(variation) 가능성을 사전에 방지하는 것이 고품질의 서비스 산출에 중요하다.

④ 고품질의 서비스는 개인 노력보다는 조직의 다양한 직원의 협력적 활동의 결과로 나타난다.

⑤ 투입과 과정에 대한 지속적인 개선 노력이 질적 우월성을 가져다준다.

⑥ 질적 개선은 직원들의 적극적인 참여를 통해서 이루어진다.

⑦ 전체 조직의 사명감이 투철해야 질적 개선은 이루어질 수 있다.

이러한 TQM의 기본 원리에 바탕을 두어 전통적인 관리기법과 구별되는 가장 큰 특징은 고객중심주의, 집단적 노력 등을 강조하는 통합주의, 조직구성원의 자발성과 창의성을 추구하는 인간주의, 조직활동 전체에 대해 적용하는 총체주의, 과학적 분석기법을 지향하는 합리주의, 그리고 불량률 0%에 도전하는 무결점주의・개혁주의 등으로 부연할 수 있다.

(3) 사회복지조직에서 TQM의 적용

TQM은 사회복지조직에서 적용될 수 있는가? 이 이론이 사회복지조직을 설명하는 데 있어서 갖는 유용성과 한계는 무엇인가? 사회복지조직에서 TQM은 절실히 필요하다. 그 근본적인 이유는 사회복지조직의 생존은 기관에서 제공하는 서비스의 질에 달려 있기 때문이다, 미노티(Minotti, 1990)는 사회복지기관이 TQM을 실행하는 일차적인 동기로서 ① 조직의 생존, ② 사회복지사의 현장 실천의 중요성, ③ 사회복지사가 기관의 문제를 스스로 확인하고 해결, ④ 의사결정 팀의 육성, ⑤ 민주적인 사회복지 업무 환경에 고객과 클라이언트의 적극적 개입을 권장할 수 있음을 들고 있다(신복기 외, 2013 : 82). 우리나라 사회복지조직에도 TQM 도입의 필요성을 주장하고 있는데, 그 적용 가능성과 관련한 주장의 내용을 요약해 보면 다음과 같다.

첫째, 우리나라 사회복지조직은 실적 위주의 관리운영을 해왔고, 나아가 목표 위주의 사업이 지나치게 강조되어 조직 내의 사기는 물론 외부기관과의 협력, 클라이언트의 만족도 등은 간과되어 왔다는 것이다.

둘째, 국내 사회복지조직들이 준거 틀로 정립해야 하는 전문적인 관리운영 모델에 대한 논의조차 정립되지 않았다는 것이다.

셋째, 급격히 변화하는 외부환경의 변화에 사회복지조직도 대응하지 않으면 경쟁에서 살아남기 어려운 시대상황에 직면해 있다는 것이다.

넷째, 국민의 복지의식이 향상되고 복지욕구가 점차로 증대하고 있으며 과거와 같은 구호성 사회복지가 아니고 실제적인 사회복지서비스를 요구하고 있다는 것이다.

그러나 이에 대해 다음과 같은 문제점들을 지적하면서 신중한 접근을 주장하는 견해도 있다(황성철 외, 2010 : 90-91).

첫째, 사회복지조직이 산출하는 사회복지서비스의 효과성과 질을 객관성 있고 타당하게 측정할 수 있는 척도가 부족하다는 것이다.

둘째, 성공적인 TQM의 시행은 조직 리더의 의지와 직원의 자발적인 참여가 선행되어야 하는데 한국 사회복지조직의 특성상 이러한 선행요건이 충족되어 있지 않다는 것이다.

셋째, TQM을 시행하기 위한 다양한 관리기법의 활용에 대한 지식과 기술이 구비되어야 하는데 아직도 한국의 사회복지조직의 관리자나 직원들은 이러한 효과적인 관리기법의 활용에 관한 지식이 결여되어 있다는 것이다.

3) 학습조직이론

(1) 학습조직의 의의

학습조직이론은 사회복지조직과 인력을 임파워시켜 클라이언트 집단에 효과적인 서비스를 제공하는 방안으로 제시되는 조직이론이다. 창시자인 센지

(Senge, 1990 : 4)는 학습조직이란 "조직구성원들이 진정으로 원하는 성과를 달성하도록 지속적으로 역량을 확대시키고, 새롭고 포용력 있는 사고능력을 함양하며, 집중된 열의가 자유롭게 설정되고, 학습방법을 서로 공유하면서 지속적으로 배우는 조직"이라고 정의하였다. 즉, 조직 학습 행위의 일상화·습관화로 인해, 언제라도 새 환경에 적합한 자기 변신을 할 수 있는 조직을 학습조직이라고 한다. 따라서 학습조직이란 조직구성원이 지속적인 학습과정을 통해서 조직의 인력, 재정, 구조, 직무성과를 개선해 나가는 혁신적인 조직을 의미한다. 다시 말해서 학습조직은 조직구성원인 개인, 팀, 조직이 지속적으로 학습을 권장하는 분위기를 갖는 조직으로 계속적으로 조직을 변형·발전시키는 결과를 초래한다(황성철 외, 2010 : 92).

학습조직의 도입방안은 ① 고객으로부터 지속적으로 학습하고, ② 우수 경쟁사의 업무기술 또는 업무과정을 벤치마킹하여 학습하고, ③ 조직구성원들 상하좌우 간에 서로 학습하는 일이 일상화되어 있는 조직으로 만들어 가는 것이다.

(2) 학습조직의 주요 영역

센지(Senge, 1990)는 어떤 조직이 학습조직화되면 다음과 같은 조직의 주요 영역이 임파워된다고 보았다.

① **개인적 통제감**(Personal Mastery, 자아완성) : 단순히 지식의 습득과 능력의 신장을 넘어서 조직구성원이 진정으로 원하는 성과를 창조적으로 획득할 수 있는 능력을 확장시킨다.

② **정신적 모델**(Mental Model, 사고모형) : 사고의 틀을 말하는데 인간의 사고와 정신이 인간행동의 방향을 결정하는 데 중요한 역할을 한다는 전제하에 학습조직은 조직구성원이 상호 간의 대화, 성찰, 질문을 통한 지속적인 학습과정에서 최선의 해결책을 강구하고 현재의 상황과 미래에 대한 사고의 틀을 형성한다.

③ **비전 공유** : 학습조직에서는 조직구성원 개인의 제각기 다른 목표와 지향점이 생산적인 학습과정을 통해서 통합된다. 모든 조직구성원에 의해 공

유된 조직의 비전은 다시 조직학습의 목표와 에너지 원천으로 작용한다.

④ **팀 학습** : 조직구조화의 원리를 팀제로 형성하는 학습조직은 조직 안팎의 문제해결을 위하여 팀구성원들이 자유롭게 의견을 교환하여 다른 사람의 생각과 아이디어를 교환하고 학습하며 문제해결 능력을 신장시킨다.

⑤ **체계적 사고**(Systems Thinking, 시스템 사고) : 조직에 다양한 요소가 상호관련을 맺고 역동적으로 작용하고 있다는 인식을 바탕으로 이러한 요소 간에 마찰과 대립도 있을 수 있다는 것을 인정하는 동시에 타협과 협력으로 전체 조직의 목표달성에 기여한다고 생각하는 것이다.

(3) 사회복지조직에서 학습조직이론

학습조직을 사회복지조직에 적용해 본다면, 사회복지사가 전문가로서 역할을 수행하는 데 있어 질 높은 서비스를 제공하기 위해서는 끊임없이 학습해야 한다. 사회복지사의 학습조직 활동을 지원하고, 이것을 더욱 효과적으로 관리하기 위해서는 다음과 같은 노력이 요구된다.

첫째, 학습이란 정확성과 정밀성이 필수적이므로 계획－실행－점검－행동의 사이클과 같은 과학적인 방법으로 문제해결을 해나가야 한다.

둘째, 조직 외부로부터 새로운 관행과 기술을 이해한 후 학습한 것을 내부조직으로 가져와서 일상적인 작업에 적용해 보는 것이다.

셋째, 조직은 학습조직을 구축하기 위해 성공과 실패의 내용을 재검토하고 이를 체계적으로 평가하며 조직구성원들이 공개적으로 이용할 수 있는 형태로 얻은 교훈을 기록해야 한다.

넷째, 다른 조직으로부터의 학습이다. 모든 학습이 반성과 자기분석으로부터만 이루어지는 것은 아니다. 경우에 따라서 자기 주변의 환경을 벗어나 외부에 눈을 돌릴 때 생기기도 한다.

다섯째, 정보지식의 이전이다. 학습이 지엽적인 일로 국한되지 않으려면 정보와 지식이 조직에 속속들이 빠르고 효율적으로 확산되어야 한다. 아이디어는 몇 사람의 손에 쥐어져 있는 것보다는 폭넓게 공유될 때 최대효과를 가져온다.

4) 임파워먼트 이론(Empowerment Theory)

(1) 의의

1976년 솔로몬(Solomon)이 처음 사용한 임파워먼트(Empowerment)는 단어 그대로 파워를 부여하는 것으로, 관리자가 가진 권한을 실무자에게 이양하여 그들의 책임범위를 확대하는 것이다. 이 개념은 클라이언트의 약점이나 문제, 취약성 등을 강조하는 것이 아니라, 클라이언트의 강점을 중심으로 그들의 잠재력 및 자원을 인정하여 권한과 능력을 부여해 주는 것이 더 바람직하다는 철학적 기반에서 나온 것이다. 임파워먼트는 사람을 활용하는 기술로서 실질적인 권한 이양과 활동지원으로 개인의 능력과 의욕을 충분히 발휘할 수 있도록 하는 것이다.

(2) 임파워먼트의 원칙

사회복지실천에 있어서의 임파워먼트의 원칙은 다음과 같다(양정남 · 최선령, 2005 : 63-64).

첫째, 모든 개인, 가족, 지역사회는 강점, 자질, 자원을 가지고 있다. 사회복지사는 클라이언트들이 자신의 불행, 질병, 고통을 극복할 수 있는 잠재력과 가능성을 가지고 있다는 믿음을 가져야 한다.

둘째, 클라이언트의 상처와 확대, 그리고 질병과 같은 위기는 고통을 초래하지만, 한편으로는 기회와 도전, 성장의 가능성이 무한하다.

셋째, 개인의 변화와 성장의 가능성은 무한하다.

넷째, 가족과 개인, 그리고 지역사회의 전망과 희망을 진지하게 고려한다. 강점 관점은 개인과 가족의 강점, 자원, 역량을 동원하여 욕구를 충족하고 위험을 최소화하며, 희망과 꿈을 이루도록 하는 것이다.

다섯째, 모든 개인은 친구, 집단, 확대가족 등 용기를 주기를 원하는 잠재적인 자원과 능력을 가지고 있다.

(3) 사회복지조직에의 임파워먼트 적용

임파워먼트의 개념을 사회복지조직에도 적용시켜 본다면, 사회복지사 역시 무한한 강점과 잠재력을 지니고 있다는 전제하에 사회복지행정가들이 지니고 있는 권한을 실무자인 사회복지사들에게 부여해 줌으로써 그들의 능력을 최대한 발휘할 수 있도록 하는 방법이라 할 수 있다. 사회복지조직에서의 임파워먼트의 적용은 대단히 유용하다(최덕경 외, 2014 : 92).

첫째, 사회복지사가 지닌 능력을 최대한 발휘하게 하고, 그들의 직무 몰입을 극대화할 수 있다.

둘째, 업무 수행상의 문제점과 그 해결방안을 가장 잘 아는 사회복지사들이 클라이언트에게 적절한 대응을 하게 됨으로써 품질과 서비스 수준을 높일 수 있게 된다.

셋째, 지시, 점검, 감독, 감시, 연락, 조정 등에 필요한 노력과 비용이 줄어들기 때문에 비용이 절감된다.

5) 애드호크라시 이론(Adhocracy Theory)

(1) 애드호크라시의 의의

앨빈 토플러(Alvin Toffler)의 저서 『미래충격(Future Shock)』에서 전통적인 계층구조를 대신할 조직으로서 임시적(ad hoc)이고도 민주적(democracy)이며 쇄신적인 조직으로 애드호크라시 조직을 제시하였다. Adhocracy는 '당면한 문제에 한하여', '그때만의', '임시변통의', '특별한' 등의 의미를 지닌 'adhoc'과 '지배'를 의미하는 'cracy'의 합성어이다. 그리하여 Adhocracy는 일반적으로 '특별임시위원회', '비관료적 고객기구', '변증법적 조직'으로 번역되는 개념으로서 제2차 세계대전 당시에 특수임무를 수행하던 기동타격대(task force, 특수임무부대)에서 그 기원을 찾을 수 있다. 베니스(Bennis)는 이러한 Adhocracy를 '문제해결을 위한 다양한 전문적 지식이나 기술을 가진 이질적 집단으로서 조직의 변화가 심하고 적응력이 강한 임시적인 체계'라고 정의하고 있다.

따라서 Adhocracy 조직은 문제해결을 위해 다양한 기술을 갖는 비교적 이질적인 전문가 집단으로 구성된 탄력적이고 적응적이며 일시적인 시스템으로서 matrix구조, task force, 위원회구조를 취한다.

(2) 애드호크라시 조직이론의 특징

애드호크라시 조직이론의 특징을 살펴보면 다음과 같다(신복기 외, 2013 : 77-78).

① 전통적 조직구조에 비하여 수평적 분화가 높으며 상대적으로 복잡성과 공식화가 낮다.

② 고도의 유기적 조직으로서 신축성 및 융통성이 높다. 관료제 조직을 아파트에 비유한다면 애드호크라시 조직은 텐트에 비유할 수 있다.

③ 기능별 집단과 목적별 집단이 공존한다. 즉, 조직구성원들은 조직 운영상 각자의 기능별 부서(예 사회복지과, 주민생활지원과, 기획예산과 등)에 속해 있으면서 혁신업무를 위해 목적별 집단(예 프로젝트팀)에 소속되어 있다.

④ 고도로 훈련된 전문가들에게 의존하고 있기 때문에 분권적 의사결정 구조를 가지며, 영향력의 근거는 지위나 권한보다는 전문지식에 있는 것이 특징이다.

(3) 애드호크라시 조직이론의 문제점

애드호크라시 조직이론의 문제점을 살펴보면 다음과 같다(신복기 외, 2013 : 78).

① 명백한 상하관계가 없고 권한과 책임이 명확히 구분되어 있지 않으므로 조직구성원의 역할이 모호하다.

② 상이한 전문적 기술을 가진 전문가들이 모여서 프로젝트팀을 구성하므로 구성원 간의 갈등이 상존할 수 있다.

③ 관료제와 비교해 볼 때 비효율적인 조직구조를 이루고 있으므로 관료제만큼의 정확성과 편의성을 기하기 힘든 경우가 많다.

〈표 3-10〉 관료제와 애드호크라시의 비교

속 성		관료제	adhocracy
조직구조의 기본 변수	복잡성	높음	낮음
	공식성	높음	낮음
	집권성	높음	낮음
조직환경		정태적 · 안정적	동태적 · 불확실
조직기술		일상적	비일상적
조직인		경제적 인간	복잡인
조직규모		큼	작음
조직생명		반영구적	일시적 · 잠정적

출처 : 민 진(2004), p.151.

6) 성과관리

최근에 새롭게 제기된 공공부문의 성과에 대한 관심과 1970년대를 정점으로 복지국가에 기인한 과도한 정부규모의 비대화 및 재정적자 등 소위 정부실패의 확산은 신공공관리론의 대두를 초래하였다. 그리고 이러한 신공공관리론에 기초한 행정개혁의 핵심적 내용의 하나가 성과의 추구라고 할 수 있다. 즉, 정부의 다양한 활동을 성과측정을 통해 평가하고, 이를 토대로 제한된 물적 · 인적자원의 효율성을 극대화하고자 하는 노력들이 나타났다. 이러한 성과를 체계적으로 관리할 수 있는 툴(tool)이 필요하게 됨에 따라 BSC(Balanced Scorecard)라는 성과관리 기법이 도입되었는데, BSC는 재무, 고객, 내부프로세스, 학습과 성장 등 4대 주요 관점을 통한 균형적이고 혁신적인 성과관리 기법이다.

사회복지분야에서도 사회복지기관 및 시설의 증가로 인한 사회복지비 지출 증가, 사회복지서비스의 양적 증가에 따른 책임성 확보 문제, 사회복지적 개입의 효과성 검증 압력, 한정된 자원 시대의 효율성 제고 압력, 사회복지시설 평가의 실시에 따라 사회복지자원의 효율적 배분과 활용이 국가적 관심이 되고 있다. 특히 2000년 이후 비영리민간에서 성과주의에 대한 관심이 증대된 이유는 사회복지서비스의 지방화와 관련되어 2005년부터 정부예산의 상당 부분이 지방으로 이전되어 지방정부가 휴먼서비스 분야에 대한 예산편성의 재량권을 갖게 되었기 때문이다.

7) 윤리경영(Ethics Management)

윤리경영은 경영에서 윤리를 실천하는 것, 반드시 지켜야 할 최소한의 도덕적 기준을 의미한다. 비영리 사회복지조직에 있어서의 윤리경영은 사회복지기관의 사회적 책임, 지속 가능 경영과 같은 광의 개념까지 포괄하는 것으로 정의될 수 있는데, 사회복지기관이 지속 가능한 기관으로 성장하는 것을 목표로 하며, 클라이언트를 비롯한 사회복지기관을 둘러싼 다양한 이해관계자와의 좋은 관계 형성 및 유지를 통해 장기적으로 사회적 책임을 다하는 계속 기관이 되기 위해 경제·사회·환경적 책임을 전략적으로 활용하여 경쟁우위를 창출하는 것이라 정의할 수 있다(한국사회복지사협회, 2010).

로이드(Lloyd, 2005)는 비영리기관의 윤리경영의 필요성을 6가지로 제시하고 있다. 첫째, 비영리기관이 수적으로 급속하게 증가하면서 지역사회에서 중요한 역할 담당으로 인한 책임성의 요구, 둘째, 국제적인 영역 확장으로 인한 합법성에 대한 의문, 셋째, 비영리기관의 급속한 성장은 정부의 규제 능력을 능가하고 있고, 넷째, 비영리기관의 관리와 책임성 증대의 필요성, 다섯째, 비영리기관은 조직과 활동이 지역사회의 높은 신뢰를 받아야 하고, 여섯째, 후원자와 후원금의 지속적인 유치를 위해서 필요하다. 사회복지조직에 윤리경영의 도입에 따른 기대효과를 정리해 보면 다음과 같다(신복기 외, 2013 : 80-81).

첫째, 윤리경영은 조직이 직면하는 다양한 리스크 특히 법률적·제도적 리스크의 감소와 사람의 실수나 시스템의 오작동 등에 의해 일어나는 운영 리스크를 감소시킨다.

둘째, 윤리경영은 조직의 내·외적 신뢰성 및 인지도 증대에 효과적이다. 조직 외적으로는 이미지 향상, 이용자 만족 증가 등의 효과를 유발하고, 내부적으로는 직원 자부심 향상, 업무능률 향상, 서비스 질 향상 등의 효과를 기대할 수 있다.

셋째, 윤리경영은 조직의 가치를 증대시킨다. 따라서 윤리경영은 전문성과 전문가의 의존도가 높은 사회복지조직에서 질 높은 서비스를 제공하고, 관련 당사자의 권리와 책임을 명확하게 해주고, 조정 기능을 수행하는 준거 틀을 제공해 준다.

8) 전략적 관리(SM : Strategic Management)

전략적 관리는 환경과의 관계를 중시하는 변혁적 관리로서 조직에 영향을 미치는 변화의 효율적 관리를 지향한다. 이것은 역동적인 환경에 처하여 변화를 겪고 있는 조직에 새로운 지향노선을 제시하고 그에 입각한 전략·기술을 개발하여 집행함으로써 조직이 그 활동과 운명을 스스로 통제할 수 있게 하는 것을 강조한다.

전략적 관리의 주요 특징은 목표지향적·개혁적 관리와 장기적 시간관리, 환경분석의 강조, 조직역량분석을 강조하는 것이다.

9) 벤치마킹(Benchmarking)

벤치마킹이란 지속적인 개선을 달성하기 위해 조직 내부의 활동과 기능, 관리능력 등을 외부의 조직과 비교·평가하고 판단하는 것이다. 성공적인 조직운영을 위해 최고의 실제 사례를 찾아 그것을 표적으로 자기조직과 비교하고 그 차이를 극복하기 위해 노력함으로써 부단히 자기혁신을 추구하는 기법이다. 이러한 벤치마킹이 실패한 이유는 사전준비 부족, 단순 견학이나 모방에 그치는 경우, 관행 탈피의 어려움, 구성원의 참여유도 실패, 일회성 행사로 그치는 경우 때문이다.

이제 사회복지기관들도 여타 기관에서 제공하고 있는 동일한 서비스들을 동시 다발적으로 똑같이 제공하는 것을 지양하고 다른 사회복지기관들의 우수한 프로그램들을 창조적 모방을 통해 자신의 기관 특성과 지역사회 실정에 맞는 특화된 전문적 프로그램을 재창조해야 할 것이다.

10) 다운사이징(Downsizing)

다운사이징이란 조직의 관료화에 따른 불필요한 낭비조직을 제거하는 것이다. 이를 통해 불필요하고 불합리한 본사의 임원이나 지원부서가 축소되고 조직의 계층구조가 줄어들며 중간관리층이 대폭 감소하게 된다. 이를 위한 조직개편 수단이 팀제이다.

다운사이징은 단기적 비용절약이 아니라 장기적인 경영전략으로서 수익성이 없거나 비생산적인 부서나 지점을 축소 내지는 제거, 기구를 단순화하여 관료주의적 경영체제를 지양하고 의사소통을 원만하고 원활하게 하여 신속한 의사결정을 도모하는 것이다.

11) 리스트럭처링(Restructuring)

리스트럭처링은 사업구조나 조직구조의 기능 또는 효율을 좀 더 효과적으로 높이고자 실시하는 구조개혁 작업으로 '사업구조조정', '기업구조조정' 이라고도 한다.

리스트럭처링은 부실기업이나 비능률적인 조직을 미래지향적인 사업구조로 개편하는 데 주 목적이 있다. 바꾸어 말하면, 성장성이 희박한 사업분야의 축소 내지 폐쇄, 중복성을 띤 사업의 통폐합, 인원의 감축, 부동산 등 소유자산의 매각처분 같은 방법은 수동적 리스트럭처링 기법이고, 국내외의 유망기업과 제휴하여 새로운 기술을 개발시킨다거나 전략적으로 다른 사업 분야와 공동사업을 추진하는 방법 등은 적극적 기법이다.

리스트럭처링 기법을 사회복지행정에 활용하면, ① 환경변화에 따라 경쟁력을 강화하기 위하여 복지기관이나 시설 등에서 장기전망 등을 분석하여 조직개편이나 비대해진 조직을 간소화한다.

② 기존의 프로그램을 통폐합 혹은 축소시킨다.

③ 복지관이 위치한 지역 특성에 맞는 노하우 프로그램을 계속적으로 전문화시켜 나간다.

④ 최근 지역사회복지관의 팀제(자원동원팀, 프로그램개발팀, 재가봉사팀, 가족기능강화팀 등)에 의한 관리운영을 한다.

12) 리엔지니어링(Re-engineering)

BPR(Business Process Reengineering)이라 불리는 리엔지니어링은 리스트럭처링의 하위개념으로서 1990년 마이클 해머가 제창한 기업 체질 및 구조의 근본적인 변혁을 가리킨다. 리엔지니어링은 비용, 품질, 서비스, 속도와 같이 핵심이 되는 경영 성과의 지표들을 비약적으로 향상시킬 수 있도록 사업 활동을 근본적으로 다시 생각하여 조직 구조와 업무 방법을 혁신시키는 재설계 방법이다. 따라서 리엔지니어링은 업무를 고객의 관점에서 일관된 프로세스로 파악하고 정보기술을 적극적으로 활용하여 프로세스, 즉 업무흐름을 완전히 새롭게 바꾸어 놓은 것이다.

참·고·문·헌

강용규 · 김형수 · 양정하 외(2013). **사회복지행정론**. 경기 : 공동체.

김경우 · 신상수 · 이승현 · 김재경(2013). **사회복지행정론**. 서울 : 동문사.

김영종(2010). **사회복지행정론**. 서울 : 학지사.

김형식 · 이영철 · 신준섭(2002). **사회복지행정론**. 서울 : 동인.

민 진(2004). **조직관리론**. 서울 : 박영사.

박경일(2006). 지역사회복지관에서 TQM 실행에 관한 사례연구 : 서비스 질 관리와 고객만족을 중심으로. 한국사회복지정책학회 2006학년도 추계학술대회.

박용순 · 김성철 · 김세원 · 이명남(2011). **사회복지행정론**. 서울 : 창지사.

박차상 · 이경철 · 오세영(2010). **사회복지행정론**. 서울 : 창지사.

배은영 · 류기덕 · 김남숙 · 조당호 · 조대흥 · 권도국(2010). **사회복지행정론**. 경기 : 공동체.

신복기 · 박경일 · 이명현(2013). **사회복지행정론**. 경기 : 공동체.

오세영(2013). **사회복지행정론**. 서울 : 신정.

오석홍(1980). **조직이론**. 서울 : 박영사.

우종모 · 김재호 · 조당호(2004). **사회복지행정론**. 경기 : 양서원.

유기현(1998). **경영학원론**. 서울 : 무역경영사.

최덕경 · 강도명 · 김준화 외(2014). **사회복지행정론**. 서울 : 창지사.

한국사회복지사협회(2010). 사회복지 윤리경영 선도기관 육성사업 3차년도 결과보고대회 자료집.

한동일 · 전해황 · 김종명 · 박상도 외(2009). **사회복지행정론**. 경기 : 양서원.

홍봉수 · 임현진 · 장승전 외(2011). **사회복지행정론**. 경기 : 공동체.

황성철 · 정무성 · 강철희 · 최재성(2010). **사회복지행정론**. 경기 : 학현사.

Fayol, Henry(1918). Administration industrielle et general. *et Appendice Tableau, 3*. Paris : Dunod.

Hasenfeld, Y.(1992). *Human Services as Complex Organization*. Newbury Park : Sage Publications.

Hoy, W., & Moskel, C.(1987). *Educational administration : Theory, Research, and Practice*. New York : Random House.

Lewis, J. A., Lewis, M. D., Packard, T., & Souflee, F., Jr.(2001). *Management of Human Service Programs*(3rd ed.). Belmont, CA : Brooks & Cole.

Martin, L., & Kettner, P.(1996). *Measuring the Performance of Human Service Programs*. Thousand Oaks, CA : Sage.

Perrow, C. A.(1986). *Complex organizations : A critical* essay(3rd ed.). New York : Harper & Row.

Scott, W. R.(1998). *Organizations : Rational, Natural, and Open Systems*. Englewood : Cliffs, New Jersey : Prentice-Hall.

Weber, M.(1947). *The Theory of Social and Economic Organization*. Talcott Parsons(ed.) A. M. Henderson & Talcott Parsons(trans). New York : Press.

Chapter

04

사회복지조직의 구조와 유형

Chapter 04 사회복지조직의 구조와 유형

1. 사회복지조직의 구조와 조직화

1) 조직의 개념

조직이란 무엇인가? 조직을 정의하는 것은 쉽지 않으나 베버(Weber)는 조직을 "특정한 목적을 달성하기 위하여 조직구성원 간에 상호작용하는 인간의 협동집단"으로, 버나드(Barnard)는 조직이란 "공동의 목적을 달성하기 위해 공헌할 의욕을 가진 2인 이상의 인간이 상호 전달하는 집합체"라 하였다. 에치오니(Etzioni, 1964)는 "일정한 목표를 달성하기 위하여 의도적으로 구조화되고 계획된 사회적 단위"로 정의하였다. 그런데 사람들이 특정 목적을 달성하기 위하여 모였다 하더라도 모두 조직이라고 하지는 않는다. 조직이라고 할 수 있으려면 다음과 같은 특성을 지녀야 한다(오세영, 2013 : 102-103).

첫째, 조직은 반드시 공동목표가 있어야 한다. 조직목표란 조직이 실현하고자 하는 바람직한 미래 상태이다. 예를 들어, 기업의 목표는 이윤의 극대화에 있고, 종교단체는 신도들의 정신세계를 풍요롭게 하는 데 있으며, 사회단체조직은 봉사가 목표이다. 사회복지조직의 목표는 클라이언트의 욕구에 맞는 최상의 서비스를 제공하는 것이라 할 수 있다.

둘째, 조직은 분업을 통하여 개인의 한계를 넘어선다. 조직은 인간에 의해 인간의 한계를 극복하기 위해서 고안된 것이다. 조직과 더불어 인간은 그의 목적을 조직 내에서 그의 동료들과 협동적으로 분업을 통하여 효율적으로 작업함으로써 극복하는 것이다.

셋째, 조직은 일정한 체계를 갖추고 있어야 한다. 조직의 능률을 올리기 위해서 지위의 차이에 따라 지시하고 감독하고 보고하는 권한체계를 갖추고 있다.

넷째, 조직은 일정한 규모의 구성원이 있어야 한다. 구성원이 없는 조직은 조직이라 할 수 없다.

다섯째, 조직은 상승효과(synergy effect)를 가져올 수 있어야 한다. 상승효과란 조직구성원 전체가 협동하여 생산한 결과가 개인 혼자서 노력하여 얻어진 결과의 합보다 질적 또는 양적인 면에서 크다는 것이다.

따라서 사회복지조직은 "클라이언트의 욕구에 맞는 최상의 서비스를 제공하고자 하는 공통의 목표를 지닌 사람들이 분업과 각자의 위치에 따라 맡은 책임과 권한을 통하여 조직목표를 달성하고자 노력하는 조직"으로 정의할 수 있다.

2) 조직구조의 정의

구조는 일반적으로 상호의존적이고 상호관계에 의하지 않고서는 존재할 수 없는 결합된 현상들의 전체를 의미하는 것으로, 조직구조란 조직의 각 부분들 사이에 성립되어 있는 구성원들의 권한, 역할, 책임 등의 상호 결합된 현상들이 어떻게 배분되고 기능하고 조정되는지에 관한 관계유형이라 할 수 있다(홍봉수·임현진·장승전 외, 2011 : 102). 따라서 조직구조는 직원들의 역할과 주어진 직무에 있어서 공식적 절차를 수행하는 행위의 절차 혹은 활동의 패턴으로도 이해된다. 또한 조직구조는 수직적으로는 계층제를 유지하며 수평적으로는 통솔범위가 설정되어 있다. 수직적인 관계에서 보면 조직구조는 명령통일이 가능하도록 구성되어 있고 수평적으로는 전문성이나 분업에 따라 나누어져 있음을 알 수 있다. 조직구조의 일반적 기능은 다음과 같다(Schultz, Berkowitz & Lowenstein, 2013).

첫째, 과업집단으로 하여금 일관된 지시를 받아 수행하고 의사결정의 문제를 해결하는 수단을 제공함으로써 조직구성원에게 과업을 어떻게 처리해야 하는가에 대한 가이드라인이 된다.

둘째, 과업집단뿐만 아니라 그 집단에 참여한 사람들에게 의미와 정체성을 부여함으로써 구성원들을 하나로 묶어주고 연대감을 제공한다.

셋째, 조직의 성격, 조직 내에 있는 사람들의 종류, 자신이 하고 있는 일과 잘 어울리는 기능을 할 것이다.

3) 조직구조의 구성요소

(1) 복잡성(Complexity)

복잡성은 조직에서 과업의 분화가 이루어지는 정도를 의미한다. 즉, 조직의 분화와 통합의 정도를 복잡성이라고 할 수 있다. 조직활동을 분화시키는 가장 큰 이유는 조직의 목표를 효과적으로 달성하기 위하여 행하여지는데, 조직 내의 분화는 세 가지 차원으로 구성된다.

① 수평적 분화(Horizontal Differentiation) : 구성원들이 책임지는 업무의 성향 및 부서단위 간의 분화 정도로서 분업화(specialization)와 부문화(departmentation)를 들 수 있다. 분업화는 분업의 원리에 따라 과업을 세분화하여 개인에게 할당하는 것이고, 부문화는 분업화의 결과 많은 전문가가 양산되는데, 이 사람들을 업무의 유사성에 의해 묶어주는 것을 의미한다.

② 수직적 분화(Vertical Differentiation) : 조직구조의 깊이를 나타내는 개념으로 수직적 분화의 정도는 조직의 계층 수, 계서제의 깊이로 측정된다. 조직의 계층적 단계가 증가하는 수직적 분화가 늘어날수록 복잡성 또한 증가한다.

③ 공간적 분화(Geographical Differentiation) : 직무가 지리적으로 퍼져 있는 정도를 나타내는 것으로 특정 조직의 하위단위나 자원이 지역적 · 지리적 · 장소적으로 분산되어 있는 것을 의미한다. 지리적으로 퍼져 있는 정도가 클수록 조직구조는 더욱 복잡해질 것이다.

(2) 공식화(Formalization)

조직 내의 직무에 대한 표준화 정도를 나타내는 것으로 조직에서 무슨 일들이 언제 어떻게 수행되어야 하는가를 명문화시키는 것을 의미한다. 공식화는 조직관리 측면에서 매우 중요한 기능을 한다(오세영, 2013 : 118).

첫째, 공식화는 조직구성원의 행동을 규제해서 재량적으로 일하는 것이 갖는 사적인 요소의 영향력을 줄인다.

둘째, 공식화는 구성원들의 업무에서 발생하는 편차를 줄인다.

셋째, 공식화는 조정을 보다 용이하게 한다.

공식화 기술에는 규칙(rule), 절차(procedures), 기관정책(policies) 등이 있다(홍현미라·정진경 외, 2014 : 99).

첫째, 규칙은 직원이 해야 하거나 하지 말아야 하는 일들을 명백하게 적어놓은 것을 일컫는다.

둘째, 절차란 직원들이 업무를 수행하기 위해서 따라야 하는 서로 연관된 단계들이 나열되어 있는 것들이며 업무과정의 표준화를 이루기 위해서 사용된다.

셋째, 기관정책이란 직원들이 결정을 내리는 데에 있어서 제한을 두는 가이드라인을 말한다.

이처럼 공식화는 집단을 고도로 조정하기 위한 방편으로 많이 사용되고 있으며, 공식화의 정도가 높을수록 조직구성원들의 행동은 더욱 규제된다. 공식화는 업무가 정적이고 단순한 경우 더욱 큰 효과를 가질 수 있으나, 업무가 복잡하고 유동적인 경우에는 자율성과 신축성을 저해하는 요인으로 작용할 수 있다.

(3) 집권화(Centralization)

집권화는 조직에서 재량적으로 할 수 있는 의사결정의 공식적인 권한이 집중된 정도를 의미한다. 한편 분권화는 의사결정의 공식적인 권한이 분산되거나 이양되어 있는 정도를 의미한다. 조직은 조직활동과 관련된 의사결정의 권한을 적절하게 분산하거나 집중시킴에 의해서 조직관리의 효율성과 효과성을 확보해야 한다. 집권화와 분권화의 장단점은 <표 4-1>과 같다.

〈표 4-1〉 집권화와 분권화의 장단점

구 분	집권화	분권화
장 점	• 통일된 정책의 수립과 집행 가능 • 통제 · 지도 · 감독의 용이성 • 재원절감 • 위기 시 신속한 대응 가능 • 조직기능의 중복 억제 • 신속한 갈등 해결	• 새로운 정보에 대한 신속한 대응 가능 • 업무감소 • 조직구성원의 참여의식 고양, 동기부여 • 책임감 증진 • 조직의 협조관계 용이 • 능동적 의사결정을 지닌 관리자의 개발 기회 제공
단 점	• 관료적이고 권위주의적인 조직이 될 수 있음 • 형식주의로 인한 창의성 · 자발성 저해 • 획일화	• 지도 · 감독과 통제 약화 • 업무의 중복 • 행정력 분산

4) 조직구조에 영향을 미치는 요인

(1) 조직의 전략

전략이란 조직이 목표를 달성하고자 사용하는 수단을 의미하는 것으로 조직이 처해 있는 여건에 따라 조직이 달성하고자 하는 목적을 실현하기 위하여 다양한 차원의 전략을 실행한다. 최근에는 조직의 전략이 조직구조를 결정하는 유일한 변수라 할 수 없으며, 외부환경의 변화, 경쟁의 심화 등 중요한 결정적 시기에 전략패턴이 바뀌기도 한다.

(2) 조직의 규모

조직의 규모는 구성원의 수, 고객의 수, 순자산, 매출고 등을 들 수 있다. 조직의 규모가 커지면 어느 정도까지는 복잡성이 증대하다가 어느 수준부터는 감소하게 되는데 규모가 커지면 대체로 전문화가 지속되다가 일정한 수준에

도달하면 전문화의 진행 정도가 떨어진다. 규모가 커질수록 조직의 행동은 더욱 공식화되어 가고 규모가 커지게 되면 분권화가 촉진된다. 최근 사회복지조직은 업무수행과 관련해서는 팀 중심의 업무수행으로 조직화가 이루어지고 있다(염일열 외, 2014 : 47).

(3) 조직의 기술

조직의 기술이란 일하는 방법과 작업과정에서 사용되는 지식을 말한다. 즉, 조직이 목표 달성을 위하여 투입물을 산출물로 변화시키는 데 이용하는 지식·도구·기법·활동 등을 의미한다. 톰슨(Thompson, 1967)의 경우 조직의 기술 유형을 단위작업 간의 상호의존성의 형태에 따라 연속형 기술, 중개기술, 집약적 기술로 분류하였다.

첫째, 연속형 기술(long-linked technology)의 경우 과업의 단계가 고정적으로 연속되어 있어서 어느 단계의 활동이 원활하게 이루어지려면 그 전 단계의 활동이 완료되어야 하며 각 부서는 자원을 서로 교환하고 다른 부서의 작업결과에 영향을 받는다.

둘째, 중개기술(mediating technology)은 시간적으로나 공간적으로 분산된 광범위한 고객을 대상으로 하는데, 자원봉사활동에서의 자원봉사조정자가 여기에 해당된다.

셋째, 집약적 기술(intensive technology)은 조직의 다양한 기술이 복합되어 활용되는 맞춤기술·주문기술을 의미한다. 이 기술은 사회복지조직에서 클라이언트 개개인의 욕구에 맞추어 상담, 재활, 보건의료, 재가서비스 등을 전문가의 협력하에 동시에 제공하는 형태이다.

(4) 조직의 환경

조직의 환경은 조직의 운영과 성과에 영향을 미치는 내외부적 요인을 총망라하는 개념으로 크게 일반환경과 과업환경으로 구분된다(홍현미라·정진경 외, 2014 : 103).

첫째, 일반환경은 정치적·법적·정부정책, 경제적·사회문화적·기술적 요인 등 조직의 성과에 간접적으로 영향을 미치는 요인들이 포함된다.

둘째, 과업환경은 조직의 업무수행과 직접적으로 관계를 맺는 영역에 포함된 요인으로 이용자, 자원 공급자, 경쟁자, 인적자원, 감독 정부기관, 유사 협력기관 등을 포함한다.

이 외 조직의 내적 환경으로는 직원과 관리체계, 조직문화를 들 수 있으며, 조직의 내적 환경에 대한 분석은 조직의 강점과 약점을 파악하는 데 기여할 수 있다. 조직환경에 대한 정확한 분석과 예측을 통해 중점사업의 변경, 이를 추진하기 위한 조직구조의 변화 등 환경변화에 민첩한 대응을 필요로 한다.

(5) 조직의 권력과 통제

권력은 사회적 인간관계에서 상대방의 의지와 무관하게 나의 의지를 상대방에게 관철시킬 수 있는 능력으로 조직구조의 가변성 중에서 상당 부분은 권력-통제의 관점에서 설명될 수 있다. 권력은 계층적 권위를 가지거나 조직 내에서 희소하고 중요한 자원을 통제하는 것으로 얻을 수 있으며, 다음의 세 가지 측면에서 가능하다.

① 계층적 권위(Hierarchical Authority)

공식적인 권위는 권력의 바탕이 된다. 높은 지위의 관리자일수록 공식적인 규칙에 영향을 행사할 수 있으며 하위계층에서는 이러한 규칙들을 받아들이게 된다.

② 자원의 통제(Control Resources)

다른 사람들이 필요로 하는 무언가를 누군가 가지고 있다면 그들을 다룰 수 있는 권력이 생기는 법이다. 특히 이 자원이 희소하고 주요한 것일 때 더 그러하다.

③ 네트워크의 중심화(Network Centrality)

조직에서 네트워크의 중심에 있는 개인이나 집단은 그 위치에서 다른 기능을 통합하거나 조정함으로써 실질적인 권력을 얻을 수 있다. 예를 들어, 조직개편, 구조조정, 미래전략 등을 수립하는 전략기획실 같은 부서와 부서의 장을 생각할 수 있다.

5) 사회복지조직의 조직화

(1) 공식조직과 비공식조직

① 공식조직과 비공식조직의 의의

공식조직(formal organization)이란 조직의 정관이나 운영규정에 의하여 임명되고 선출된 이사회, 행정책임자, 직원 및 위원회의 배열이고, 가시적으로 조직의 기구도표에 표시된 지위관계를 의미한다. 즉, 조직의 목적을 달성하기 위하여 법률 등에 의하여 인위적으로 만들어진 제도상의 조직으로서 공식적으로 업무와 역할을 할당하고 권한과 책임을 부여하는 조직이다.

비공식조직은 말 그대로 어떤 공식적인 절차를 통해서 형성된 조직이 아니라 조직 내 빈번하게 접촉하는 구성원들 사이에서 자연적으로 발생하는 소규모 집단을 말한다. 공식조직을 제도적인 조직이라고 한다면 비공식조직은 현실상의 조직이라고 할 수 있다.

② 공식조직의 구조적 요소

㉠ 업무의 분화 : 과업의 수행에 있어서 구성원들 간에 업무를 분담하는 것이다. 여기에는 특정한 업무를 수행하기 위해 기능을 분담하는 것(differentiation)과 어떤 특정한 기능을 한 사람이나 한 부문이 담당하고 다른 사람이나 부문은 그 기능을 담당하지 않는 전문화(specialization)가 있을 수 있다.

㉡ 위계적 과정 : 위계적 과정이란 명령 계통, 권한의 위임, 명령의 통일성을 포함하는 개념이다. 조직의 효율성은 상부부서가 하부부서를 지휘·통솔할 수 있는 명확한 권한을 계열별로 배열함으로써 커진다.

㉢ **조직구조** : 조직구조는 그 기능을 수행하기 위해서 업무의 역할과 범위를 명확히 구분하여 권한과 책임을 부여한 조직의 배열을 의미한다. 보통 기관의 기능은 관리부문과 서비스 부문으로 나눌 수 있다.

㉣ **통솔범위** : 통솔범위란 한 명의 상관이 효과적으로 통솔할 수 있는 부하직원의 수를 의미한다. 적정 수준의 통솔범위를 정하기 위해서는 직무의 성질, 시간적 · 공간적 요인, 감독과 부하의 능력과 성격, 의사소통 기술 등을 고려해야 한다.

③ 공식조직과 비공식조직의 비교

공식조직	비공식조직
• 인위적 · 제도적 조직 • 2차 집단의 인간관계 중시 • 수직적 능률관계 • 과학적 관리론 • 계층적 · 고전적 관료제 조직 • 성문화된 조직 • 합법적 절차에 따른 규범의 작성	• 자연발생적 · 비제도적 조직 • 1차 집단의 인간관계 중시 • 수평적 대등관계 • 인간감정의 논리 • 사적 성격의 목적 추구 • 비권위적인 조직 • 소집단 상태 유지

출처 : 배은영 외(2010), p.101.

(2) 수직조직과 수평조직

① 수직조직과 수평조직의 개념

수직조직은 명령과 복종관계를 가진 수직적 구조를 형성하여 조직의 목표달성에 중심이 되는 구조로서 조직 내 관장－부장－과장 등과 같이 계층적인 형태를 띤다. 이 조직은 조직에서 본래적 기능을 수행함으로써 조직목표달성에 직접적으로 공헌하는 기관으로 상하 명령복종관계를 가진 수직적 · 계층적 구조의 계열을 형성하는 행정조직의 중추적 기관이다.

한편 수평조직은 수직조직이 원활하게 기능을 수행할 수 있도록 지원하고 촉진하여 조직의 목표달성에 간접적으로 공헌하는 구조이다. 주로 자문, 협의, 조정, 정보의 수집, 기획, 인사, 회계, 연구 등의 기능을 수행한다.

② 수직조직과 수평조직의 장단점

수직조직의 장점은 첫째, 권한과 책임의 한계가 명확하여 업무수행이 능률적이고, 둘째, 단일기관으로 구성되어 있기 때문에 결정의 신속성을 기할 수 있고, 셋째, 강력한 통솔력을 행사할 수 있으며, 넷째, 조직의 안정성을 확보할 수 있다.

반면 수직조직의 단점은 첫째, 대규모 복잡한 조직에서는 수직조직의 총괄적인 지휘·감독으로 인하여 업무량이 과중될 수 있고, 둘째, 책임자가 주관적·독단적 결정과 조치를 할 우려가 있고, 셋째, 각 부문 간의 효과적인 조정이 곤란하여 조직운영의 비능률성을 초래할 우려가 있다. 넷째, 특수 분야에 관한 전문가의 지식과 경험을 활용할 수 없다. 다섯째, 유능한 인재를 잃게 되면 조직의 기능이 마비될 가능성이 있다. 여섯째, 조직이 융통성보다 경직성을 띠게 된다.

한편 수평조직의 장점은 첫째, 기관장의 통솔범위가 확대된다. 둘째, 전문지식과 경험을 활용할 수 있다. 셋째, 독단적이지 않으며 참여적이고 객관적인 의사결정을 가능케 한다. 넷째, 수평적인 업무의 조정과 협조를 가능케 한다. 다섯째, 조직의 융통성과 신축성을 부여하며 대규모 조직에 유리하다.

수평조직의 단점은 첫째, 조직 내의 인사관계가 복잡해지며 수직조직과 수평조직 간에 권한과 책임한계를 둘러싸고 알력과 갈등이 조장될 가능성이 있다. 둘째, 수평조직에 소요되는 경비지출이 증가된다. 셋째, 운영과 행정의 지연이 야기될 수 있다. 넷째, 수평조직과 수직조직 간의 책임전가가 야기될 우려가 있다. 다섯째, 의사소통의 경로를 혼란에 빠뜨릴 우려가 있다.

③ 수직조직과 수평조직의 비교

구 분	수직조직	수평조직
형 태	계층적	수평적
기 능	직접적 직무(명령, 지휘, 집행)	간접적 직무(자문, 권고, 협의, 조정)
권한·책임	권한·책임이 강함 의사결정권이 있음	권한·책임 없고 의사결정권이 없음

태도 면	현실적 · 실제적 · 보수적 성향	이상적 · 이론적 · 개혁적 성향
조직규모	소규모조직에 적합	대규모조직에 적합

출처 : 배은영 외(2010), p.103.

(3) 집권형 조직과 분권형 조직

① 집권형 조직과 분권형 조직의 개념

집권형은 조직 내에서 기획이나 정책에 관한 의사결정에 참여하는 권한이 상부에 집중되어 있는 조직이며 분권형은 의사결정에 참여하는 권한이 다양한 집단에 분산 또는 위임되어 있는 조직이다.

② 집권형 조직과 분권형 조직의 장단점

집권형 조직의 장점은 첫째, 통일된 정책의 수립과 집행이 가능하다. 둘째, 행정적 통제와 지도감독이 용이하다. 셋째, 대량의 업무처리로 비용 절감의 효과가 있다. 넷째, 조직의 위기나 비상사태에 신속한 대응이 가능하다. 다섯째, 조직 내 부서들 간의 업무조정이나 지역적 격차를 시정하기 쉽다. 여섯째, 행정기능의 중복 방지 및 분열을 억제할 수 있다. 일곱째, 조직의 혁신이나 변화에 대한 요구 수용 정도가 높다.

반면에 집권형 조직의 단점은 첫째, 관료주의적이고 권위주의적 성격을 띤다. 둘째, 형식주의에 빠져 행정의 실효성을 거두지 못할 수 있다. 셋째, 조직 내 구성원의 창의성과 자발성을 저해할 수 있다. 넷째, 획일화로 인해 부서 또는 지역적 특수성을 고려하지 못할 수 있다.

한편 분권형 조직의 장점은 첫째, 환경에 대한 조직의 반응성이 높고 신속한 행동이 가능하다. 둘째, 하위부서 간의 횡적인 협조관계가 원활하다. 셋째, 부서나 지역 실정에 맞는 행정업무 수행이 가능하다. 넷째, 조직 내 구성원의 행정업무에 대한 책임감이 증진된다.

분권형 조직의 단점은 첫째, 조직 전체의 계획과 조정활동이 어려워지고 의사결정과정에 대한 통제력이 약하다, 둘째, 행정업무의 중복을 초래한다. 셋째, 행정업무의 처리가 산만해지며 행정력이 분산된다.

(4) 동태적 조직

동태적 조직은 전통적인 조직과 다르게 환경 변화에 빠르게 적응할 수 있는 복합적 구조이다. 동태적 조직으로 프로젝트 조직, 매트릭스 조직, 팀조직, 네트워크 조직, 공동관리 조직, 자율적 작업 조직 등이 있다.

① 프로젝트(Task Force) 조직

프로젝트 조직은 특별한 과업에 따라 관련 부서에서 프로젝트 수행을 위해 인력을 파견하고 수평적 접촉을 통해 프로젝트를 해결한 후 원래 부서로 복귀하는 조직을 말하며 부서 간의 경계 없이 다양한 전문성을 가진 구성원을 팀으로 조직하여 일시적으로 운영한다. 조직이 구성되어 있는 동안 대량의 자원과 재능을 집중할 수 있다는 장점이 있는 반면에 임시조직이므로 제안한 정책이 집행되지 않거나 변질될 가능성이 있다.

② 매트릭스(Martix) 조직

전통적 기능조직과 프로젝트 조직을 결합하여 구성원은 각자 기능부서에 속한 동시에 프로젝트 조직에도 속하도록 구성하고 있다. 예를 들어, 한 조직이 대형 정부보조금사업 프로젝트를 기획하고 수행하기 위해서는 기존의 기획부, 사업부 등 기능조직에서의 업무경험의 강점을 되살리되, 기존 조직의 인력이나 능력만으로는 그 프로젝트를 수행하기 어렵고, 별도의 독자적인 팀 구조는 효율적이지 못할 경우 유용할 수 있다(홍현미라 외, 2014 : 116-117).

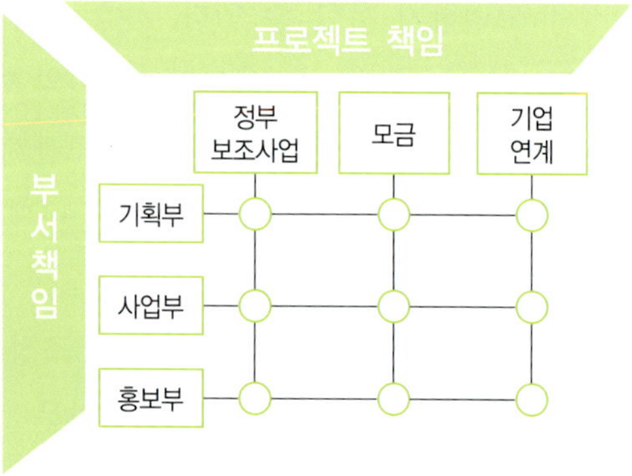

【그림 4-1】 매트릭스 조직구조

〈표 4-2〉 프로젝트 조직과 매트릭스 조직의 비교

구분 조직형태	장 점	단 점
프로젝트 조직	• 목적 · 고객지향의 증대 • 분권화와 기동성의 촉진 • 책임 · 평가의 명확성 • 후계자 육성이 용이	• 자원중복 • 분파주의 확대 • 단기적 성과지향 증가 • 스트레스가 발생하기 쉬움
매트릭스 조직	• 전문화의 원리와 시장적응의 동시 달성 • 유동적인 인재의 이동활동이 용이 • 전문지식 · 기술의 축적 · 개발이 용이 • 지식 · 기술의 전사적 이전 · 활용이 용이	• 명령계통 간의 권력다툼이 발생하기 쉬움 • 조정을 위한 의사결정이 지연되기 쉬움 • 책임, 권한이 애매함 • 스트레스가 발생하기 쉬움

출처 : 신복기 · 박경일 · 이명현(2013), p.115.

③ 팀(Team) 조직

과거의 전통적 조직체계인 부 · 과 · 계 등의 조직을 업무재편을 통해 통합 · 분할하여 하나의 팀으로 전환하여 팀장을 중심으로 업무를 하도록 만든 조직구조이다. 팀은 공동으로 그들 자신이 책임질 수 있는 공동의 목적, 업무수행의 목표, 상호 보완적인 기술을 지니고 있다. 효과적인 팀의 특성은 다음과 같다.

첫째, 목표 : 높은 실적을 올리는 팀들의 구성원들은 동일한 목표의식 공유

둘째, 임파워먼트 : 목표를 실현할 수 있는 팀의 능력에 대한 신뢰

셋째, 인간관계와 의사소통 : 의견과 생각, 그리고 감정을 진술, 경청, 조심스러운 피드백, 신뢰와 수용, 화합의 분위기 등

넷째, 융통성 : 구성원들은 팀의 발전을 위해 책임과 리더십을 분담함

다섯째, 적정한 생산성 : 높은 수준과 높은 질의 실적을 거두겠다는 공약

여섯째, 인정과 평가 : 개개인의 실적과 획기적인 팀의 실적 인정

일곱째, 사기 : 구성원들은 팀워크에 대한 열의, 자부심, 낙관적인 팀 정신 공유

팀제의 성공요건으로는 관리층의 이해와 지지, 조직목표에 대한 명확한 인식, 상·하층 간의 신뢰, 목표성취를 위한 팀의 모험과 결과에 대한 책임, 훈련과 능력개발을 위한 투자 등이 있다. 팀제의 장단점은 다음과 같다.

〈표 4-3〉 팀의 장단점

장 점	단 점
• 신속한 의사결정 • 자율적 책임체제 • 조직 간 유연성 • 현장중심적 서비스 • 성과중심의 생산성 비교	• 팀 간 갈등 심화 • 단기적 안목 중심의 목표 • 개별적 창의성 악화

출처 : 배은영·류기덕·김남숙·조당호·조대흥·권도국(2010), p.105.

④ 네트워크(Network) 조직

한 조직이 모든 기능을 수행하는 것이 아니라 관련된 기능을 수행하는 다른 조직들과의 계약이나 파트너십 등을 통해 운영되는 것이다. 기업체의 경우 필요한 특정 부품들을 모두 직접 생산하는 것이 아니라 그 부품을 생산하는 다른 업체와 계약을 통해 공급받아 핵심 본체만 제조하는 방식, 그리고 제조된 상품의 공급과 판매는 또 다른 계약업체를 통해서 수행하는 경우 등을 예로 들 수 있다(홍현미라 외, 2014 : 117). 이것은 보유자원을 핵심 사업에 집중하고 핵심 이외의 부문은 아웃소싱(outsourcing)을 주는 조직을 말하며, 다른 기업과 제휴 등을 통해 강점을 결합한 시너지 효과를 창출하고, 상호 네트워크 구축효과의 극대화와 상호 신뢰를 꾀하는 것이 중요하다.

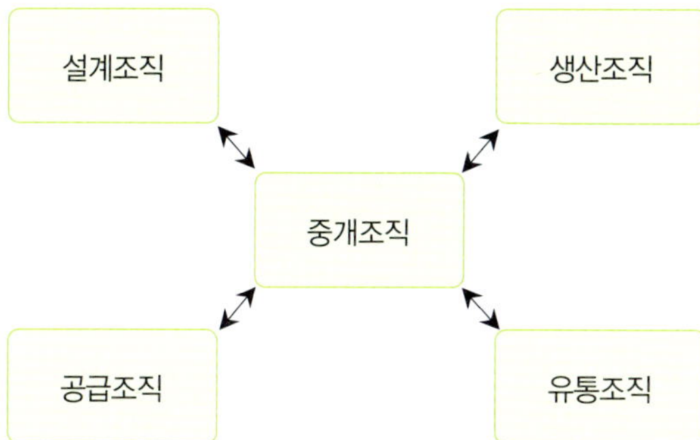

【그림 4-2】 네트워크 조직구도

⑤ **공동관리 조직** : 대학교의 학과조직 등과 같이 모든 주요 결정에 전 구성원이 참여하는 완전 민주주의적인 구조를 지니고 있는 조직을 말한다.

⑥ **자율적 작업 조직**(Self-directed Group) : 자기 스스로를 관리하도록 권한을 부여받은 사람들로 구성된 소규모 조직구조를 말한다. 제안제도의 발전에 의해 작업집단을 정기적 모임을 통해 문제 검토와 해결책 모색에 활용하고자 도입하였다.

(5) 사업부제 조직

사업부제 조직은 대규모 조직에서 사업부 단위로 조직을 편성하고 각 사업부는 독자적 생산과 마케팅, 관리 권한을 행사하는 구조를 말한다. 사업부별로 독립채산제를 실시하고 각 사업부는 모든 과업의 계획과 집행, 성과 분석까지 개별조직처럼 운영하는 구조이다.

사업부제 조직의 장점은 업무수행에 대한 통제와 평가가 쉽고 동기부여와 관리자의 능력을 개발하는 데 유용하며 최고경영자의 업무량을 경감시켜 준다. 또한 생산과 판매능력을 증대시키고 혁신적인 문제해결을 원하는 조직에 유용하게 적용할 수 있는 조직구조이다. 그러나 조정과 통제, 효율성(훈련의 필요성, 일의 중복, 전문화의 곤란) 등에 제약이 따르는 단점이 있다(오세영, 2013 : 116).

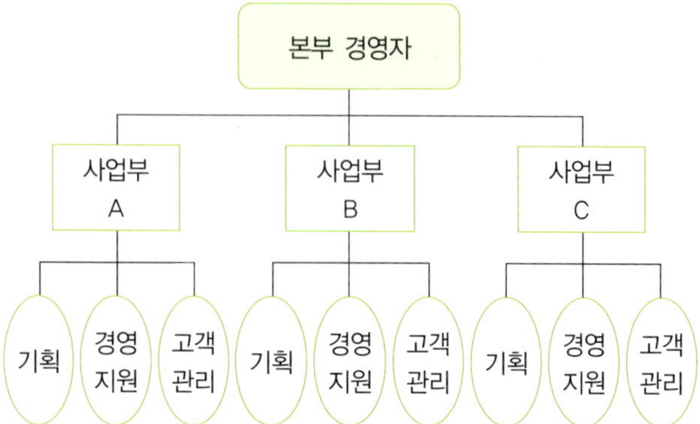

그림 4-3 사업부제 구조

(6) 기능조직

기능조직은 가장 흔한 조직구조 중 하나로 조직이 수행하거나 작동되는 특별한 기능에 기초하여 조직화된 것이다. 예를 들어, 조직이 운영되는 데 필요한 개발, 마케팅, 인사, 생산 등 서로 다른 기능들을 중심으로 부서화시키는 것이다.

2. 사회복지조직의 원리

조직의 원리란 조직을 잘 구조화하고 효율적으로 관리하기 위한 조직의 뼈대(하위체계)를 갖추는 방법을 의미한다. 그 구체적인 조직의 원리를 살펴보면 다음과 같다.

1) 계층제의 원리

계층제란 조직구성원 간의 권한과 책임을 배분하고 명령·지휘·복종의 관계를 명시화하는 것이다. 일반적으로 계층제가 높을수록 정책결정이나 장기계획과 같은 업무를 수행하고 낮을수록 집행하고 실시하는 업무를 수행한다(신복기 외, 2013 : 109). 예를 들어, 보건복지부의 장관·차관·실장·국장·과장 · 사무관(서기관) · 주무관(실무자) 등의 체계가 계층제의 적용이라 할 수 있다.

계층제의 장점은 첫째, 일사불란(一絲不亂)한 명령의 통로가 된다. 둘째, 의사전달의 통로가 되어 상하 간의 의사소통이 이루어진다. 셋째, 직무와 책임을 명확히 할 수 있다. 넷째, 행정목표의 설정과 업무배분의 통로가 된다. 다섯째, 조직 내부의 분쟁을 조정하고 해결하는 수단이 된다.

그렇지만 계층제가 심화 · 확대되면 첫째, 조직의 경직성을 초래하고 동태적이고 융통성 있는 인간관계의 형성을 저해할 수 있다. 둘째, 계층의 수가 많아짐에 따라 의사전달의 왜곡을 초래하고, 변동하는 환경에 조직이 신축성 있게 대응하는 것을 방해할 수 있다. 셋째, 조직구성원의 창의성을 저해하고, 한낱 기계적인 전달 도구로 전락시키기 쉽다. 넷째, 의사소통의 차단으로 구성원의 사기가 저하된다(최덕경 외, 2014 : 93-94).

2) 명령통일의 원리

명령통일의 원리란 오직 하나의 조직에는 한 사람의 직속상관으로부터만 명령을 받고 보고해야 한다는 것이다. 이 원리는 의사전달의 혼란을 방지하여 조직적이고 능률적이며 책임소재를 분명히 할 수 있다는 장점이 있다. 그러나 무리하게 한 사람의 담당 직원을 통해 명령 · 감독을 하면 의사소통의 차단, 구성원의 사기저하와 전문성 발휘를 저해할 수도 있다(오세영, 2013 : 104).

3) 통솔범위의 원리

통솔범위의 원리란 인간의 능력에는 한계가 있으므로 한 사람의 상관 또는 감독자가 통솔할 수 있는 조직 · 직속부하의 수가 한정되어야 한다는 것이다. 이때 통솔범위는 리더의 통솔능력의 한계에 의해 결정되며 업무의 성질과 근무시간, 기관의 역사와 규모, 장소여건과 같은 지리적 거리, 직원의 능력, 구성원의 사회 심리적 요인 등에 의해 영향을 받는다(신복기 외, 2013 : 109).

4) 분업 · 전문화의 원리

분업 · 전문화의 원리는 업무를 종류와 성질별로 나누어 능률을 향상시키기 위해 전문분야별로 조직구성원에게 한 가지의 주된 업무를 분담시키는 것을 말하며 사람의 성격, 기술에 차이가 있고 능력에 한계가 있기 때문에 조직의 규모가 점차 확대되고 업무처리의 전문성이 증가할수록 더욱 필요해지는 원리이다.

이 원리는 신속한 업무처리로 조직의 능률성을 제고시키고, 업무지식과 기술발전에 이바지할 수 있다는 장점이 있다. 그러나 반복되는 개인의 업무수행으로 일에 대한 흥미상실이 초래될 수 있으며, 조직 내 단위 간의 조정을 어렵게 하고 더 많은 비용을 들게 할 수도 있다(염일열 외, 2013 : 51).

5) 조정의 원리

조정의 원리란 조직이 공동의 목표달성을 위해 하위체계 사이의 행동의 통일을 기하도록 질서 있게 배열해야 한다는 원리이다. 조정의 방법은 조직에 의한 방법과 리더십에 의한 방법이 있다. 조직에 의한 방법은 조직단위의 권한과 책임의 한계를 명확히 한다든지 행정조정실, 기획조정실 등의 조정기구를 설치한다든지 등의 조정방법을 말한다. 그리고 리더십에 의한 방법으로는 개별 직원에 대한 동기부여를 촉진하거나 아이디어에 의한 조정을 통해 계획의 실시 단계에서 이념과 정책을 확립하여 일체감을 갖도록 하는 방법이 있다(신복기 외, 2013 : 109-110).

이러한 조정은 조직단위의 권한과 책임의 한계를 명확히 하거나 조정을 전담하는 기구 설치, 의사소통의 촉진 및 조직 내의 계층제의 구조를 통하여 원활히 할 수 있다.

6) 부문화 · 부서화의 원리

분업과 전문화가 개별 직원에 초점이 맞추어져 있다면 부문화 또는 부서화의 원리는 합리적이고 능률적인 조직의 운영을 위하여 목적이나 기능에 따라 조직을 개편하는 것을 말한다. 부문화의 방법으로는 같은 역할자의 수, 시간, 기능, 지역, 서비스, 고객, 서비스 접근통로를 기준으로 하는 7가지 방법으로 정리할 수 있다(최덕경 외, 2014 : 100-103).

① **수(數)기준 부문화** : 같은 역할을 하는 사람들을 한 슈퍼바이저 밑에 소속시키는 방법으로 한 사람 밑에 사람의 수가 너무 많으면 둘 이상의 비슷한 단위를 만들 수 있다.

② **시간기준 부문화** : 24시간 서비스를 제공하는 조직에서 취할 수 있는 방법으로 업무시간을 2교대 또는 3교대 등으로 하여 조직의 업무를 부문화하는 방법으로 조직의 기능이 단편화될 가능성이 있다.

③ **기능기준 부문화** : 기획, 총무, 인사, 모금, 홍보, 프로그램 개발 등과 같이 중요한 기능에 따라 업무를 묶어서 조직하는 것으로 종사자의 능력이나 선호에 따라 직무상 적성에 맞는 분야에 사람을 배치하는 방법이다.

④ **지리적 영역기준 부문화** : 서비스의 접근성과 관련되는 것으로 클라이언트가 서비스에 대한 지리적 접근을 용이하게 할 수 있도록 업무를 지역을 중심으로 기관의 부서를 편성하는 것이다. 이 방법은 서비스의 효율성을 높이고 서비스 책임자를 분명히 할 수 있지만, 장기적으로 보면 업무단위 간의 업무량의 격차가 생기고 서비스를 받지 못하는 사람이 발생할 가능성이 있다.

⑤ **서비스기준 부문화** : 개별사회사업, 집단사회사업, 지역사회 조직사업과 같이 복지서비스의 방법에 따라 부문화하는 것으로 전문화를 추구하는 데에 유리하지만 클라이언트가 복합적인 문제를 안고 있는 경우 통합적 서비스가 어려운 단점이 있다.

⑥ **고객기준 부문화** : 아동, 장애인, 노인, 여성 또는 비행문제, 가족문제, 고용문제 등으로 나누어 업무를 부문화하는 것으로 클라이언트의 대상과 문제에 따라 부문화하는 방법이다.

⑦ 서비스 접근통로기준 부문화 : 클라이언트가 서비스에 접근하는 경로의 유료 또는 무료 여부에 따라 접근 가능 통로별로 업무를 부문화하는 것이다.

3. 사회복지조직의 유형

1) 권력형태에 따른 분류

에치오니(Etzioni)는 복종관계에 따라 조직의 유형을 분류하고 있는데, 복종관계란, 상급자가 하급자를 통제하기 위해 사용되는 권력과 이에 대한 하급자의 태도에 의해 이루어지는 관계를 말한다. 권력의 세 가지 형태인 강제적 권력, 보상적 권력, 규범적 권력과, 관여(복종)의 세 가지 형태인 소외적 관여, 타산적 관여, 도덕적 관여를 상호 연관시켜 9가지 조직유형을 제시하였다(표 4-4).

권력의 종류에 있어서 강제적권력은 위협이나 신체적 탄압, 보상적 권력은 금전과 같은 물질적 보상, 규범적 권력은 지위나 상징, 존엄이나 위신과 같은 상징성을 의미한다. 이에 대한 관여의 유형으로서 소외적 관여는 권력자를 강하게 부정하므로 강제적 권력을 필요로 한다. 타산적 관여는 보상에 관심이 많고 권력에는 무관심하다. 도덕적 관여는 권력자에 대한 강한 인정을 보이므로 규범적으로 복종하는 유형이다.

이와 같이 권력과 관여의 조합으로 나타나는 유형 중 세 가지가 가장 흔하게 나타난다. 첫째는 강제적 권력과 소외적 관여(유형1), 둘째는 보상적 권력과 타산적 관여(유형5), 셋째는 규범적 권력과 도덕적 관여(유형9) 유형이다.

〈표 4-4〉 에치오니의 권력형태에 따른 분류

관여의 종류 / 권력의 종류	소외적 관여	타산적 관여	도덕적 관여
강제적 권력	유형 1(강제적) 수용소, 정신병원, 교도소	유형 2	유형 3
보상적 권력	유형 4	유형 5(공리적) 상업조직	유형 6
규범적 권력	유형 7	유형 8	유형 9(규범적) 종교조직, 정치조직, 병원조직, 학교조직, 사회복지조직

출처 : Smith, 장인협 역(1984), p.52.

2) 수혜자(클라이언트)의 유형에 따른 분류

블라우와 스콧(Blau & Scott)은 일차적인 수혜자가 누구인가를 기준으로 조직을 상호수혜조직, 사업조직, 서비스 조직, 공공조직으로 분류하였다(장인협·이정호, 2004 : 154-155).

〈표 4-5〉 블라우와 스콧의 조직유형

구 분 / 조직유형	1차적인 수혜자	조직의 종류
상호수혜조직	조직의 회원	정당, 종교단체, 노동조합 등
사업조직	사업체의 소유자	주식회사, 상업적인 회사, 은행 등
서비스 조직	클라이언트	사회복지조직, 병원
공공조직	일반 대중	행정기관, 군대조직 등

3) 업무의 통제성에 따른 분류

길버트 스미스(Gillbert Smith)는 업무의 통제에 따라 사회복지조직을 관료제와 일선조직, 전면적 통제조직, 투과성 조직으로 분류하고 있다(Smith, 장인협 역, 1984 : 61-112).

〈표 4-6〉 스미스의 조직유형

구 분	특 성
관료제 조직	• 공식적인 조직의 규정과 계층적인 권위구조 • 명확하고 전문화된 분업 • 문서에 의한 업무처리 • 기술적 자격에 기초한 신분보장 • 합리적인 통제조직
일선조직	• 주도권이 일선업무 단위에 있음 • 각 업무단위는 독립적으로 상호업무 수행 • 업무단위의 직접적인 통제가 어려움
전면적 통제조직	• 엄격한 규칙과 계획된 업무, 특수한 문화를 기반으로 전면적인 통제를 가하는 조직 • 정신병원, 기숙사, 교도소, 요양시설이 대표적
투과성 조직	• 조직구성원, 참여자가 자발적으로 참여하게 되는 조직 • 개인의 가정과 사생활에 침해를 받지 않고 조직의 문화나 규정에 의한 통제성이 약하고 조직의 활동이 거의 노출되지 않는 조직 • 자원봉사활동 조직이 해당됨

4) 조직기술과 수혜자의 상태에 따른 분류

하센펠트(Hasenfeld)는 조직기술과 수혜자(클라이언트)의 상태에 따라 정상기능을 하는 클라이언트와 비정상적 기능을 하는 클라이언트로 구분하고, 사회복지조직에서 클라이언트를 변화시키기 위하여 사용하는 기술의 유형을 인간식별 기술, 인간유지 기술, 인간변화 기술로 나누어 각 유형을 교차시켜 6가지 유형으로 분류하였다(Hasenfeld, 성규탁 역, 1985 : 5-11).

인간식별 기술이란 클라이언트의 개인적 속성을 변화시키지 않고 오히려 다른 사회집단으로부터 바람직한 반응을 야기하는 사회적 명칭부여와 공식적인 지위를 부여함으로써 클라이언트의 변화를 시도하는 것을 말한다. 예를 들어, 정신장애인, 지적장애아동, 암환자 등과 같이 클라이언트를 식별, 분류, 배치하는 기술을 말한다.

인간유지 기술이란 클라이언트의 개인적인 복지와 안녕을 현상태로 유지하며 위험요소를 완화시키려는 기술이다. 예를 들어, 병약한 노인을 위한 요양보호, 최저생활수준 이하로 떨어지는 것을 막기 위한 소득보장 프로그램 등이 이 기술에 해당한다.

인간변화 기술이란 클라이언트의 복지를 증진시키기 위하여 직접적으로 클라이언트의 개인적인 속성에 변화를 주는 데 목적이 있다. 예를 들어, 상담, 교육, 의학적 치료 등이 해당된다. 이와 같이 기술과 수혜자 상태를 조합하여 여섯 개의 조직유형을 설명하면 다음과 같다(표 4-7).

〈표 4-7〉 수혜자 상태와 조직기술에 따른 유형

기술의 유형 / 수혜자 상태	인간식별 기술	인간유지 기술	인간변화 기술
정상 기능	유형 1 대학교(신입생 선발) 신용카드 회사	유형 2 사회보장청, 요양시설	유형 3 공립학교, YMCA
비정상 기능	유형 4 소년법원, 진료소, 보호관찰소	유형 5 공공부조 사무소 요양시설	유형 6 병원, 수용치료센터

4. 사회복지조직에서 위원회와 이사회

1) 위원회

(1) 위원회의 의의

위원회는 조직의 목표달성을 위한 특별 과업이나 문제를 해결하기 위하여 조직의 일상 업무 수행의 기구와는 별도로 구성한 전문가 또는 업무 관련자들의 활동기구이다. 위원회에는 상임위원회와 임시위원회가 있다. 상임위원회는 재정, 인사, 주민과의 관계 유지 등 조직에서 정규적으로 발생하는 특별 업무를 처리한다. 예를 들어, 인사위원회, 예산위원회가 여기에 해당된다. 임시위원회는 운영규정을 개정하는 등의 비정규적인 특별업무를 처리한다. 예를 들어, 지역주민반대대책위원회, 운영규정개정위원회 등이 있다.

(2) 위원회의 장단점

사회복지법인은 조직의 효과성을 달성하고 외부환경과 원활히 연계하기 위해 위원회를 두는데 위원회의 장단점을 비교한 것을 살펴보면 다음과 같다(표 4-8).

〈표 4-8〉 위원회의 장단점 비교

장 점	단 점
• 행정의 민주성 확보와 독선 배제(집단적인 의사결정, 주민참여 독려) • 각 부문 간의 의견대립을 조정·통합 • 다양한 지식과 경험의 반영, 창의성 반영 • 결정의 신중성, 공정성 • 관료주의 지양	• 신속한 의사결정 곤란 • 기밀성 유지 곤란 • 책임한계 모호 • 비용의 과다 • 압력단체의 활동무대화 우려 • 행정의 무기력화 초래

2) 이사회

(1) 이사회의 개념

이사회는 조직이 그 목표를 달성할 수 있도록 법률적 책임을 지고 있는 조직의 정책결정 기구이다(최성재 · 남기민, 2005 : 140). 이사회는 조직을 이끄는 정책을 공식화하고, 실천가를 고용하고 평가하며, 후원자 및 지역사회 지도자와의 연계를 유지하고, 미래에 대한 계획을 수립하는 것 등에 대해 책임을 지는 기관이다. 사회복지기관의 정책결정기구로서 그 조직의 활동이 목표와 목적에 지속적으로 일치되도록 지도하는 확실한 법적인 의무를 가진 곳이다. 법률적 의미에서 이사회는 법인의 사무를 집행하고 원칙적으로 법인을 대표하며 법률행위를 하는 직무권한을 가지는 상설적 필요기관이 된다.

(2) 이사회의 기능

사회복지조직의 이사회는 일반적으로 다음과 같은 기능을 수행한다.

① 조직의 목적 또는 목표 설정

② 조직의 운영기구 설정

③ 인적·물적자원의 조달

④ 조직의 행정 책임자 채용 및 임용

⑤ 정책의 결정

⑥ 예산 인준 및 재정 원천에의 접근 촉진

⑦ 조직운영의 점검 및 평가

⑧ 조직과 지역사회 간의 중개

⑨ 지역사회의 계획 참여

⑩ 정관의 변경 등

이러한 기능으로 보면 이사회는 사회복지조직의 정책결정기관, 조직의 법인격 구축기반이고 또한 조직 활동의 배후 후원기관의 성격을 갖는다. 우리나라 사회복지법인의 정관에 규정되어 있는 이사회의 의결사항을 이사회의 역할로 보면 다음과 같다(장인협·이정호, 2004 : 451).

① 정관의 변경에 관한 사항

② 제 규정의 제정 및 개정에 관한 사항

③ 법인 합병 및 해산에 관한 사항

④ 임원선출에 관한 사항

⑤ 사업계획 실적 및 예산·결산에 관한 사항

⑥ 재산의 취득 처분 및 관리에 관한 사항

⑦ 법인이 설치한 시설의 장의 임면에 관한 사항

⑧ 법인이 설치한 시설의 운영에 관한 사항

⑨ 수익사업에 관한 사항

⑩ 그 밖의 법령이나 정관에 의해 이사회의 권한에 속한 사항

민법에 의하면 민법상의 법인은 재단법인이든 사단법인이든 이사를 두도록 되어 있으나 이사의 수나 임기는 법인의 정관에 규정하도록 되어 있다.

사회복지사업법에서는 사회복지법인에 대표이사를 포함하여 이사 5인 이상과 감사 2인 이상을 두고 특별한 관계에 있는 자가 이사 현원의 1/5을 초과할 수 없도록 규정하고 있다.

(3) 이사회 구성원의 자격

이사는 책임감, 활동력, 지식을 갖고 그 기관의 임무와 특별한 업무를 수행하는 데 적절한 사람이어야 한다. 이사회의 구성원들은 기관에 서비스를 제공할 시간과 이해관계, 그리고 의지를 가지고 있어야 한다. 이사들은 지역사회를 대표하는 합법성을 가져야 하며, 신뢰받고 책임감 있는 개인으로 인식되어야 한다. 이사회 구성원들은 이해관계와 관련된 전공에 따라 선별되어야 한다. 권위 있는 지역사회의 지도자를 이사회의 명예직 구성원으로 임명하는 것은 지역사회자원의 동원이나 지역실정을 파악하는 데 도움이 된다.

3) 위원회와 이사회의 차이점

위원회와 이사회는 회의체라는 점에서는 비슷하고 경우에 따라서는 엄격히 구분될 수 없지만 다음과 같은 점에서 차이가 있다.

① 행정책임자의 회의 참여 : 이사회는 조직의 행정책임자의 참석하에 회의를 갖지만, 위원회는 책임자보다는 실무담당자가 참여한다.

② 직원의 이사 참여 : 이사회는 조직의 직원이 이사가 되는 경우가 드물지만, 위원회는 담당하는 직원이 참여한다.

③ 구성원의 수 : 이사회의 구성원은 위원회에 비해 수가 적다.

④ 영향력 : 이사회는 위원회에 비해 조직의 운영과 서비스 전달에 더 많은 영향력을 발휘한다.

⑤ 정책결정 : 이사회는 정책을 결정하고, 위원회는 건의하는 역할을 주로 한다.

참·고·문·헌

배은영 · 류기덕 · 김남숙 · 조당호 · 조대흥 · 권도국(2010). **사회복지행정론**. 경기 : 공동체.

신복기 · 박경일 · 이명현(2013). **사회복지행정론**. 경기 : 공동체.

오세영(2013). **사회복지행정론**. 서울 : 신정.

염일열 · 신민정 · 조성욱(2014). **사회복지행정론**. 경기 : 공동체.

장인협 · 이정호(2004). **사회복지행정론**. 서울 : 서울대학교출판부.

최덕경 · 강도명 · 김준화 외(2014). **사회복지행정론**. 서울 : 창지사.

최성재 · 남기민(2005). **사회복지행정론**. 서울 : 나남출판.

홍봉수 · 임현진 · 장승전 외(2011). **사회복지행정론**. 경기 : 공동체.

홍현미라 · 정진경 · 이은정 외(2014). **사회복지행정론**. 경기 : 공동체.

Etzioni, A.(1964). *Modern Organizations*. Englewood Cliffs, Prentice-Hall.

Hasenfeld, Y., 성규탁 역(1985). **사회복지행정조직론**. 서울 : 박영사.

Schultz, J., Berkowitz, B., & Lowenstein, M.(2013). *The Community Tool Box*. University of Kansas. www.ctb.ku.edu.

Smith, G., 장인협 역(1984). **사회복지조직론**. 서울 : 집문당.

Thompson, James D.(1967). *Organization in Action*. New York : Mcgraw-Hall.

Chapter

05

사회복지조직의 환경과 조직문화

Chapter

05 사회복지조직의 환경과 조직문화

1. 사회복지조직의 환경

1) 조직환경의 의의

환경이란 조직 외부에 위치하면서 조직의 기능 수행에 영향을 미치는 모든 조건들을 말한다. 사회복지조직의 환경은 개인, 집단, 조직, 지역사회, 국가, 제도 등을 모두 포함한다(김영종, 2010 : 158). 조직환경은 조직을 둘러싼 외부환경과 조직 내의 내부환경 두 가지로 나누어 볼 수 있다. 내부환경이란 그 조직만이 가지고 있는 특성이나 분위기를 말하는 것이고, 외부환경이란 조직의 밖에 존재하면서 조직의 설계, 조직의 관리에 영향을 주는 환경을 말한다. 이러한 외부환경은 조직에 대한 환경의 영향이 직접적 혹은 간접적인가에 따라 일반환경과 과업(업무, 작업)환경으로 구분할 수 있다. 일반환경은 조직의 거시적 외부조건으로 조직에 직접 영향을 미치지는 않는 간접적 환경이지만, 조직의 과업환경 요소들에 영향을 미치는 의미 있는 환경이다. 과업환경은 조직과 직접 상호작용을 하는 환경으로 조직활동에 직접 영향을 미치는 환경이다. 대부분 사회복지기관들은 이러한 환경요소들의 절대적인 영향력 아래에 있다. 그림 5-1은 사회복지조직의 대표적 환경요소들을 묘사한 것이다.

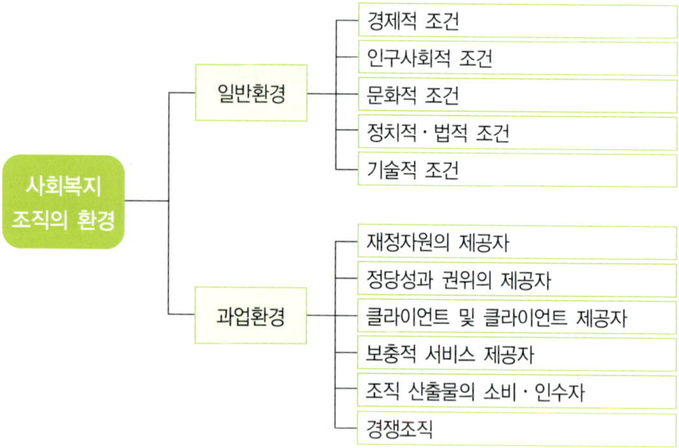

【그림 5-1】 사회복지조직의 환경

2) 일반환경

(1) 일반환경의 개념

일반환경은 조직의 거시적 외부 조건으로 조직이 속한 일반 사회의 정치/법, 경제, 문화, 인구, 기술적 상황을 말한다. 일반환경은 모든 사회복지조직에 영향을 미치며, 사회복지조직이 변화시키기 어려운 조건으로서 사회복지조직이 가질 수 있는 기회, 제약, 선택의 범위를 규정하는 것을 말한다(신민정 외, 2015 : 66). 일반환경의 조건들은 사회복지조직의 업무환경에 영향을 주고, 그로 인해 개별 사회복지조직은 간접적이지만 강력하게 그 영향을 받는다.

(2) 일반환경의 종류

① 경제적 조건

사회복지행정조직의 재원공급을 결정하며 서비스 수요에 직접적으로 영향을 미치는 환경요소로서 국가나 지역사회의 경제상태를 의미한다. 경제적 조건에는 경기 호황 및 불황, 경제성장률, 고용률 및 실업률 등이 있다. 경제적 조건은 복지서비스의 형태 · 범위 · 정도를 좌우하는데 경기침체나 불황기는 국민기초생활보장법에 의한 공공부조서비스의 증가를 가져오는 경향이 있고 대규모의 실업상태는 보육서비스나 직업알선서비스, 가족상담서비스 등의 수요를 확대시킨다(홍봉수 외, 2011 : 52).

② 인구사회적 조건

사회복지행정조직에 있어 서비스 수요 변동과 예측에 영향을 미치는 환경요소로서 인구사회적 조건은 연령, 성별, 가족구성, 거주지역, 사회적 계급 등과 같은 사회구조적 특성을 의미한다. 사회문제와 욕구 발생에 영향을 미치며, 사회복지정책 및 서비스에 변화를 가져온다. 예를 들어, 인구고령화가 심화되면서 노인장기요양서비스 등 노인 관련 서비스가 확대되고, 다문화가족의 확산, 한부모가족 등 가족형태의 다양화는 서비스 형태와 수요에 변화를 가져온다(홍현미라 · 정진경 · 이은정 외, 2014 : 125).

③ 문화적 조건

문화적 조건은 조직이 속한 사회의 가치와 규범에 관한 것으로 한 사회의 전반적으로 우세한 가치를 의미한다. 이러한 문화적 조건으로는 가족주의 가치, 노동윤리의 중시, 빈곤에 대한 사회적 인식 등 당시의 지배적인 문화적 · 도덕적 체계를 반영하고 문제해결 수단에 대해 지배적 이념을 반영한다. 또한 사회복지조직과 서비스에 정당성을 부여하는 기준이 되며, 사회복지조직의 목표와 활동에 영향을 미친다. 예를 들어, 과거에는 미혼모 관련 서비스, 노인요양시설 등이 해당 사회의 가치와 달라 인정되지 않았으나 최근에 다양성에 대한 인정, 돌봄노동에 대한 사회적 책임의 인식이 확산되면서 미혼모 서비스와 노인요양시설 등이 확대되고 있다.

④ 정치적 · 법적 조건

정치적 조건은 선성장－후분배 또는 성장과 분배의 균형 등의 정부정책 기조 등을 들 수 있고, 법적 조건은 국가기관에서 만들어 낸 법률, 명령, 규칙 등을 들 수 있다. 정치적 · 법적 조건은 조직에 공식적 정당성을 부여함은 물론 사회복지조직의 설치와 운영 그리고 사회복지조직에서 제공하는 서비스에 대한 질차와 방식 등 활동의 조건과 기준을 규정한다. 예를 들어, 국민기초생활보장법에서의 자활조성이나 부양의무자 등의 급여자격, 사회복지법인의 법정 종사자 규정, 사회복지관이나 시설의 평가규정, 사회복지사 자격규정 등을 들 수 있다(신복기 · 박경일 · 이명현, 2013 : 124).

⑤ 기술적 조건

기술적 조건은 사회의 기술적 진보나 변화가 사회복지조직의 서비스 기술에 미치는 영향을 말한다. 예를 들어, 정보통신기술의 발달은 사회복지조직에서의 정보관리체계의 중요성을 불러일으켰고, 신경안정제의 개발은 정신질환자의 탈시설화를 유발하였다. 행동수정기술의 발달은 자폐아동에 대한 보호수용 대신 치료와 회복을 가능하게 하는 개입기술을 제공하였다.

〈표 5-1〉 **사회복지조직의 일반환경**

구 분	일반환경
경제적 조건	• 자원공급의 절대량과 서비스 수요에 영향을 줌 • ㉮ 경기 불황 및 호황, 중앙정부 및 지방자치단체의 재정, 고용률 및 실업률, 경제성장률 등
인구사회적 조건	• 장기적인 서비스의 주요 변동과 예측에 영향을 줌 • ㉮ 연령별 · 성별 · 지역별 · 소득계층별 인구분포, 노인인구 및 유년 인구비율, 가구형태 등
문화적 조건	• 사회의 가치와 규범, 사회복지조직의 목표와 기술에 영향을 줌 • ㉮ 가족주의 가치, 빈곤에 대한 사회적 인식 변화 등
정치적 · 법적 조건	• 자원의 흐름에 대한 통제에 영향을 줌 • 사회복지 관련 법령의 제정 · 개정 · 폐지, 정부의 사회복지정책 · 경제정책 등
기술적 조건	• 사회의 기술적 진보 및 변화가 초래하는 영향 • ㉮ 컴퓨터와 인터넷의 발달로 인한 조직관리 방법의 변화, 신경안정제의 개발로 인한 탈시설화 등

3) 과업환경

(1) 과업환경의 개념

과업환경은 조직의 목표설정과 달성에 직접 영향을 미치는 환경으로서 개별 사회복지조직이 직접 상호작용하는 환경을 말한다. 이들은 대개 해당 사회복지조직과 특정한 이해관계를 형성하고 있다. 이들 이해관련자는 조직이 무엇을 하는지, 어떻게 운영되는지에 관해 자신들의 이해득실을 걸고 있다. 재정자원의 제공자, 합법성과 권위의 제공자, 클라이언트 제공자, 보충적 서비스 제공자, 서비스 소비자, 경쟁조직 등이 여기에 포함된다. 과업환경은 일반환경에 의하여 영향을 받는 것이 일반적이며 특정 사회복지조직에 영향을 미치기도 하지만 사회복지조직에 의하여 영향을 받기도 한다(최성재 · 남기민, 2005 : 148-149).

(2) 과업환경의 종류

① 재정자원의 제공자

재정자원의 제공자는 사회복지조직이 재정자원을 얻는 환경으로 중앙 및 지방정부, 기업체, 공동모금, 개인후원, 유료클라이언트 등이 여기에 포함된다. 우리나라 민간 사회복지조직 대부분은 국가보조에 의존하고 있으며 이와 같은 재정자원의 제공자는 사회복지조직에서 가장 큰 영향을 미치는 요인이라 할 수 있다.

② 합법성과 권위의 제공자

사회복지조직에 대한 사회적 지지나 정당성 및 권위를 제공해 주는 환경요소를 말하는 것으로서 정부(㉠ 보건복지부), 공적 사회복지 전달체계(㉠ 시 · 도청, 시 · 군 · 구청), 사회복지 관련 협의회(㉠ 한국사회복지협의회)와 협회(㉠ 한국사회복지사협회), 의회, 운영법인, 시민단체 등을 들 수 있다. 합법성과 권위를 제공하는 자의 중요한 기능 중의 하나는 조직을 감독하고 평가하는 것이다.

③ 클라이언트 제공자

사회복지조직에 클라이언트를 공급해 주는 외부환경으로서 직접 서비스를 받기를 원하는 개인과 가족, 의뢰기관(예 학교, 타 기관, 정부기관, 경찰서, 병원, 청소년단체, 사회복지관 등)이 포함된다. 이와 같이 사회복지조직은 클라이언트 자신에서부터 다른 조직에 이르기까지 다양한 제공자를 갖고 있다. 특히 최근에는 바우처 방식이 도입되면서 클라이언트나 클라이언트 가족이 직접 서비스 기관을 선택하기 때문에 클라이언트 본인과 가족의 비중이 높아졌다(김영종, 2010 : 163).

④ 보충적 서비스 제공자

사회복지조직이 클라이언트에게 필요한 서비스를 제공하기 위하여 연계하는 조직들을 말한다. 사회복지조직은 모든 서비스를 다 제공할 수 없기 때문에 기타 조직과의 긴밀한 협조와 연계를 공식적・비공식적으로 구축해야 한다. 예를 들어, 한 기관에서 클라이언트에게 체육서비스 제공을 위해 인근의 체육시설과 연계하거나 의료나 법률 서비스 제공을 위해 연계하는 병원 등이 있다.

⑤ 서비스 소비자

사회복지조직으로부터 직접 서비스를 받거나, 이로 인해 결과적으로 혜택을 받는 외부자를 말한다(김영종, 2010 : 164). 주로 클라이언트 자신과 클라이언트와 관계를 맺고 있는 가족, 기관 및 시설(예 교정기관, 노인복지시설, 아동복지시설, 학교 등), 지역사회, 국가 등이 여기에 포함된다. 예를 들어, 사회복지조직에서 제공하는 비행청소년 프로그램에 참여한 청소년은 직접 서비스를 받는 소비자가 된다. 그리고 이 프로그램을 제공받는 비행청소년들의 문제가 해결되고 이로 인해 가정문제와 지역사회 범죄문제가 해결되었다면 가족과 지역사회도 직접 서비스 소비자는 아니지만 결과적으로 혜택을 받은 소비자가 된다.

⑥ 경쟁조직

조직의 자원과 클라이언트 등을 획득하는 과정에서 경쟁하게 되는 다른 외부 조직을 말한다. 경쟁조직은 사회복지조직 자원에 대한 접근에 영향을 미치는 환경이며, 유사한 서비스를 제공하는 조직이나 기관들이 해당된다. 과거와 달리 사회복지조직과 재정의 원천이 다양화되면서 경쟁조직에 대한 관리는 매우 중요한 요소가 되고 있다.

〈표 5-2〉 사회복지조직의 과업환경

구 분	과업환경
재정자원의 제공자	• 정부(보조), 기업체(출연), 개인(후원), 서비스 이용자(부담) 등
합법성 · 권위의 제공자	• 정부, 국회, 전문가 단체, 운영법인, 클라이언트 옹호단체 등
클라이언트 제공자	• 개인, 가족, 의뢰기관, 정부기관 등
보충적 서비스 제공자	• 조직의 업무수행을 위해 보충적으로 필요한 서비스를 제공
서비스의 소비자	• 클라이언트 자신, 가족, 지역사회, 국가 등
경쟁조직	• 자원과 클라이언트들을 두고 경쟁관계에 있는 다른 조직들

4) 사회복지조직의 환경관리 전략

(1) 사회복지조직에서 종속 강화조건과 상쇄조건

사회복지조직은 외부환경으로부터 취약하여 환경에 종속적 관계가 될 수 있으므로 그것을 극복하고 사회복지조직의 효과성을 발휘하기 위해서는 환경관리 전략을 수립할 필요가 있다. 사회복지조직의 환경관리를 위해서는 조직이 환경에 대한 종속(의존) 강화조건을 약화시키고 종속 상쇄조건들을 강화하도록 하는 전략들을 마련함으로써 환경에 대한 종속관계를 극복하고 균형적 관계를 구축해야 한다. 그렇게 함으로써 급변하는 환경변화에 조직이 신속하게 적응하고 더 나아가 조직에게 유리하도록 환경을 변화시키게 되는 것이다. 하센펠드(Hasenfeld, 1983)는 조직과 환경관계에서 종속을 강화시키는 조건과 상쇄시키는 조건을 다음 <표 5-3>과 같이 제시하고 있다.

〈표 5-3〉 사회복지조직의 종속 강화와 상쇄 조건

종속 강화조건	종속 상쇄조건
• 외부환경으로부터 정책적 강요가 있는 경우 • 조직의 서비스를 사용하는 데 있어서 외부환경에서 재량권을 행사하는 경우 • 복지조직의 서비스 사용에 대하여 외부환경의 서비스를 크게 필요로 하는 경우 • 복지조직의 필요한 목표를 외부에서 인가하는 경우 • 대안에 대하여 정보가 정확하지 않은 경우	• 외부환경에 의해 허용된 자유가 있는 경우 • 복지조직이 주요 자원을 소유한 경우 • 대체 가능한 서비스를 이용할 수 있는 경우 • 자체승인(정당성)을 받을 수 있는 이념을 개발하는 경우 • 대안에 대해서 정확하고 효과적인 정보를 보유한 경우

출처 : Hasenfeld(1983). Human Service Organizations, p.68.

(2) 환경관리 전략

사회복지조직이 환경과의 종속관계를 상쇄하지 못하고 외부의 환경적인 것에 크게 의존한다는 것은 조직에 커다란 불안을 불러일으키고 외부압력에 대한 취약성을 갖게 하며, 또한 조직 내부의 권위와 생존을 위협하게 된다.

종속관계를 개선하기 위하여 다양한 전략을 사용할 수 있는데, 전략선택의 기준은 사회복지조직이 필요로 하는 자원의 조직 외부환경에서의 집중과 분산의 정도 및 조직이 통제하는 전략적 자원의 양에 의해 결정된다. 일반적으로 조직의 외부환경에 자원의 집중도가 높고 조직 내의 전략적 자원이 적을수록 조직이 환경과의 관계를 향상시킬 수 있는 능력이 미약하다. 사회복지조직이 환경에 대한 종속관계(권위－의존적 관계)를 극복하기 위하여 사용할 수 있는 전략은 다음 네 가지로 설명할 수 있다(Hasenfeld, 1983 : 71-82).

① 권위주의 전략(Authority Strategy)

권위주의 전략은 권력을 사용하여 다른 조직의 행동을 이끌고 명령을 내리는 전략을 말한다. 조직이 자금과 권위를 충분히 획득하여 다른 조직 간의 교환관계와 조건들에서 유리한 위치에 설 수 있을 때 가능한 전략이다(오세영, 2013 : 387). 주로 자금지원과 권위를 관장하는 중앙정부기관이 지방정부기관에 대하여, 또는 정부기관이 민간 사회복지조직에 대하여 사용할 수 있는 전략이다.

권위주의 전략은 외부조직이 교환조건에 순응하도록 할 수 있기 때문에 매우 효과적이다. 그러나 권위주의 전략을 사용하기 위해서는 다른 조직을 감시하고 명령할 수 있는 능력이 필요하고 이에 비용이 많이 소요되며 명령에 순응한다 하더라도 형식적인 것에 그칠 가능성이 크다.

② 경쟁적 전략(Competitive Strategy)

경쟁적 전략은 서비스의 질과 절차 및 행정절차 등을 매력적으로 만드는 등 경쟁력을 확보하여 세력을 증가시키는 전략이다. 이 전략은 조직이 필요로 하는 자원이 외부환경에 분산되어 있고 세력균형을 이룰 수 있을 만큼 충분한 내적 자원이 있을 때 가능하다. 예를 들면, 부부문제나 가족치료 문제, 아동비행 등에 대처하는 복지조직은 질 높은 서비스와 클라이언트 관리, 친절한 서비스 등으로 다른 복지조직보다 경쟁우위를 확보할 수 있다. 그러나 이러한 전략은 자칫 잘못하면 성공률이 높은 클라이언트만 받아들이고 사회계층이 낮은 클라이언트를 거부하게 되는 문제를 발생시킬 수 있다. 또한 경쟁으로 인하여 서비스의 중복과 자원의 낭비를 조장할 수 있고, 크리밍 현상을 유발할 우려가 있다. 그렇지만 클라이언트의 선택을 넓혀주고 질 높은 서비스를 받게 하는 장점도 있다.

③ 협동적 전략(Cooperative Strategy)

협동적 전략은 다른 조직들에게 필요한 서비스를 제공하여 상호 불안감을 해소시키고 그에 대한 보답으로 상대 조직에 대한 권력을 증가시키는 전략이다. 이 전략은 사회복지조직이 가장 많이 사용하는 전략으로 계약, 연합, 흡수의 세 가지 형태로 구분할 수 있다.

첫째, 계약은 두 조직 사이에 자원 또는 서비스의 교환을 위해 협상된 공식적·비공식적 합의를 말한다. 예를 들면, 거동불능노인을 위한 간병서비스의 경우 정부는 해당 사업에 대한 사업비를 제공하고, 적절한 자격조건을 갖는 민간기관에서 정부와의 계약을 통해 전문 간병인력을 제공할 수 있다(신복기 외, 2013 : 128). 계약은 필요에 의해 서비스와 자원을 교환함으로써 상호 이득을 보는 장점이 있으나, 조직의 선택범위와 자율성 침해 및 서비스의 남용과

악용의 발생이 가능하고, 서비스 평가를 어렵게 하고 서비스가 부실해진다는 단점이 있다.

둘째, 연합은 자원의 혜택과 서비스 제공에서 비슷한 입장에 있는 조직들이 공동이익을 위하여 상호 제휴하는 전략이다. 연합전략이 가능하려면 조직의 세력이 비교적 약해야 하고 상호 이익을 추구할 수 있고 비용보다 이득이 커야 한다. 그러나 연합은 비용 증가와 회원 조직들 간의 불화, 이익에 대한 의견불일치 등의 문제가 발생할 수 있다.

셋째, 흡수는 과업환경 내 주요 구성조직들의 대표자들을 지도층이나 정책 수립 기구에 참여시킴으로써 합법성과 지지를 얻어내는 전략이다. 이 전략은 조직 자체가 전략적인 자원이 없고 조직이 직면하는 위협을 기존 자원으로는 상쇄시킬 수 없을 때 이용된다. 예를 들어, 의사결정이나 프로그램 평가, 운영위원회 등에 클라이언트 대표나 지역주민 대표 등을 참가시키는 것이다. 그러나 의사결정에 외부대표를 참여시킬 경우 조직의 목적과 활동의 자율성이 침해될 수 있다.

④ 방해전략(Disruptive Strategy)

방해전략은 경쟁적 위치에 있는 복지조직의 활동을 방해하거나 세력을 약화시키는 전략으로 목표조직의 양보를 얻어내 권력관계와 종속관계를 바꾸려는 것이다. 이러한 전략은 조직 간에 이루어지기도 하지만, 대개는 힘이 없는 클라이언트나 잠재적 클라이언트들이 사회복지조직에 대하여 중요한 구조적 변화를 일으키기 위하여 사용하기도 한다. 방해전략을 활용할 수 있는 조건은 조직의 과업환경이 정당한 요구를 묵살하거나 방해하려는 조직이 실패하여도 손해 볼 것이 별로 없는 경우와 그 조직과 상대조직 사이에 이념적 갈등이 존재하고 있는 경우 등의 조건하에서 채택되기 쉽다. 이 전략은 조직환경으로부터 양보를 얻어내는 데 효과적일 수 있지만 장기적으로는 일시적으로 얻은 이익을 상쇄(보다 보편적인 불평등 해소를 위한 전략에 무관심)해 버릴 수도 있다.

2. 조직문화

1) 조직문화의 개념과 기능

조직문화는 조직구성원들에게서 뚜렷하게 나타나는 가치나 규범, 신념체계이며 조직구성원의 가치관과 사고방식, 행동패턴을 결정하는 기본 요소이다. 따라서 사회복지조직이 어떠한 조직문화를 만들어 가고 계승해 나가야 하는가는 사회복지서비스의 질을 좌우할 뿐만 아니라 그 사회 전체의 복지수준을 가늠할 수 있는 중요한 잣대가 될 수 있기 때문에 매우 중요하다(신복기 · 박경일 · 이명현, 2013 : 130-131). 이 같은 조직문화는 조직 속에서 어떤 기능을 할까? 구체적으로 어떠한 역할을 하는지를 살펴보면 다음과 같다.

첫째, 조직구성원 등에게 자신이 속한 조직이 어떤 조직이고 그 안에서 어떻게 행동해야 하는지에 대한 확실한 이해를 가능하게 하는 것이다.

둘째, 조직문화는 조직 내적인 측면에서 구성원들이 조직원 정체성을 공유하게 하면서 조직 내에서의 의사소통방식, 의사결정방식, 과업수행방식에 영향을 미치게 되어 결국 조직성과에도 영향을 미친다. 또한 조직 외적인 측면에서는 고객을 처리하는 방식, 경쟁자에 대응하는 방식 등의 환경과의 상호작용에 영향을 미친다(황성철 · 정무성 · 강철희 · 최재성, 2010 : 155).

셋째, 조직문화는 정책결정자들의 가치에 영향을 미치기 때문에 조직의 정책이나 전략의 방향 결정에 영향을 미친다.

이상에서 살펴본 바와 같이 조직문화에 구성원들의 동의가 높은 조직은 가치와 신념, 행동양식에 대한 동의가 전제된 것이기 때문에 의사소통이 쉽고 행동일치가 용이하며 조직활동의 효과를 높일 수 있다. 반면 그 문화에 구성원들이 동조되지 못하거나 조직의 욕구와 구성원의 욕구가 일치되지 못하면 그 조직문화는 조직활동에 오히려 부정적 영향을 미친다. 또한 조직문화가 너무 강한 경우 다양한 조직구성원을 통일하기 어렵고 조직개혁의 장애가 되기도 한다. 따라서 조직문화는 구성원들의 활동에 영향을 미치기 때문에 조직효과성을 높이기 위해서는 조직문화에 관심을 가질 필요가 있다.

2) 조직문화의 구성과 강도

(1) 조직문화의 구성요소

조직문화는 무엇으로 구성되는가를 구체화함으로써 그에 대한 이해를 높일 수 있으며, 샤인(Schein, 1992)은 잠재의식적 수준에서부터 표현단계까지 세 가지 수준에서 구성된다고 한다.

첫째, 가장 심층부의 잠재적 수준인 기본적인 믿음과 전제는 조직구성원들이 당연한 것으로 간주하는 원천적인 것을 의미하며, 조직문화의 가장 기본적인 것으로 조직의 가치와 규범으로 표출된다.

둘째, 인식수준인 가치와 규범은 조직구성원들에게 무엇이 중요한가를 규정하고, 규범은 구성원들에게 기대되는 행동양식을 규정한다.

셋째, 조직의 가치와 규범에 근거하여 가시적 수준인 표면에 드러나는 문화의 인공물(문화의 표현물이라고 하는 물리적인 것들, 말하는 방식, 행동하는 방식, 이해하고 의사소통하는 방식)이라 할 수 있다.

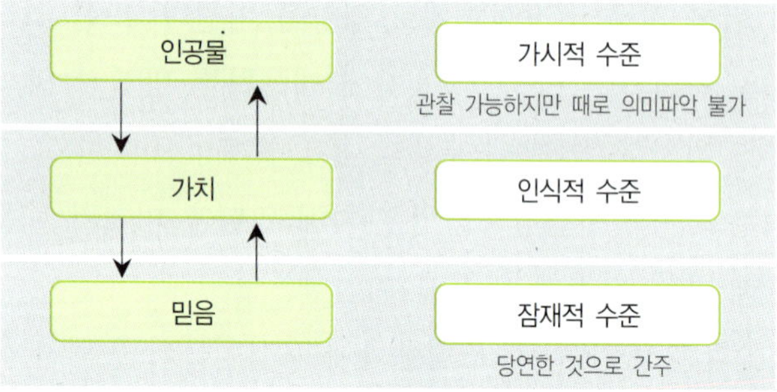

| 그림 5-2 | 조직문화구성 3수준 요소

출처 : 황성철 · 정무성 · 강철희 · 최재성(2010). 사회복지행정론, p.152.

파스칼과 아토스(Pascale & Athos, 1981 : 78-84)는 조직문화의 구성요소로서 공유된 가치(Shared values), 전략(Strategy), 구조(Structure), 제도 · 절차(System), 구성원(Staff), 기술(Skill), 행동 · 관리(리더십) 스타일(Style) 이른바 7S를 들고 이들 요소가 상호 관련되어 존재하고 기능하는 실체라고 설명하면서 공유된 가치가 가장 중심적 위치를 차지한다고 주장했다. 이러한 7가지 구성요소는 상호 간의 밀접한 관계를 맺으며 조직문화를 형성하기 때문에 관리의 시각에서는 이들을 통합적으로 관리하기 위한 노력을 실행함으로써 조직의 유효성을 제고할 수 있다고 주장한다.

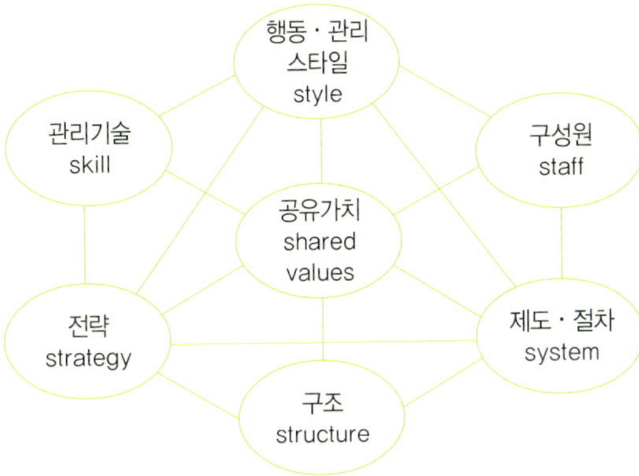

| 그림 5-3 | 조직문화의 구성요소 : 7S

출처 : 신복기 · 박경일 · 이명현(2013). 사회복지행정론, p.135.

(2) 조직문화의 강도

조직문화의 구성요소와 관련해서 생각해 볼 수 있는 질문은 과연 조직문화의 강도는 어떻게 이해될 수 있는지 하는 것이다. 따라서 조직문화의 강도를 어떻게 파악할 수 있는지와 관련해서 정리해 볼 필요성이 있는데, 조직문화의 강도는 다음과 같은 요인들을 통해서 파악될 수 있다(황성철 · 정무성 · 강철희 · 최재성, 2010 : 153-155).

첫째, 조직의 믿음과 가치들이 더 깊게 공유될 때 조직문화의 강도는 더 강해진다.

둘째, 조직의 믿음과 가치들이 더 넓게 공유될 때 조직문화의 강도는 더 강해진다.

셋째, 조직의 믿음과 가치가 분명하게 위계화되어 있을 때 조직문화의 강도는 더 강해진다.

넷째, 조직문화와 같이하는 리더십이 보다 강할 때 조직문화의 강도는 더 강해진다.

다섯째, 조직구성원들의 이직이 적을 뿐만 아니라 조직구성원이 오랜 기간 동안 조직을 위해 헌신하는 조직일 때 조직문화의 강도는 더 강해진다.

3) 조직문화의 형성, 유지 및 전파, 변화

조직문화의 형성과 관련해서 가장 중요한 요소는 조직설립자 혹은 최고경영자의 경영이념과 철학이다. 즉, 설립자나 최고경영자의 경영이념과 철학이 조직이 지향하는 가치관의 형성에 직접적인 영향을 미치고, 이러한 가치관이 조직의 역사 속에서 구성원들에게 보다 폭넓고 깊게 확산되고 내재화되어 조직문화는 형성된다.

조직문화는 조직문화에 적합한 사람의 선발, 오리엔테이션, 훈련 및 교육을 통한 사회화, 최고경영자들의 언행과 조직 내에서의 의식을 통한 내재화를 통해 유지되고 전파된다.

조직문화는 변화시킬 수 있는 것인가? 일반적으로 조직문화의 변화는 그렇게 쉽고 용이하지 않다는 사실이다. 로빈스(Robbins, 1990)는 조직이 다음과 같은 상황에 놓이게 될 때 조직문화의 변화가 비교적 용이하게 이루어질 수 있다고 주장한다. ① 조직이 극단적인 위험에 처해 있을 때, ② 조직의 리더십이 기존의 가치체계와는 다른 대안적인 새로운 가치체계를 갖는 새로운 리더들로 변화될 때, ③ 아직 조직의 체계를 잡아가는 시기(형성기)에 있을 때, ④ 조직의 규모가 상대적으로 작거나 조직의 기존 문화가 강하게 존재하지 않았을 때 조직문화의 변화는 보다 용이할 수 있다.

4) 조직문화의 유형

조직문화는 다양한 요인과 차원으로 구성되기 때문에 모든 기준을 포괄하는 보편화된 견해는 없지만 몇몇 학자들이 제시한 유형들을 정리하면 다음과 같다.

(1) 해리슨(Harrison)의 조직문화 유형

해리슨(Harrison, 1972 : 119-128)은 조직구조의 중요한 두 변수인 공식화와 집권화의 두 가지 차원으로 공식화와 집권화가 모두 높은 관료조직문화, 공식화는 비교적 낮지만 집권화는 높은 권력조직문화, 공식화는 높지만 집권화는 낮은 행렬조직문화, 공식화와 집권화가 모두 낮은 핵화조직문화로 구분하였다.

관료조직문화는 구성원들의 역할이 분명하고 모든 업무절차가 과학적인 방법으로 설정되어 질서와 규칙이 지배적인 문화이며, 권력조직문화는 구성원의 역할과 업무수행절차가 구체화되어 있지 않고 강력한 실권자와 소수의 핵심 인물들이 권한을 행사하며 구성원을 통제하는 문화이다. 행렬조직문화는 조직의 과업을 중심으로 구성원의 역할과 업무수행이 이루어지게 하면서 관련된 전문기능인력들이 한 팀이 되어 창조성과 다양성을 조화시켜 조직목적을 달성하게 하는 것을 특징으로 하는 문화인 반면, 핵화조직문화는 구성원들의 역할과 상호관계가 조직의 공동목표를 중심으로 자발적인 관심과 협조에 기반해서 이루어지게 하는 문화이다.

(2) 딜과 케네디(Deal & Kennedy)의 조직문화 유형

딜과 케네디(Deal & Kennedy, 1982)는 조직환경과의 관계에서 조직이 목표달성을 위하여 얼마나 모험적인 활동을 전개하는가, 그리고 그 결과로 얼마나 빨리 피드백을 받는가 하는 기준에 따라 네 가지 문화유형으로 구분하였다. 첫째, 강인한 남성 문화로 모험감수성이 높고 단기적이므로 거칠고 최신 흐름과 유행에 민감한 문화이다. 둘째, 열심히 일하고 열심히 노는 문화로서 단기적이나 위험감수는 낮은 문화이다. 이는 서로 협조하고 팀으로 일하며 빨리 결정하고 신속히 실천하는 것을 특징으로 하는 문화이다. 셋째, 투기적으로 조직이 운영되는 문화는 장기적이고 모험성이 강하여 기술력이 높은 반면 환경변화에 약한 문화이다. 마지막으로 과정을 중시하는 문화는 장기적이고 모험을 피하기 때문에 위계적 지시와 절차에 따르면서 일하는 특성을 갖는데, 이러한 문화는 신중하지만 창의성은 다소 부족한 문화라 할 수 있다.

〈표 5-4〉 Deal & Kennedy의 조직문화유형

구 분		모험감수성	
		낮 음	높 음
시간성	단 기	과업·여가 문화	강인한 남성 문화
	장 기	과정·절차 중시 문화	투기적 운영 문화

(3) 데니슨(Denison)의 조직문화 유형

데니슨(Denison, 1990)은 준거의 초점과 변화추구 정도에 따라 집단문화, 개발문화, 위계문화, 합리문화 등으로 구분하고 이러한 조직문화유형과 조직효과성이 관계를 지니고 있음을 논한다. 먼저 집단문화는 인간관계에 높은 관심을 가지고 내부통합에 일차적 관심을 둔다. 성실과 신뢰관계가 핵심적 가치관이며 구성원들의 동기부여 기제로는 애사심, 집단응집력, 구성원으로서의 소속감 등이 강조된다. 개발문화에서는 유연성과 변화를 강조한다. 즉, 변화에 초점을 두고 성장, 자원획득, 창조성, 외부환경에의 유연한 적응을 강조하는 문화이다. 합리문화는 안정성과 외부중심적 적응에 초점을 두는 문화로서 리더가 목적지향적이고 지시적인 특성을 가지며 생산성과 성과, 과업의 달성을 강조한다. 위계문화의 경우는 조직 내부의 능률, 통일성, 조정 그리고 평가를 강조하며 리더는 보수적이고 조직의 안정성이 강조된다.

┃그림 5-4┃ Denison의 조직문화유형

(4) 핸디(Handy)의 조직문화 유형

핸디(Handy, 1978 : 25-41)는 조직문화란 정확하게 정의를 내릴 수 있는 것이 아니라, 다만 인식할 수 있는 것이기 때문에 그 어떤 형태이든 그 자체가 좋고 나쁜 것이 아니라 그 환경에 합당한가 아닌가가 중요한 문제라고 주장하면서 클럽문화, 역할문화, 과업문화, 실존문화로 구분하였다.

〈표 5-5〉 Handy의 조직문화 유형

구분	클럽문화	역할문화	과업문화	실존문화
특성	• 친화와 신뢰를 바탕으로 감정이입을 통한 의사소통, 개인 차이 인정, 비합리적, 자비로운 권력, 신속성	• 질서와 규칙, 개인 특성 무시, 합리적, 논리적, 안정성, 예측성, 표준화, 구조화	• 문제해결 지향 • 권한 분산 • 전문성 • 창의성 • 다양성	• 조직에 우선하는 인간의 중요성, 합의에 의한 의사결정, 보스의 존재 불인정
예	소기업 투자은행 중개업 정치집단 초창기 기업	관료조직 보험회사 상업은행	컨설팅 회사 기술집약산업	전문직(의사, 변호사) 대학연구개발 부서

(5) 킴벌리와 퀸(Kimberly & Quinn)의 조직문화 유형

킴벌리와 퀸(Kimberly & Quinn, 1984 : 295-313)은 조직문화의 유형을 조직을 관리하는 측면에서 크게 유연성을 갖고 있는가 아니면 통제성을 강조하는가에 따라 달라질 수 있고, 또한 조직을 보는 관점의 측면에서 미시적이고 내부지향적인가 아니면 거시적이고 외부지향적인가를 기준으로 집단문화, 개발문화, 위계문화, 합리문화로 구별하였다. 각 문화의 속성을 정리하면 다음과 같다.

① 집단문화 : 내부지향적이고 유연성을 갖는 조직에서 나타나는 형태로 구성원들의 신뢰와 팀워크를 통한 참여, 협력, 단결, 충성, 사기 등의 가치를 중시한다. 이러한 조직문화 유형에서는 조직 내 인간관계의 유지에 최대 역점을 두고 구성원들의 재량을 허용한다. 그래서 관계지향적 문화라

고도 하며, 구성원들의 조직몰입과 충성심, 참여와 우리의식을 강조한다.

② **개발문화** : 조직의 변화와 유연성을 강조하고 외부지향성이 강한 조직에서 발견되는 조직문화이다. 그래서 조직의 적응과 성장을 지원하기 위한 기업가 정신, 미래예측을 중심가치로 인정한다. 개발문화는 혁신지향적 문화라고도 하며, 성공적 변화와 적응을 위해 혁신적 조직리더와 구성원들의 창의성과 개성, 모험을 추구한다.

③ **위계문화** : 내부지향적이고 통제성이 강한 조직에서 발견되는 조직문화로 공식적 명령과 규칙, 집권적 통제와 안정지향성을 강조하는 관료제의 가치와 규범을 반영한다. 이러한 조직문화 유형에서는 조직 내부의 능률, 통일성, 조정, 평가를 강조하며 고도로 일상적으로 표준화된 활동을 수행하며 높은 수준의 복잡성, 공식화, 집권화, 관료제 등의 구조적 특성을 갖고 있다.

④ **합리문화** : 외부지향적이지만 통제성이 강한 조직에서 나타나는 조직문화로 조직의 성과목표 달성과 과업수행에 있어서의 생산성과 경쟁력을 핵심 가치로 한다. 따라서 목표설정과 계획수립, 능률적인 과업달성, 실적 위주의 업무관리와 같은 특성이 비교적 강하기 때문에 공공조직이나 사회복지조직보다는 영리 기업조직에서 나타난다.

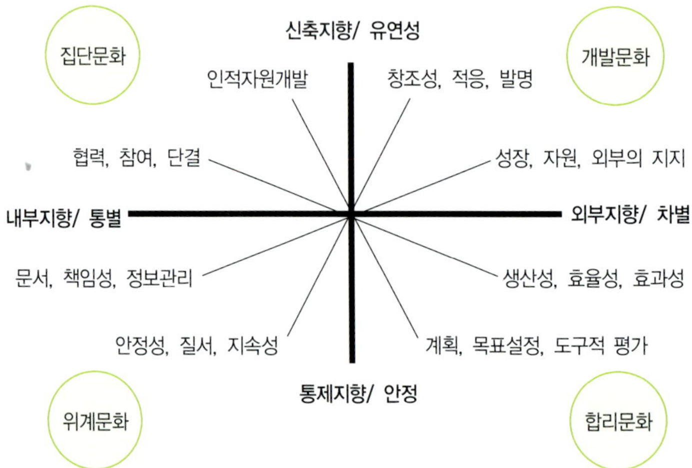

그림 5-5 조직문화 유형

이상의 네 가지 문화유형은 상호배타적이기보다는 한 조직 내에 공존할 수 있고 장단점을 복합적으로 가지고 있어 이들의 균형을 이루는 것이 필요하다. 이상의 조직문화의 장단점을 정리하면 다음 <표 5-6>과 같다.

〈표 5-6〉 Kimberly & Quinn의 조직문화 유형 장단점

조직문화 유형	장점과 단점
집단문화 (관계지향)	• 장점 : 구성원의 단합 및 원활한 조직 분위기 형성에 대한 강조 • 단점 : 지나친 내부단합을 강조하여 집단주의 심화, 성과보다는 조직 내부의 질서 유지에 초점을 둠으로써 획일화된 분위기 형성
개발문화 (혁신지향)	• 장점 : 유연한 사고, 규정에 얽매이지 않는 다양한 견해, 창의력 • 단점 : 기존의 규범이나 관습에서 지나치게 벗어남으로 인해 방종으로 치우칠 수 있음
위계문화 (위계지향)	• 장점 : 세심한 주의, 업무의 질에 대한 관심 및 과업수행의 차질없는 진행 • 단점 : 지나치게 규정에 얽매여서 단순한 감독관 혹은 감시자의 역할 수행
합리문화 (시장지향)	• 장점 : 성과에 대한 몰입, 실천에 대한 강조를 통해 역동적인 조직 분위기 형성 • 단점 : 지나친 성과지향적 측면으로 인해 조직 분위기가 저해되고 구성원 간 갈등이 발생할 수 있음

출처 : 홍현미라 · 정진경 · 이은정 · 심선경 · 김가율 · 함수연(2014). 사회복지행정론, p.140.

5) 조직문화의 개발과 관리

조직문화는 조직구성원들이 공유하고 있는 기본 전제와 가치관에 대한 거시적인 개념으로서 조직구성원 개인의 행동은 물론 조직체 전체 행동에 중요한 영향을 미친다. 뿐만 아니라 조직문화는 조직구성원과 밀접한 관계를 갖고 있다는 것이 인식되어 근래에 와서 바람직한 조직문화의 개발이 매우 중요시되고 있다. 조직문화를 성공적으로 개발한 기업들이 갖고 있는 몇 가지 공통적인 요소를 살펴보면 다음과 같다(박재린, 1998 : 291-292).

① 조직구성원들이 성과지향적인 문화가치를 갖고 있다.

② 창업주와 경영자 및 최고 경영층 등 기업체 내 중심인물들의 역할이 기업문화의 성공적인 개발에 중요한 요인이었다.

③ 조직구성원들은 모두 기업체의 문화망을 형성하면서 제각기 기업문화 개발의 역할을 하고 있다.

④ 변화담당자들의 개입 역할도 기업문화 개발의 성패에 중요한 역할을 하고 있다.

사회복지기관도 건전하고 강한 조직문화를 정착시키고 사회복지사들의 조직몰입과 책임성을 증진시키고 나아가 지역사회의 인적·물적자원과 상호의존적이며 네트워킹을 형성해 나갈 수 있는 사회복지 조직문화에 대한 관리활동이 필요하다고 생각된다. 조직문화를 개발하기 위해서는 다음 ┃그림 5-6┃과 같은 세 가지 차원을 고려해 볼 수 있다.

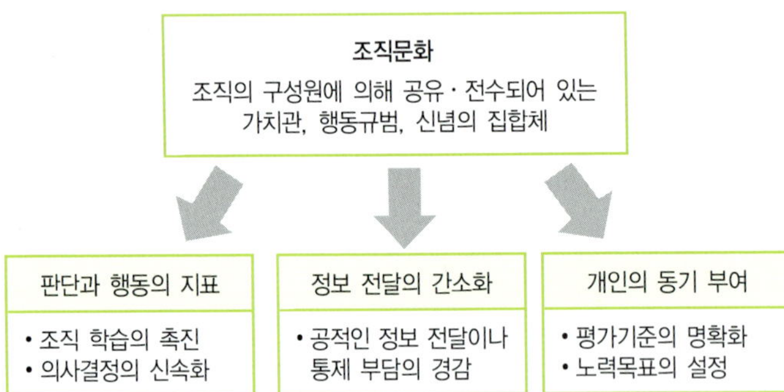

┃그림 5-6┃ **조직문화 개발을 위한 세 가지 차원**

참 고 문 헌

김영종(2010). 사회복지행정론. 서울 : 학지사.

박재린(1998). 현대조직론의 이해. 서울 : 무역경영사.

신민정 · 염일열 · 조성옥(2015). 사회복지행정론. 경기 : 공동체.

신복기 · 박경일 · 이명현(2013). 사회복지행정론. 경기 : 공동체.

오세영(2013). 사회복지행정론. 서울 : 신정.

최성재 · 남기민(2005). 사회복지행정론. 서울 : 나남출판.

홍봉수 · 임현진 · 장승전 · 황영희 · 임안나 외(2011). 사회복지행정론. 경기 : 공동체.

홍현미라 · 정진경 · 이은정 · 심선경 · 김가율 · 함수연(2014). 사회복지행정론. 경기 : 공동체.

황성철 · 정무성 · 강철희 · 최재성(2010). 사회복지행정론. 경기 : 학현사.

Deal, T. E., & Kennedy, A. A.(1982). *Corporate Cultures : the Rites and Rituals of Corporate Life*. Addison Wesley.

Denison, D. R.(1990). *Corporate Culture and Organizational Effectiveness*. New York : John Weiley & Sons.

Handy, C.(1978). *Gods of Management*. Souvenir Press.

Harrison, R.(1972). Understanding your organization's character. *Harvard Business Review*, May/ June.

Hasenfeld, Y.(1983). *Human Service Organizations*. Englewood Cliffs, NJ : Prentice-Hall.

Schein, E. H.(1992). *Organizational Culture and Leadership*(2nd ed.). San Francisco : Jossey-Bass.

Chapter

06

사회복지서비스 전달체계

Chapter

06 사회복지서비스 전달체계

1. 사회복지서비스 전달체계의 의미

1) 사회복지서비스 전달체계의 정의

사회복지행정에 있어 전달체계란 급여 또는 서비스를 효율적으로 클라이언트에게 전달하기 위하여 어떠한 조직을 통해서 실천할 것인지에 대한 전략을 선택하는 것이라고 할 수 있다(Gilbert & Specht, 1986 : 119). 따라서 사회복지서비스 전달체계는 지역사회 내에 존재하는 사회복지서비스의 공급자 간의 연결 또는 사회복지서비스의 공급자와 소비자 사이를 연결시키기 위하여 만들어진 조직적 체계이다. 사회복지서비스 전달체계는 국민들이 필요로 하는 각종 복지서비스가 중복·누락 없이 필요한 사람에게 전달될 수 있도록 하여 국민들의 기본 생활을 보장할 수 있도록 해주는 핵심 기제이다. 사회복지서비스의 전달체계를 단순화시켜 도식화하면 다음과 같다.

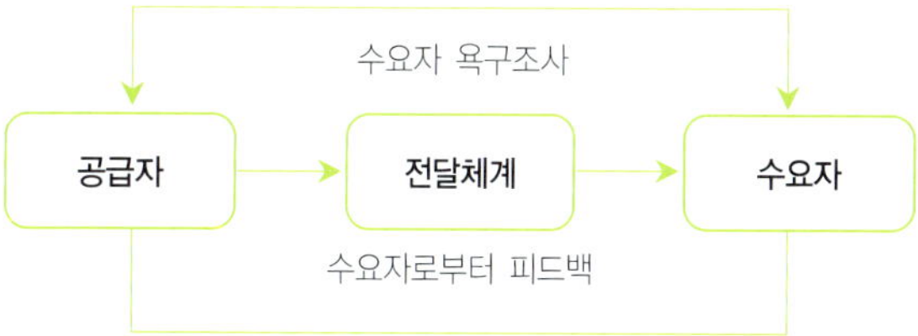

| 그림 6-1 | 사회복지 전달체계의 모형도

출처 : 허만형(2004). 사회복지행정론, p.243.

2) 사회복지서비스 전달체계의 구성요소

길버트와 테렐(Gillbert & Terrell, 2002)은 사회복지서비스 전달체계의 구성요소를 배분(할당, allocation), 급여제공(provision), 전달(delivery), 재원(재정, finance) 네 가지로 설명하고 있다. 이를 부연하면 다음과 같다.

① 배분은 '사회복지 급여를 누구에게 제공할 것인가'에 관한 것이다. 여기서 중요한 것은 사회복지 급여를 특정의 사람 또는 특정의 집단에 국한시킬 것인가 아니면 전 국민에게 제공할 것인가 하는 문제이다.

② 급여제공은 '사회복지 대상자들에게 무엇을 제공할 것인가, 어떤 종류의 급여를 전달할 것인가'에 관한 것이다. 즉, 현금급여인가, 현물급여인가, 아니면 바우처인가 등의 문제를 말한다.

③ 전달은 '어떤 방식으로 전달할 것인가'에 관한 것이다. 즉, 사회복지 급여를 제공하는 주체와 수급자 간의 조직체계를 말한다. 여기에서는 공급하는 쪽에서는 권한을 가지고 있어야 하며, 공급업무를 수행하는 자의 전문성(자격)이 필요하고, 수급자들에게는 접근용이성, 서비스의 연속성 등이 중요하다.

④ 재원은 '어떤 재원을 사용하는가'에 관한 것으로 재정조달방식을 의미한다. 예를 들면, 공적인 재원을 사용할 것인지, 민간재원을 사용할 것인지, 아니면 이 두 가지 재원 모두 선택할 것인가와 정부를 어느 정도 개입시킬 것인가, 어떤 형태의 조세를 징수할 것인가 하는 문제이다.

3) 사회복지서비스 전달체계의 구분

사회복지 전달체계를 구분할 경우 구조・기능적 차원, 운영주체별 차원, 서비스 종류별 차원 등으로 구분하여 설명할 수 있다.

(1) 구조・기능적 차원

구조・기능적 차원의 분석이란 서비스를 공급하는 자(정부, 기관, 시설, 단체, 개인 등)들 상호 간에 구조와 기능이 어떻게 나누어져 있는가를 보는 것으로 행정체계와 집행체계로 구분할 수 있다(성규탁, 1996 : 406-410).

행정체계는 서비스 전달을 기획 · 지시 · 지원 · 관리하는 것을 말하며, 집행체계는 서비스 수혜자들과 직접적 대면관계를 가지며 서비스를 전달하는 과정을 말한다. 이 구분의 장점은 어떤 서비스의 책임을 규명하는 데 있어서 그 잘못이 행정체계의 잘못된 판단인지 아니면 집행체계의 미비된 활동에 기인한 것인지를 판단할 수 있다는 것이다(오세영, 2013 : 54).

〈표 6-1〉 구조 · 기능적 차원에 따른 분류

분 류	내 용
행정체계	• 서비스 전달을 기획 · 지시 · 지원 · 관리하는 체계 • ㉠ 보건복지부 ⇨ 특별시, 광역시, 도 ⇨ 시, 군, 구
집행체계	• 전달자가 서비스 수혜자와 직접 대면관계를 가지며 서비스를 직접 전달하는 체계 • 읍면동 ⇨ 클라이언트

(2) 운영주체별 차원

운영주체에 따른 분석은 공적 전달체계와 사적(민간) 전달체계로 구분할 수 있다. 공적 전달체계는 정부(중앙 및 지방)나 공공기관이 직접 관리 · 운영하는 것이며, 사적 전달체계는 민간단체나 개인이 직접 관리 · 운영하는 것을 말한다(최성재 · 남기민, 2005 : 87).

공적 전달체계는 사회보험과 공공부조와 관련된 서비스 업무를 수행하고 있으며, 대부분의 대인적 사회복지서비스를 사적 전달체계에 위탁하거나 의존하고 있다. 이것을 구조 · 기능적 분석 차원과 관련시켜 보면, 공적 전달체계는 행정체계의 성격을 띠고, 사적 전달체계는 집행체계로서의 기능을 주로 담당하는 분화현상을 보인다. 공적 · 사적 전달체계를 비교하면 <표 6-2>와 같다.

〈표 6-2〉 공적 · 사적 사회복지서비스 전달체계 비교

구 분	공적 사회복지서비스 전달체계	사적 사회복지서비스 전달체계
주 체	정부, 공공기관	사회복지법인, 이용 및 수용시설 등
재 정	조세, 안정적	취약, 불안
특 성	• 복잡하고 관료적 • 외부환경변화에 둔감 • 주로 행정체계 성격	• 융통성 있고 창의적 • 외부환경변화에 민감 • 주로 집행체계 성격
장 점	공공성, 지속성, 보편성, 안정성	융통성, 전문성, 신속성, 유연성, 다양성

출처 : 박용순 · 김성철 외(2011). 사회복지행정론, p.89.

(3) 서비스 종류별 차원

수요자의 욕구에 따라 서비스별로 전달체계를 구분할 수 있으며, 이러한 시도는 서비스 수급자의 관점을 보다 직접적으로 지역사회 관점에서 반영할 수 있다. 따라서 지역사회 안에서 서비스의 수요와 공급이 이루어지는 연결망을 가상하고 있는 전달체계를 제시하면 다음 <표 6-3>과 같다.

〈표 6-3〉 서비스 종류별 성격에 따른 분류

분 류	내 용
아동복지서비스 전달체계	사회복지전담공무원, 보육시설, 학교급식, 일시보호, 아동상담소, 소년원, 그룹홈
노인복지서비스 전달체계	사회복지전담공무원, 주간보호소, 양로원, 노인연금, 재가서비스, 요양원, 경로당
정신질환서비스 전달체계	사회복지전담공무원, 정신질환자가족협회, 정신병원, 종합병원, 요양병원, 치매치료시설
생활보호서비스 전달체계	사회복지공무원, 보장심의위원회, 직업재활시설, 각종 생활시설

그러나 서비스 종류별 전달체계는 쉽게 분석하기 어렵다는 단점이 있다. 이러한 체계들은 대부분 느슨하게 연결되어 있어서 심지어는 그러한 전달체계에 자신들의 조직이나 프로그램이 포함되어 있는지조차 의식하지 못하는 경우들도 있다.

4) 사회복지서비스 전달체계의 기능

모든 종류의 사회복지서비스 전달체계들이 체계론적 틀에 따라 분석·평가할 수 있는 것으로 보고 체계론에 기초하여 투입, 전환, 산출의 세 가지 기능을 논의하고자 한다(홍봉수·임현진·장승전 외, 2011 : 291-295).

(1) 전달체계를 위한 투입

전달체계는 서비스를 제공하기 위하여 외부환경으로부터 각종 자원을 확보해서 체계 내로 도입하는데 이 기능을 '투입'이라고 한다. 투입 내용을 보면 ① 고객(클라이언트, 서비스 소비자), ② 자원(기술, 시설·장비, 자금, 사회적 지지·인정), ③ 전문요원(사회복지사 등 개입자·치료자) 세 가지가 된다.

(2) 전달체계의 전환 과정

전환과정이란 서비스를 직접 전달하는 개입과정을 말한다. 이 전환과정을 중요시하는 이유는 서비스의 전달로부터 종결에 이르는 전체 진행과정을 살펴봄으로써 개입의 결과로 '질이 좋은' 서비스가 전달되었는가를 파악할 수 있기 때문이다. 서비스는 고객과 전달자와의 대면적 상호관계 속에서 전달되기 때문에 고객과 전달자 간의 신뢰감 형성이 중요하다.

(3) 전달체계의 산출

전달체계는 서비스를 제공하기 위하여 짜여진 프로그램을 실시함으로써 어떤 의도된 영향이 고객과 지역사회에 미치게 된다. 이러한 효과가 서비스 전달체계가 달성하는 목표이다. 예를 들어, 기능의 회복, 사회적 재활, 건강회복, 생활능력 획득, 자조능력 습득, 고객의 만족도 등은 사회복지적 프로그램이 이룩하는 산출이며 효과인 것이다. 따라서 산출은 개입의 결과를 나타내며, 이를 통해 전달체계를 평가 및 분석하게 된다.

2. 사회복지서비스 전달체계의 원칙

사회복지서비스 전달체계의 구축 원칙은 사회복지서비스를 소비자에게 효과적이고 효율적으로 전달하는 것이다. 그런데 서비스를 전달하는 데 있어서 많은 문제점들이 발생한다. 길버트와 테렐(Gilbert & Terrell, 2002 : 166)은 서비스의 효과성과 효율성을 떨어뜨리는 사회복지 전달체계의 문제점을 서비스의 분열성, 불연속성, 비접근성, 무책임성 네 가지로 요약하고 있다. 이러한 문제를 통해 전달체계의 구축 원칙을 유추할 수 있다.

① **서비스 분열성의 문제** : 서비스의 분열성은 서비스가 한 장소에서 다 이루어지고 있지 않을 뿐만 아니라 기관들이 그들의 활동을 조정시키기 위해 노력하고 있지 않은 문제를 말한다. 이는 전달체계 구축 원칙에서 통합성의 원칙과 통한다.

② **불연속성의 문제** : 불연속성은 해당 문제나 욕구해결을 위해 필요한 자원이 모두 연결되지 못하여 서비스가 단절되는 비연속성의 문제이다. 이를 극복하기 위해서 기관 간 의사소통과 의뢰를 위한 적절한 수단이 마련되어야 한다.

③ **비접근성의 문제** : 비접근성은 클라이언트의 소득, 연령, 종교, 이용료 부담, 지리적 위치 등에 따라 서비스 이용에 제한을 두는 문제를 말한다.

④ **무책임성의 문제** : 무책임성은 원조에 필요한 것들이 그 환경에 영향을 주는 의사결정에 영향을 미치지 않는 문제, 의사결정권자가 클라이언트의 욕구와 이익에 무감각한 문제를 말한다.

이렇게 볼 때 이상적인 사회복지서비스 전달체계는 '통합되어 있고, 연속적이며, 접근 가능성이 높고, 그 책임성이 명백한 방향으로' 이루어진 체계를 의미한다. 국내외 학자들의 견해를 종합하여 8가지 원칙을 제시하면 다음과 같다(Gate, 1980 : 52-54; 박용순, 2002 : 185-186; 최성재 · 남기민, 2005 : 88-92).

① **전문성의 원칙** : 사회복지서비스의 핵심적인 업무는 반드시 전문가가 담당해야 한다. 여기서 전문가는 자격요건이 객관적으로 인정된 사람이며, 자

신의 전문적 업무에 대한 권위와 자율적 책임성을 지닌 사람을 말한다.

② **적절성의 원칙** : 클라이언트에게 제공되는 사회복지서비스의 양과 질, 제공하는 기간이 클라이언트나 소비자의 욕구충족과 서비스의 목표달성에 충분하여야 한다. 이러한 적절성의 원칙이 반드시 필요하지만 재정 형편상 제대로 지키기 어려운 경우가 많고 그 적절성 수준에 대해서도 논란이 있을 수 있다.

③ **포괄성의 원칙** : 인간의 욕구와 문제는 다양할 뿐만 아니라 한 가지 문제는 다른 여러 가지의 문제와도 연관되어 있는 것이 일반적이기 때문에 다양한 욕구, 다양한 문제를 동시에 또는 순서적으로 해결하기 위하여 다양한 서비스가 필요하다. 이러한 다양한 문제를 해결하기 위한 접근방법으로는 한 사람의 전문가가 여러 문제를 다루거나, 각각 다른 전문가가 개별적으로 각각의 문제를 다룰 수도 있고(전문화 접근방법), 여러 전문가가 한 팀이 되어 문제를 해결할 수 있다. 그리고 한 사람의 전문가가 책임을 지고 계속적으로 필요한 서비스와 전문가를 연결시켜 주고 적절한 서비스를 받을 수 있도록 하는 사례관리방법도 있다.

④ **지속성의 원칙** : 사회복지대상자에게 필요한 서비스가 끊어지지 않고 계속적으로 제공되어야 하며 복합적인 욕구에 대해서는 지역사회 내 연계를 통해 지속적으로 제공되어야 한다.

⑤ **통합성의 원칙** : 문제를 가진 사람들이 전달체계를 통하여 사회복지서비스를 받게 될 때, 복합적이고 다양한 문제해결에 필요한 각종 서비스가 질서정연하고 체계적으로 제공되어 문제를 해결하고 욕구충족을 충분히 달성할 수 있는 것을 말한다. 통합적인 서비스가 제공되기 위해서는 사회복지 행정책임자의 관리 아래 서비스가 제공되고, 서비스의 제공장소가 지리적으로 상호 근접하며, 서비스 프로그램 간 혹은 조직이나 기관 간에 상호 유기적인 연계와 협조체제가 갖추어져 있어야 한다.

⑥ **평등성의 원칙** : 사회복지서비스는 기본적으로 개인의 성별, 연령, 소득, 지역, 종교, 지위 등에 관계없이 평등하게 제공되어야 한다. 그러나 공공부조와 특별한 연령 및 건강상태를 기준으로 특별하게 서비스가 제공

되는 경우도 있다.

⑦ **책임성의 원칙** : 사회복지조직은 복지국가가 시민의 권리로 인정한 사회복지서비스를 전달하도록 위임받은 조직이므로 사회복지서비스의 전달에 대하여 책임을 져야 한다. 책임져야 할 서비스 내용을 살펴보면, 첫째, 클라이언트가 원하는 서비스를 제공하고 있는가? 둘째, 전달절차와 방법이 적합한가? 셋째, 서비스가 효과적이고 효율적인가? 넷째, 서비스에 대한 만족이나 불평에 대해서 객관적으로 평가할 수 있는 시스템이 구축되어 있는가? 등이다.

⑧ **접근성의 원칙** : 사회복지서비스는 그것을 필요로 하는 사람들이면 누구나 쉽게 받을 수 있어야 하기 때문에 클라이언트가 접근하기에 용이하여야 한다. 전달체계의 접근성을 높이기 위해서는 세 가지 방법이 활용되는데, 첫째, 유사한 경험을 가진 사회복지사의 채용, 둘째, 의뢰서비스를 전문으로 하는 사회복지기관의 설립, 셋째, 특수한 집단을 취급하는 사회복지기관의 설립 등이다(박용순 외, 2011 : 93).

3. 사회복지서비스 전달체계의 개선전략

사회복지서비스 전달체계의 궁극적인 목적은 서비스를 효과적이고 효율적으로 전달하는 것이다. 사회복지서비스 전달체계의 개선전략을 효율성과 효과성을 높이기 위한 방안과 서비스 배분방법, 그리고 서비스 통합성 증진을 위한 개선방안의 내용을 중심으로 정리하면 다음과 같다(Gilbert & Terrell, 2002 : 166-177; 신복기・박경일・이명현, 2013 : 152-154; 최덕경・강도명・김준환 외, 2014 : 134-135).

1) 서비스 전달체계의 효율성과 효과성 고양 전략

(1) 의사결정의 권한과 통제의 재구조화

① 협조체계 구축 : 전달체계의 기관을 중앙집권화 또는 연합화하여 전달체계를 통합적이고 포괄적인 것으로 발전시키는 전략이다. 중앙집권화는 사회복지 관련 업무를 하나의 통일된 전달체계로 통합하는 행정적인 통일화를 의미한다. 연합화는 전달체계 기관 간의 자발적·상호 호혜적 공조체제이며, 이는 서로 다른 기관이 가지고 있는 자원을 지역적으로 집권화하는 것으로 기관을 행정적으로 통합하지 않는 것을 의미한다.

② 시민참여 체제의 도입 : 의사결정의 권한을 전달체계의 기관과 클라이언트에 재배분하는 전략으로 의사결정과정에 시민들을 참여시킬 경우 클라이언트의 욕구에 보다 적절히 반응할 수 있으며, 접근 용이성 및 서비스에 대한 책임성을 보장할 수 있다는 취지에서 선택되는 전략이다.

(2) 업무분담의 재조직화

① 전문가 역할 부여 : 서비스 전달이 어려운 경우 서비스 전달 전문가와 클라이언트를 중간에서 연결하여 줄 수 있는 사람을 찾아 그에게 전문가 역할의 일부를 부여하는 것을 말한다.

② 전문가의 조직적 상황에서의 분리 : 서비스 전달체계가 관료적 특성이 강하여 전문가로서 전문성 발휘나 자율성 발휘를 저해할 경우 그러한 조직적 상황에서 벗어나 전문가로서의 전문성과 자율성을 발휘할 수 있도록 만드는 것을 말한다.

(3) 전달체계의 구조변경

① 전문화된 접근구조(Specialized Access Structure) : 서비스에 좀 더 쉽게 접근할 수 있도록 하는 전략으로 하나의 서비스에 대한 접근을 좀 더 용이하게 하는 별도의 서비스를 마련하는 것을 말한다. 전문성을 유지하면서도 서비스에 대한 클라이언트의 접근성을 높이기 위해 전문적인 접수창구

를 신설하는 것을 예로 들 수 있다.

② 의도적 중복화(Purposive Duplication) : 클라이언트의 서비스 선택권을 강화하기 위해 기존 전달체계 내에서 이미 제공되고 있는 서비스의 일부 또는 전부를 새로운 기관으로 하여금 또다시 제공하도록 하는 방법이다.

2) 서비스 배분방법에 관한 전략

(1) 공급억제 전략

① 클라이언트에 대한 제한 강화 : 수혜자격 요건을 강화하여 서비스 이용률을 저하시키는 것이다.

② 서비스 희석화 : 사회복지서비스의 양은 제한되어 있으나, 이에 대한 수요가 많을 경우 쓸 수 있는 방법으로 서비스의 질을 낮추는 대신 상대적으로 양을 늘리는 전략으로 클라이언트와의 접촉시간을 단축하거나 사례의 조기 종결, 전문가의 질을 낮춤, 자원봉사자로 대체하는 등의 방법이다.

(2) 수요억제 전략

서비스의 접근에 물리적, 시간적 및 사회적 장벽을 제거하지 않거나 장애를 생기게 하는 것이다. 예를 들어, 서비스에 대한 홍보 및 마케팅을 하지 않거나 대기자 명단제 도입, 교통이 불편한 장소와 시간에 배치 등의 방법으로 수요를 억제할 수 있다.

3) 서비스 통합성 증진을 위한 전략

클라이언트들의 욕구를 종합적으로 다루기 위해서는 둘 이상의 서비스 공급자들을 함께 묶는 것으로 다음과 같이 전달체계의 통합적인 방법을 고려해 볼 수 있다.

① **종합서비스센터** : 장애인종합복지관, 종합사회복지관처럼 하나의 서비스 분야에 그와 관련된 여러 가지의 서비스들을 모두 한곳에 모아 제공될 수 있도록 하는 것이다.

② **종합적인 정보와 의뢰 시스템의 네트워크화**(I & R : Information & Referral System) : 조직들 간의 구조적인 통합은 시도하지 않고, 각자의 독립성을 유지한 상태에서 클라이언트의 교환이나 서비스들 간의 연결을 목적으로 정보와 의뢰 시스템을 구축하는 방법이다.

③ **단일화된 인테이크**(Intake; 접수창구) : 클라이언트의 다양한 욕구를 종합적으로 평가하며, 그에 따른 적절한 서비스를 계획하고 개발하도록 인테이크를 전담하는 창구를 개발하는 방법이다.

④ **사례관리**(Case Management) : 조직들 간의 구조적 연계를 시도하는 것이 아니라 사례관리자가 중심이 되어 개별 조직에 분산된 서비스를 클라이언트의 욕구에 맞게 연결하고 관리해 주는 것이다.

⑤ **트래킹**(Tracking) : 기존에 서로 다른 각각의 기관과 프로그램에서 다루었던 클라이언트에 대한 정보를 서로 공유하는 시스템으로 클라이언트가 받은 서비스의 경로를 추적해서 정보를 알 수 있는 방법이다.

4. 사회복지서비스 전달체계의 변천과 실태

1) 공적 사회복지서비스 전달체계

(1) 공적 사회복지서비스 전달체계의 이론

사회복지의 대상과 욕구가 세분화되면서 다양한 사회주체들이 사회복지서비스 전달주체로 참여할 필요성이 제기된다. 이때 공공과 민간 등 각 주체들의 특성을 고려한 적절한 역할분담이 필요한 것이다. 기드론, 크라머, 살라몬(Gidron, Kramer, & Salamon, 2000)이 제시한 공공과 민간이 사회복지서비스 전달에서 가지는 역할관계 유형을 정리하면 다음과 같다(이태수, 2010 : 29-38).

① 병행보완모형(Parallel Supplement Model)

공공과 민간이 각각 재원을 조달하고, 급여의 대상을 각각 다르게 함으로써 협력을 이루는 형태이다. 예를 들면, 정부가 공공부조 수급자 대상의 서비스를 제공한다면 민간은 여기서 소외된 대상자에게 서비스를 제공하는 것이다.

② 병행보충모형(Parallel Complement Model)

공공과 민간이 각각 재원을 조달하고 같은 대상에게 서비스를 제공하되 서비스의 내용(급여의 내용)에 차이를 두는 것이다. 즉, 동일한 수혜자에게 공공은 금전적 급여를 제공한다면 민간조직은 서비스를 제공하는 것으로 공공과 민간의 협력은 급여의 내용을 정하는 과정에서 이루어진다.

③ 협동대리모형(Collaborative Vendor Model)

공공은 재원을 조달하고 민간은 급여의 책임을 지는 것으로 정부와 민간의 협력은 재원을 배분하는 과정에서 이루어지는데, 공공조직은 재원조달이 안정적이고 민간조직은 급여제공이 더 효과적이라는 가정에 기반한다. 이 모형에서 민간은 정부의 대리인으로 기능하며 정부의 민간의 역할을 규제하고 평가, 감독하는 역할을 하기 때문에 공공과 민간 간의 관계가 일방적이 될 수 있다.

④ 협동동반모형(Collaborative Partnership Model)

공공이 재원조달의 책임을 지고 민간이 급여를 담당한다는 면에서 협동대리모형과 유사하나 프로그램 관리나 정책개발에서 민간이 상당한 재량권을 가져 공공과 민간의 관계가 쌍방적이라는 점에서 차이가 난다. 이 모형은 협동대리모형이 정부의 일방적 관계로 인해 민간의 장점을 살리기 어렵고 관료화될 수 있는 문제점을 극복한 것이라 할 수 있다. 이상의 사회복지서비스 전달체계 구축과 관련한 각 모형의 특징을 다음 <표 6-4>와 같이 정리할 수 있다.

〈표 6-4〉 사회복지서비스 전달체계 관련 모형의 특징 비교

내용 \ 모형	병행보완모형	병행보충모형	협동대리모형	협동동반모형
재원조달 책임	공공, 민간		공공	
급여제공 책임	공공, 민간		민간	
공공과 민간의 급여대상	다름 공공 : 법정대상 민간 : 사각지대	동일	–	
공공과 민간의 급여내용	동일	다름 공공 : 현금급여 민간 : 서비스		
공공과 민간의 관계	급여의 대상에 대해 상호보완적	급여의 내용에서 상호보완적	민간은 정부의 대리인	상호 쌍방적 영향

출처 : 이태수(2010). 사회복지전달체계의 개편과 민관협력, p.38.

(2) 공적 사회복지서비스 전달체계의 필요성

중앙정부 사회복지 전달체계의 필요성은 ① 사회복지는 공공재의 성격을 갖기 때문에 모든 국민을 대상으로 보편적 서비스가 필요한 의료나 교육 같은 영역은 현실적으로 중앙정부가 행하여야 한다. ② 대규모의 경제성을 갖는 성격의 서비스는 공신력 있는 중앙정부가 제공하는 것이 유리하기 때문이다. ③ 사회복지정책의 가치인 평등과 적절성이라는 가치를 구현하는 데 중앙정부가 유리하기 때문이다. ④ 전 국민의 복지욕구를 지속적이고 안정적으로 공급하도록 적절한 통제 · 통합 · 조정의 일은 중앙정부가 유리하기 때문이다.

지방정부 사회복지 전달체계의 필요성은 ① 사회복지접근성 측면에서 지방정부는 지역주민의 욕구를 중앙정부보다 더 효율적으로 해결할 수 있다. ② 지방정부 간의 경쟁논리에 의해 질 높은 서비스 개발이 용이하다. ③ 창의적이고 실험적인 서비스 개발이 용이하여 수급자들의 변화되는 욕구에 적극 대처가 가능하다. ④ 수급자들이 정책결정에 참여할 기회들이 많아져 수급자의 입장이 반영될 가능성이 높다.

(3) 공적 사회복지서비스 전달체계의 실태

공적 사회복지 전달체계는 국가나 지방자치단체가 계획을 수립하고 직접 운영주체가 되어 서비스를 대상자에게 전달하는 과정이다. 우리나라의 경우 중앙정부－지방정부－읍・면・동으로 이어지며 사회보험과 공공부조는 중앙정부에서 담당하고, 사회복지서비스는 지방정부 등에서 분담하여 제공하고 있지만 사회복지서비스의 일부는 사적 전달체계를 통해 전달된다.

지방정부 차원에서 공적 사회복지 전달체계를 담당하는 조직은 지방자치단체별로 특별시(광역시)・도 단위의 보건사회국(혹은 사회복지국)이나 가정복지국 혹은 지방자치단체의 구조조정에 따라 복지와 환경, 보건, 여성 관련 부서들을 통합하여 자치단체별로 그 명칭을 달리하여 운영하고 있다. 우리나라 사회복지 전달체계의 변천과정을 그 성과와 한계로 구분하여 살펴보면 다음 <표 6－5>와 같다.

〈표 6-5〉 사회복지 전달체계 변천과정의 성과와 한계

연 도	개편방향	성 과	한 계
1999~2000	보건복지사무소 시범사업 실시	• 시군구 단위의 업무분담체계를 통한 업무의 효율성 향상 • 복지행정의 전문성 제고 및 서비스 성과의 증대 • 보건과 복지담당 인력 간의 상호협력을 통한 연계 서비스의 필요성 인식 • 보건과 복지의 연계서비스를 위한 새로운 사업의 시도	• 보건복지 연계사업을 추진할 재원의 부족 • 연계사업 인력의 지원 미비 • 시범사업 실시를 위한 정교한 지침 제시 미흡 • 홍보 부족
2004~2006	사회복지사무소 시범사업	• 민원접수 및 처리건수, 복지대상자 발굴 실적 등의 증대 • 복지급여의 결정 처리단계의 단축으로 인한 신속처리 • 상담 및 자활지원업무의 내실화	• 팀별 대상자 관리체계가 가져오는 정보공유비용의 발생 • 복지업무의 총량 증가 • 신규업무의 발생으로 인한 과중한 업무 부담

2001~현재	지역사회복지 협의체	• 공공-민간분야 상호 간 연계 협력 체계 구축 • 지역복지 증진을 위해 민간의 참여 기반 마련	• 민간에 대한 관의 부정적인 인식 • 민간의 소극적인 참여 • 민간 상근간사 등 전담인력이 없어 협의체 운영의 활성화 문제
2006~현재	주민생활지원 서비스	• 시군구의 기획 및 통합조사팀을 통한 기능별 업무의 전문화 구조 마련 • 사회복지직의 복지전문성을 필요로 하는 업무에 집중 • 온라인 체계 구축	• 기능에 따른 업무 집중화 • 온라인 체계 활용의 비효율화
2010~현재	사회복지통합 관리망	• 복지급여 및 서비스 이력을 개인별·가구별로 통합 관리 • 부정지원 차단과 누락 발굴 • 유관기관 공적자료 연계로 지급의 투명성 확보 • 수요자 중심의 통합적 서비스 제공	• 통합관리망의 적극 활용과 이해부족
2012~현재	희망복지 지원단	• 지역단위 통합서비스 제공의 중추적 역할을 수행하는 전담조직 운영 • 복합적 욕구를 가진 대상자에게 통합사례관리 제공	• 읍면동 주민센터와 희망복지 지원단의 이원화된 구조

(4) 공적 사회복지서비스 전달체계의 문제점

중앙정부 사회복지 전달체계의 문제점은 ① 전문인력의 부족 문제는 중앙정부만의 문제가 아닌 지방정부로 내려갈수록 더 심각하다. ② 복지전산망의 사업별 연계 미흡으로 통합적 활용이 미흡하다. ③ 중앙이 복지의 골격을 통제하고 상의하달식 행정이 이루어지다 보니 획일주의, 행정의 편의, 경직성, 권위주의의 관료적 병폐가 나타난다. ④ 중앙이 독점적 위치에 있다 보니 경쟁을 할 기회가 없고 시장원리에서 보면 가격과 질에서 불리할 수 있다. ⑤ 각종 위원회가 존재하지만 형식적으로 운영될 때도 많고, 유명무실한 경우가 많다. ⑥ 부처 간의 업무 연계와 효율성이 문제가 된다.

지방정부 사회복지전달체계의 문제점은 ① 복지사업 확대로 인력 부족 및 업무 부담이 과중하다. ② 담당 공무원의 사전·사후관리 및 검증이 미흡하고, 부정수급 단속·징수가 곤란하다. ③ 지방정부의 재정자립도가 매우 취약한 경우가 대부분인 관계로 중앙정부에 예속되거나 의존적인 경우가 많다. ④ 지역사회복지협의체에서 공공과 민간 간의 연계를 강화하고 지역 밀착형 사업을 기획하고자 노력하고 있으나 여전히 상의하달식 수직적 체계로서 지역 특성과 욕구를 반영한 복지서비스를 제공할 여건이 미흡하다.

2) 사적 사회복지서비스 전달체계

(1) 사적 사회복지서비스 전달체계의 필요성

사적 사회복지서비스 전달체계는 사적 사회복지조직이고 민간 사회복지조직이며, 이러한 민간기관(단체)은 주로 사회복지서비스법과 민법 등에 기초하여 설립된 것이다. 사적 사회복지서비스 전달체계의 필요성을 보면 다음과 같다(최성재·남기민, 2005 : 109-111). ① 정부에서 제공하는 서비스가 미치지 못하는 자에 대한 서비스 제공, ② 정부가 제공할 수 없는 서비스 제공, ③ 동일한 종류의 서비스에 대한 선택의 기회 제공, ④ 민간 전달체계는 행정적으로 융통성이 있고 의사결정이 신속하므로 환경의 변화와 클라이언트의 새로운 욕구를 민감하게 파악하고 새로운 사회복지서비스의 선도적 개발 및 보급, ⑤ 많은 사람이 사회복지활동에 자원봉사자, 후원자, 기관운영자로 참여하기를 원하는데, 이러한 민간의 참여욕구는 사적 기관에서 적절히 수렴하거나 사적 기관의 설립을 통해 충족, ⑥ 정부의 사회복지활동에 대한 압력단체의 역할, ⑦ 국가의 사회복지비용 절약 등을 들 수 있다.

(2) 사적 사회복지서비스 전달체계의 구조

사적 사회복지조직의 법인체나 각종 단체는 지역이나 성격에 따라 협의회를 구성하거나 지부를 설치하고 있다. 대표적으로 사회복지협의회, 사회복지사협회, 사회복지관협회, 사회복지공동모금회가 있다. 사적 사회복지서비스 전달체계의 구조를 살펴보면 다음 「그림 6-2」와 같다.

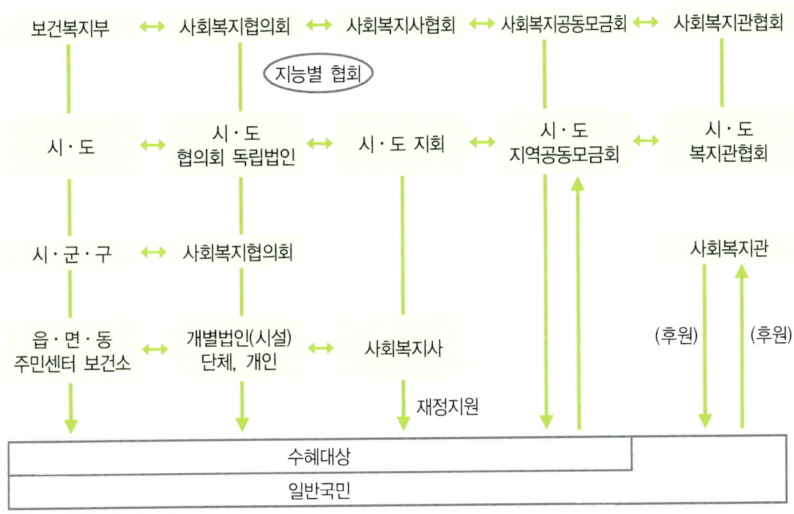

그림 6-2 사적 사회복지서비스 전달체계도

출처 : 홍현미라 외(2014). 사회복지행정론, p.171.

(3) 사적 사회복지서비스 전달체계의 문제점

우리나라 사적 사회복지서비스 전달체계는 여러 가지 문제가 지적되고 있다. 일반적으로 지적되는 문제점을 정리하면 다음과 같다(홍현미라·정진경 외, 2014 : 170-171).

① 지역 간 불균형으로 인해 서비스의 사각지대가 존재한다.

② 민간 사회복지조직들은 재정이 취약하여 정부에 대한 재정의존도가 높다.

③ 사회복지기관 간, 공공과 민간과의 연계 및 협력체계가 미약하다.

④ 민간 사회복지조직은 재정 등의 문제로 인해 인력을 최소 충족요건에 맞추고 있어 대부분 업무과다의 상황이다.

5. 사회복지서비스 활용의 전략

1) 사회복지서비스 전달체계의 접근성과 활용

사회복지서비스의 접근성(accessibility)이란 서비스 조직이 적절한 서비스를 적절한 사람들에게 제공하는지에 대한 것으로 개인들의 서비스 활용에 대한 장애를 만들어 내기도 하고, 혹은 없애기도 하는 모든 의도적인 활동을 말한다(B. Gate, 1980 : 142-143). 서비스 접근성을 관리하는 문제는 욕구와 서비스를 일치시키는 작업과도 같은 것으로 욕구를 가지는 표적 인구집단과 서비스를 실제로 이용하는 클라이언트 집단이 일치할 수 있도록 노력하는 것이다. 게이트(B. Gate, 1980)는 사회복지서비스 접근성을 이상형, 과활용, 저활용, 복합 활용으로 유형화 하였다. ① 이상형은 표적인구가 서비스를 이용하는 인구와 정확하게 일치한다. ② 과활용은 표적인구 뿐만 아니라 서비스 의도에 맞지 않은 비표적 인구들까지도 서비스를 이용하고 있는 유형이다. ③ 저활용은 표적인구 중에서도 서비스를 받지 못하는 사람들이 있는 유형이다. ④ 복합 활용은 과활용과 저활용의 오류들이 복합적으로 나타나는 경우로 서비스 실천 현장에서는 복합 활용 오류들이 일상적으로 존재한다(김영종, 2010 : 410-411).

사회복지서비스 활용이란 제한된 자원을 어떻게 하면 최대한의 효용을 발휘할 수 있는 클라이언트 집단에게 제공할 수 있을 것인가에 대한 문제로 가장 적절한 표적인구가 클라이언트 인구가 될 수 있도록 할 것인지 등의 문제를 다룬다(박용순 외, 2011 : 108).

2) 사회복지서비스 활용과 사회적 비용

사회복지서비스에서 접근성 혹은 접근성 효과가 떨어지는 문제는 곧바로 사회적 비용을 초래하게 된다. 그 사회적 비용은 다음과 같은 세 가지 형태로 상호의존적으로 나타난다(B. Gate, 1980 : 146-147; 김영종, 2010 : 413-415).

(1) 저활용에 따른 사회적 비용

서비스가 필요한 사람들을 제대로 찾아내지 못해서 발생하는 비용이다. 이러한 비용은 서비스를 받지 못한 표적인구 개인들뿐만 아니라 사회 전체적으로 발생해서 돌아간다. 문제가 해결되지 못한 개인들은 고통이 완화되지 않는 데 따른 손실비용이 발생하며, 일반사람들은 표적인구가 서비스를 받지 못해 해결되지 않은 사회문제로 인해 현재 어려움을 겪거나 혹은 그러한 사회문제가 더 커져서 장차 더 많은 세금을 납부해야 하는 등으로 비용을 안게 된다.

(2) 과활용에 따른 사회적 비용

의도되지 않은 비표적 인구가 서비스에 접근함으로써 발생하는 사회적 자원의 낭비 비용이다. 이러한 비용은 곧 '기회비용'으로 이해된다. 기회비용(opportunity cost)이란 어떤 자원이 보다 적절한 곳에 쓰일 기회를 상실하게 됨으로써 발생하게 되는 손실비용을 말한다. 과활용은 한정된 사회적 자원을 보다 효용성이 높은 사람들에게 쓰이지 않게 만드는 비용을 발생시킨다. 이러한 비용은 다른 서비스를 필요로 하는 사람들이 자원부족으로 서비스에 접근할 수 없는 문제(과활용 서비스에 자원이 투입되었기 때문에)와 그에 따라 해당 개인과 전체 사회가 미해결된 사회문제를 안게 되는 고통으로 돌아간다.

(3) 행정비용

조직이 서비스의 접근효과성을 높이기 위한 노력에 수반하는 비용을 말한다. 행정활동은 과활용과 저활용을 줄이기 위해 프로그램 활용을 촉진하거나 혹은 억제하는 일을 한다. 이러한 일을 하기 위해서는 인력의 증원이나 투입시간의 증가가 필요하고, 정보시스템이나 절차·홍보 방법 등을 개선해야 한다. 이는 서비스 프로그램에 대한 예산 증가의 형태로 다시 전체 사회와 서비스 이용자들에게 사회적 비용으로 부담된다.

3) 사회복지서비스 활용과정의 장애요인

사회복지서비스를 활용하는 과정은 다양한 장애들로 구성되어 있다. 이상적으로는 이러한 장애가 비표적 인구의 서비스 활용을 억제하고, 욕구를 가진 표적 인구의 활용은 도와주는 것이어야 한다. 다음 【그림 6-3】은 개인들이 서비스에 접근을 시도해서 서비스를 활용하기 위한 과정에 어떤 장애요인들이 존재하는지를 보여준다.

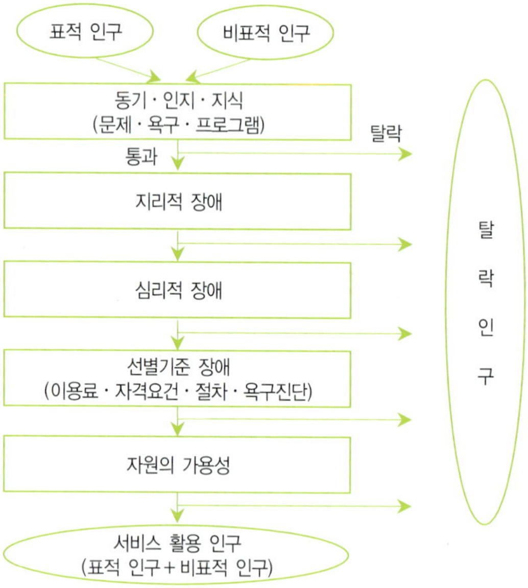

【그림 6-3】 서비스 활용 과정의 장애

출처 : 김영종(2010). 사회복지행정, p.416.

(1) 동기 · 인지 · 지식적 장애

사람들이 서비스를 이용하기 위해서는 먼저 '동기부여(motivation)'가 있어야 한다. 서비스를 구하려는 동기는 자신이 문제를 가지고 있다는 것과, 외부의 도움 없이는 스스로 문제를 해결할 수 없다는 '인지(perception)'를 통해 부여된다. 문제에 대한 인지와 동기부여가 이루어졌다면, 어디에서 도움을 찾아야 할 것인가를 아는 '지식(knowledge)'도 필요하다.

(2) 지리적 장애

지리적 장애는 물리적 거리가 서비스의 이용에 미치는 영향을 말한다. 개인의 서비스 이용은 서비스 기관의 소재지와 이용자의 거주지 간 지리적 거리에 역으로 작용한다. 거리가 멀수록 서비스 이용이 감소하는 현상이 나타난다. 예컨대 모든 잠재적 서비스 이용자는 ① 나들이 준비 시간, 서비스 시간, 이를 합친 전체 경과 시간, ② 낯선 장소에 가는 데 따르는 심리적 부담, ③ 교통비 등과 같은 실질적인 경비와 같은 실질적이고 심리적인 비용들을 고려하게 된다.

(3) 심리적 장애

초기의 인지적 장애를 극복했더라도, 그보다 더한 심리적 측면의 두려움이 남아 있다. 예컨대 ① 어리석게 비추어지지는 않을까라는 걱정, ② 개인적인 문제를 낯선 사람들에게 설토해야 한다는 것에 대한 꺼림칙함, ③ 서비스 활용에 따르는 사회적 스티그마, ④ 서비스 활용으로 신체에 해가 미치지는 않을까에 대한 두려움과 같은 것들이 있는데, 이러한 두려움들은 도움을 청하기로 이미 작정하고 최초의 접촉이 이루어졌다고 해서 저절로 사라지지 않는다. 심리적 장애는 서비스 활용의 전 과정에서 계속적으로 다른 장애요인들과 상호작용하면서 남아 있게 된다.

(4) 선별기준 장애

모든 서비스에는 이용자를 선별하는 기준이 있다. 보통은 공식적인 서비스 자격 규정을 두지만, 서비스 이용요금처럼 묵시적으로 이용자 선별기준을 두는 경우도 있다. 이런 선별기준들은 명시적으로나 묵시적으로 서비스 접근에 대한 장애요인으로 작용하는데 다음의 유형들이 선별기준 장애에 해당한다.

① 재정적 장애 : 대인적 사회서비스들은 이용자로부터 서비스 요금을 청구할 수 있다. 이용에 부과되는 요금은 서비스에 접근하는 사람들에게 일종의 재정적 장애로 간주된다.

② **자격요건 장애** : 공공부문 서비스들은 책임성을 위해 공식적이고 객관적인 자격요건을 구비하는 것이 강조된다. 그 결과 자격요건에서 요구하는 제반 행정적 기준들을 맞추기 위해 드는 시간과 노력 비용도 서비스 활용에 접근하려는 사람들에게는 장애로 간주된다.

③ **절차 장애** : 복잡하고, 품위를 손상시키는 행정절차들도 일종의 장애다. 예를 들어, 서비스 신청자들을 복도에서 장시간 서서 기다리게 하는 등이다.

④ **욕구진단 장애** : 욕구를 파악하기 위해 진단기준 요건을 필요로 한다면, 그것 자체가 주된 선별장애가 될 수 있다. 의료나 정신상담 분야 등에서는 욕구진단이 서비스 접근에 대한 주된 선별장치로 사용된다.

(5) 자원의 가용성 : 관료적 장애

모든 사회복지서비스 조직은 자원의 제약하에서 활동하기 때문에 자원의 가용성을 염두에 두는 행정을 할 수밖에 없다. 예산은 고정되어 있는데 수요는 무한하다면 서비스 공급은 할당된 자원에 맞추어질 수밖에 없다. 반대로 예산이 증가되어 공급능력이 클 때 수요가 따라오지 못한다면 조직은 활용을 증대하는 노력을 한다. 이러한 이유들은 자원의 가용성 장애를 가져오게 되고 선별기준의 자격요건 및 절차 장애들과 함께 관료적 장애를 대표한다.

4) 사회복지서비스 활용전략

특정 개인이나 집단을 법적으로 보장했다고 해서 서비스 활용이 충분히 이루어질 것으로 확신할 수는 없다. 동일한 욕구라도 개인이나 집단의 성격 차이, 서비스 조직의 환경 차이로 활용 정도가 달라질 수 있다. 사회복지서비스의 활용을 극대화하려면 서비스 제공자와 이용자 간의 욕구의 합치점을 찾기 위한 노력이 필요하다. 서비스 접근성을 강화하려는 노력이 이에 해당하는데, 이는 서비스 이용자들의 입장에서 서비스 활용에 따른 기회비용이 줄어들게 됨을 의미하는 것이다. 접근성을 개선하여 서비스 활용을 증대시키는 전략으로는 아웃리치, 정보와 의뢰, 홍보, 서비스 조직의 개선, 클라이언트와의 신뢰 구축 등이 대표적이다(김영종, 2010 : 421-431).

(1) 아웃리치(Outreach)

아웃리치(출장서비스)는 서비스 기관이나 담당자들이 적극적으로 이용자들을 찾아 나서는 시도를 말한다. 이용자들이 서비스에 대해 스스로 알고 찾아오기를 기다리는 것과 대조되는 전략으로 아웃리치 용도는 ① 단순한 정보 제공, ② 욕구사정 활동과 연계, ③ 서비스 활용에 대한 동기부여 및 참여유도, ④ 서비스 활용의 심리적 장애를 극복하는 데 도움(교통편의, 방문서비스 포함), ⑤ 인테이크(intake)에 대한 보조, ⑥ 서비스 종료 후의 후속확인(follow-up) 절차 등이 다양하게 사용된다.

(2) 정보와 의뢰(Information & Referral)

일반적으로 클라이언트는 자신에게 적합한 서비스와 조직을 스스로 찾아내기 어렵다. 그래서 유사하게 인식되는 서비스를 접촉하는 경우가 많다. 이때 자신들의 서비스와 일치하지 않는 클라이언트를 만나게 된 기관이나 프로그램에서는 이를 다른 적절한 서비스의 종류와 소재를 파악해서 의뢰해 주는 것을 정보와 의뢰 시스템이라 한다. 효과적인 정보와 의뢰 시스템에 핵심적으로 포함되어야 할 것들은 다음과 같다.

① **기관 소재** : 지역사회 내에서 사회서비스들을 제공하는 기관의 명단
② **서비스 프로그램** : 현재 제공되고 있는 서비스의 구체적인 성격
③ **자격조건** : 서비스 수급자가 되기 위한 자격요건(나이, 소득, 거주지, 장애 여부, 고용 여부, 혼인, 성별 등)

(3) 홍보(Advertising)

서비스 접근성을 높여 활용을 증진하는 또 다른 방법은 서비스 프로그램과 자격요건 등을 해당 지역사회에 널리 홍보하는 것이다. 프로그램에 관한 정보를 보급하는 홍보 방법으로 일반적으로는 ① 대중매체(TV나 라디오, 신문, 잡지 등)에 뉴스나 선전의 형태로 게재, ② 안내소책자, 전단지, 소식지 등을 통한 광고, ③ 대중 연설이나 발표회를 통해 프로그램 소개, ④ 기관이나 전문가들의 회합 시 프로그램에 대한 안내, ⑤ 지역사회 주민들을 초청하거나 기관 견

학 등을 통해 프로그램 안내 등을 많이 사용한다. 보다 적극적으로 주민들에게 접근하는 방법으로는 ① 각 가정에 개별적으로 안내지 배포, ② 직접 가정 방문 실시(전문가 혹은 자원봉사자), ③ 지역사회 사정에 능통한 사람들에게 부탁, ④ 현지에 출장소나 지소 등과 같은 아웃리치 센터 운용, ⑤ 해당 지역의 주민을 준전문가로 활용하는 것이 유용할 수 있다.

(4) 서비스 조직의 개선

장기적인 관점에서 서비스 활용을 증대하기 위해서는 적정한 클라이언트의 발굴과 확보 방법만으로는 한계가 있다. 궁극적으로는 이미 확보된 클라이언트들을 대하는 서비스 조직의 자세가 중요하다. 서비스 조직이 보이는 대표적인 관료제 병폐는 크리밍 현상과 활용수준의 조작이다(B. Gate, 1980 : 170).

① 크리밍(Creaming) 현상

크리밍 현상이란 '서비스 조직들이 접근성 메커니즘을 조정하여 보다 유순하고 성공 가능성이 높은 클라이언트들을 선발하고, 비협조적이거나 어려울 것으로 예상되는 클라이언트들을 배척하는 경향'을 뜻한다. 크리밍 전략은 관료제적 조직의 관점에서는 효과적일 수 있으나 사회복지적 관점에서는 병폐이며 윤리적인 문제를 야기한다.

② 활용수준의 조작

기관은 공급을 초과하는 수요에 대해 서비스 활용을 줄이려는 전략으로 서비스 접근성과 관련된 다양한 장애를 강화하거나 추가로 설치함으로써 서비스의 활용을 줄일 수 있다.

반대로 서비스의 수요가 예상했던 것보다 밑도는 조직들은 할당된 예산을 모두 써야 다음 해의 예산편성에 문제가 없다는 점 때문에 서비스의 활용수준을 억지로 높이기 위해 노력한다. 이것은 진정한 서비스 욕구를 가진 사람들에게 서비스를 연결하는 것도 아니며 비용의 낭비를 초래한다.

(5) 클라이언트와의 신뢰구축

보다 장기적인 관점에서 서비스 활용을 증대시키기 위한 클라이언트와의 신뢰구축 전략은 서비스 실행과정에서 신뢰구축이 궁극적으로 서비스 활용을 높이는 가장 좋은 방법이라고 본다. 이러한 신뢰는 업무처리자와 클라이언트 간의 직접 대면관계에서 발생하지만, 이런 관계를 용이하게 만들어 주는 서비스 환경의 설정도 중요하다. 다음 사항들은 신뢰형성에 도움을 주는 서비스 환경 전략이다(R. Patti, 1983 : 118-119).

① **인테이크(Intake) 과정의 적절성** : 신뢰는 클라이언트의 기대와 프로그램 목표 간에 일치감이 존재할 때 가장 쉽게 형성되므로 강력한 인테이크 및 사정 절차가 필요하다.

② **업무처리자의 전문적 재량권** : 사회복지서비스의 실천과정은 단선적인 과정이 아니라 애당초 설정했던 목표들이 케이스가 진행되어 감에 따라 업무처리자와 클라이언트 양자 간의 합의나 상황의 변화 등으로 수정될 수도 있다. 따라서 이러한 상황에 대처하기 위해서는 개별 케이스별로 서비스 목표나 방법에 관해 업무처리자가 나름대로의 재량권을 행사할 수 있어야 한다.

③ **클라이언트의 자율권** : 사회복지서비스에서는 클라이언트의 자발적인 참여와 협조가 서비스의 효과성 산출에 중요한 요건이 된다. 특히 대인적 사회복지서비스에 있어서는 이러한 원칙이 더욱 중요시된다.

참·고·문·헌

김영종(2010). **사회복지행정**. 서울 : 학지사.

박용순 · 김성철 · 김세원 · 이명남(2011). **사회복지행정론**. 서울 : 창지사.

성규탁(1996). **사회복지행정론**. 서울 : 법문사.

이태수(2010). **사회복지전달체계의 개편과 민관협력**. 서울 : 학지사.

오세영(2013). **사회복지행정론**. 서울 : 신정.

신복기 · 박경일 · 이명현(2013). **사회복지행정론**. 경기 : 공동체.

최덕경 · 강도명 · 김준환 · 김태동 · 박주현 · 이은경 · 전영록(2014). **사회복지행정론**. 서울 : 창지사.

최성재 · 남기민(2005). **사회복지행정론**. 서울 : 나남출판.

홍봉수 · 임현진 · 장승전 · 황영희 · 임안나 외(2011). **사회복지행정론**. 경기 : 공동체.

홍현미라 · 정진경 · 이은정 · 심선경 · 김가율 · 함수연(2014). **사회복지행정론**. 경기 : 공동체.

허만형(2004). **사회복지행정론**. 서울 : 법문사.

Gate, B. L.(1980). *Social Program Administration the Implementation & Social Policy*. New Jersey : Preentice-Hall. Inc.

Gilbert, N., & Specht, H.(1986). *Dimensions of Social Welfare Policy*. New Jersy : Prentice-Hall.

Gilbert, N., & Terrell, P.(2002). *Dimensions of Social Welfare Policy*(5th ed.). Boston : Allyn & Bacon.

Patti, R.(1983). *Social Welfare Administration : Managing Social Programs in a Developmental Context*. Englewood Cliffs, NJ : Prentice-Hall.

Chapter

07

리더십과 동기부여

Chapter 07 리더십과 동기부여

1. 리더십의 개념과 요소

1) 리더십의 개념과 필요성

(1) 리더십의 개념

리더십은 연구자의 관점에 따라 다양하게 정의되고 있다. 테리(Terry, 1960 : 493)는 "사람들로 하여금 집단의 목표를 기꺼이 달성하게끔 영향을 미치는 활동", 로빈스(Robbins, 1984 : 112)는 "목표달성을 지향하도록 집단에 대하여 영향을 미칠 수 있는 능력", 트렉커(Trecker, 1977 : 53)는 "공동목표의 달성에 있어서 사람들이 협동하여 일하도록 영향을 주는 능력"으로 정의하고 있다.

최근 상황이론에서는 리더십 개념에 상황을 고려하여 "어떤 주어진 상황에서 개개인이나 집단의 활동이 목표달성을 위한 노력이 되도록 영향을 미치는 과정"(Harsey & Blanched, 1996 : 83)으로 정의한다. 결국 리더십이란 조직의 목표달성을 위하여 개인이나 집단을 조정하는 기술과 과정이며 조직의 목표를 설정・제시하여 조직구성원들이 그 방향으로 가도록 지지하고 자극하는 것이다(신복기 외, 2013 : 196). 리더십의 내용과 관련하여 구성요소를 보면, 다른 사람들(people)이나 조직에 영향을 끼쳐(power) 그들이 자신의 능력을 최대한 발휘함으로써 어떤 임무, 목적을 달성하도록(performance) 하는 끊임없는 상호작용(process)을 하는 것이다(배은영 외, 2010 : 135).

리더십의 개념을 명백히 이해하기 위해서 헤드십(headship)의 개념을 리더십과 대비하여 비교하기도 한다. 리더십과 헤드십은 모두 권위(authority)를 바탕으로 영향력을 미친다는 점에서 동일하나 그 권위가 어디에서 나오느냐에 차이가 있다. 즉, 리더십은 직위와 관계없이 일정한 사람 자체의 권위를 근거로 하는 데 비하여, 헤드십은 과장·국장이라는 공식적인 직위의 권위를 근거로 한다는 데 차이가 있다(최창호·정세욱, 1986 : 143). 따라서 리더십은 지도자와 추종자 사이에 심리적 공감이 있으며 상호성·자발성이 있는데 헤드십은 심리적 공감이 없으며 일방성·강제성을 본질로 한다.

〈표 7-1〉 리더십과 헤드십의 비교

기 준	리더십(지도력, 통솔력)	헤드십(직권력)
권위의 근거	공식적 권위와 관계없는 일정한 사람의 특성	공식적인 직위(예 국장·과장·팀장 등)를 반드시 배경으로 함
주 체	상관, 동료, 부하도 발휘 가능	상관만이 발휘 가능
권위의 성격	심리적 권위	제도적 권위
성 격	상호성(상관과 부하) 부하의 자발성	일방성(상관) 상관의 강제성
인간관계	상관과 부하의 공감, 밀착	상관과 부하의 거리감, 분리

(2) 리더십의 필요성

리더십은 조직성과에 영향을 미치는 중요한 요소의 하나일 뿐만 아니라 관리자에게 있어서 조직의 목표를 달성하는 활동의 핵심이다. 사회복지조직에서 리더십이 필요한 이유를 살펴보면 다음과 같다(Neugeboren, 1985 : 145).

① 많은 전문가가 고용되어 있는 사회복지조직에는 전문가와 자율성을 요구하는 욕구와 조직이 목표달성을 하기 위한 통제욕구 사이에 지속적 긴장이 존재하며, 이와 같은 긴장으로 인해서 구성원이 조직의 규칙과 규정을 준수하도록 동기부여를 할 수 있는 지도력이 요구된다.

② 사회복지조직은 환경에 많은 영향을 받고 있기 때문에 이러한 변화에 능동적으로 대처하기 위해서는 조직의 구성원들이 조직의 목표를 자발적으로 달성하는 데 기여할 수 있도록 리더십이 필요하다.

③ 사회복지조직에서는 새로운 지식이나 기술·기법을 도입하여 조직의 목적이나 프로그램의 목표를 달성해야 하는데 조직구성원이 내부적 변화에 무리없이 수용할 수 있도록 하기 위해서는 리더십이 필요하다.

④ 사회복지조직은 조직이 추구하는 목표와 조직구성원이 추구하는 목표가 다를 수 있기 때문에 이를 일치시키기 위해서는 리더십이 필요하다.

(3) 리더십의 기능

사회복지조직과 프로그램의 목표를 달성하기 위해서는 효과적인 리더십의 발휘가 필요한데, 이를 리더십 기능이라 한다. 리더십의 기능을 살펴보면 다음과 같다(박동서, 1972 : 372).

① 목표설정과 임무·역할의 명확화

리더십은 집단이나 조직의 목표를 설정하고 부하의 임무·역할을 명확히 한다. 리더는 권위주의적이거나 단독적으로 하지 않고, 최소한 구성원, 환경, 조직문화, 구조 등을 고려하여 목표를 설정하여야 하고, 또한 프로그램은 가능한 한 개혁적이고 참신한 것을 개발하여야 한다.

② 자원의 동원

리더십은 목표달성을 위하여 인적·물적자원과 지위·권위·상징 정치적 자원을 효율적으로 동원한다. 이러한 자원동원으로 부하의 동기를 자극하고 조직에 대한 충성심을 확보함으로써 능력을 최대한 발휘시키며 조직구성원의 지지·협조를 얻을 수 있도록 한다.

③ 조직의 일체성·적응성의 확보

리더십은 조직의 일체성·통일성을 유지하고 내부갈등을 관리하며 환경에 대한 조직의 적응성을 확보한다.

④ 조직활동의 통합·조정과 통제

리더십은 조직활동을 전체적으로 통합·조정하고 통제함으로써 조직 내의 협조관계를 확립하고 효과적인 목표달성에 기여하도록 한다.

2) 리더십의 요소

사회복지조직의 목표를 효과적으로 달성하기 위해서는 구성원들의 기술과 조력, 상호 간의 협조가 있어야 한다. 관리자는 이러한 관계에 영향을 미침으로서 리더십을 행사한다. 여기에는 몇 가지 전제 조건이 있다.

첫째, 관리자는 구성원들 각자에 대해 지도력을 행사하는 데 있어서 적절한 시기와 상황을 선택할 수 있어야 한다.

둘째, 관리자는 조직체의 구성원들로 하여금 작업 수행에 대한 동기를 유발할 수 있도록 조직체의 분위기를 조성하여야 한다.

셋째, 관리자는 조직체의 지도자로서 자신의 고유한 특징과 집단의 분위기를 고려하여 나름대로의 리더십 유형을 개발하여야 한다(성규탁, 1993 : 322).

이러한 전제조건을 바탕으로 리더십에 포함되어야 할 요소들을 다음과 같이 제시할 수 있다(신복기 외, 2013 : 197-198).

① 지속성

유능한 지도자는 사려 깊고 계획을 잘 세우며 적절한 제안을 통해 결정과 계획을 실행에 옮긴다. 그는 구성원들로부터의 제안에 대해서 처음부터 '아니다'라고 하지 않는다. 지도자는 바람직한 결과를 성취하기 위해 용기, 신념, 자신감이 필요하다. 즉, 지도자는 활동 중 쉽게 물러나지 않으며 프로그램이 실패했거나 수정이 필요할 경우 다시 계획하고 변화시켜 나가는 끈기가 있어야 한다.

② 시간관리

유능한 지도자는 최선의 기관서비스 전달을 위하여 각 직원의 시간이 효과적으로 활용될 수 있도록 기관 전체의 운영을 계획하며 자신의 시간을 현명하게 사용해야 한다.

③ 타협

유능한 지도자는 자신이 모든 해결안을 가지고 있지 않다는 것을 인정하며, 문제에 대한 대안이 있더라도 열린 마음으로 다른 사람들의 의견을 경청한다.

자신이 옳다고 생각한 것이 기관을 위해 최선이 아닐 수도 있다는 것을 인정하고 직원과 원만한 관계를 유지하고 기관의 목표에 기여하는 데 관심을 갖는다.

④ 관대함

지도자는 기관의 목표, 필요, 정책의 범위 안에서 직원들에게 가능한 한 많은 자유를 허용해야 한다. 보통 지도자는 직원과 논쟁하지 않으며 오히려 직원들에게 기회를 제공하고 함께 일한다. 기관을 위한 최상의 것과 자신을 위한 최상의 것은 다를 수 있다. 이때 지도자는 기관에 최상의 것을 우선적으로 택해야 한다.

⑤ 창의성

지도자는 기관의 서비스를 향상시키는 새롭고 효과적인 방법을 위해서 정기적으로 매일 혹은 매주, 생각하고 계획할 시간을 할애해야 한다. 유능한 지도자는 개인적이든 집단적이든 직원들이 창의성을 발휘할 수 있는 시간과 기회를 부여하고 격려해 준다.

2. 리더십의 이론

리더십에 관한 이론은 자질론, 형태론, 상황론으로 변천되어 왔다(Robbins, 1980 : 320-330). 이러한 이론의 발전을 살펴보면, 개인으로서 리더의 자질 혹은 행동을 중심으로 설명한 것에서부터 점차 그가 놓여 있는 상황, 즉 리더가 해야 할 임무, 조직의 구성원과의 관계를 중심으로 설명하는 것으로 변화되어 오고 있다. 그러나 최근에는 업무와 인간관계에서의 효과성을 모두 중시하는 변혁적 리더십과 경쟁적 가치모델 등이 주목을 받고 있다. 리더십에 관한 이론을 살펴보면 다음과 같다.

1) 자질이론(Trait Theory)

자질이론은 1940~1950년대에 주장된 이론으로 리더십이 개인의 자질・특성에 따라 발휘된다고 보고 있다. 사회나 조직에서 인정되고 있는 성공적인 리더들은 어떤 공통적인 특성을 갖고 있다는 전제하에 이들 특성들을 규명하려고 하는 것이다. 자질이론은 단일적 자질론과 성좌적 자질론으로 나누어 볼 수 있다.

(1) 단일적 자질론(Unitary Traits)

지도자는 모든 상황에 있어서 하나의 단일적・통일적 자질을 가진 자가 지도자가 된다는 것이다. 바나드(Barnard, 1949 : 93)는 지도자의 자질로 ① 활력과 인내력, ② 결단력, ③ 설득력, ④ 책임성, ⑤ 지적 능력을 제시하고 있다. 스토그딜(Stogdill, 1974 : 74-75)은 ① 육체적 특성, ② 사회적 배경, ③ 지능, ④ 성격, ⑤ 과업과 관련된 특성, ⑥ 사회적 특성 등을 제시하고 있다.

(2) 성좌적 자질론(Constellation Traits)

성좌적 자질론은 단일적 자질론을 수정한 이론으로서 리더십의 단일적 자질이라는 것은 존재하지 않으며 사람마다 처해 있는 환경과 상황에 따라 변하는 것으로 수정되었다. 결국 성좌적 자질론은 자질론의 입장을 취하면서도 개개인의 자질을 분석대상으로 하지 않고 몇 개 자질의 결합에 의해서 지도자의 개성을 특징 지으려는 이론이다. 예를 들면, 사회복지사에서 과장, 부장, 관장으로 올라갈수록 기술적이고 구체적인 지식보다는 혁신성, 판단성, 구상력 등이 더욱 요구된다는 것이다(박차상, 1999 : 249).

(3) 자질론의 한계

자질론은 ① 지도자가 반드시 갖추어야 할 보편적인 자질은 없다. ② 리더십의 자질은 지도자가 아닌 사람에게도 있고, 또한 지도자 모두가 동일한 자질을 가지고 있는 것도 아니다. ③ 열거된 자질 중 몇 가지는 서로 배타적이지 않고 중복된다. ④ 열거된 자질 간의 중요도가 뚜렷한 차이가 나지 않는다. ⑤ 집단의 특성, 조직목표, 상황이 다르면 리더십의 자질도 전혀 다를 수 있다는 점에서 비판을 받고 있다(배은영 외, 2010 : 138).

2) 행위이론(Behavioral Theory)

행위이론은 1950~1960년대 행동과학자들에 의해 제시된 이론으로 자질론에 대한 비판으로 등장한 것이다. 행위이론은 리더 개인의 행태 또는 리더십의 스타일에 중점을 둔 이론으로 성공적인 지도자들이 보이고 있는 리더십의 행태는 어떠한가를 분석하는 것이다. 행위이론은 지도자들이 실제 어떤 행동을 하는가에 중점을 두고 분석하는 이론이다. 행위이론 입장에서 리더십에 관한 연구는 다음과 같은 것이 있다.

(1) 오하이오(Ohio) 연구

오하이오 주립대학교에서 리더 행동기술 질문지(LBDQ : Leader Behavior Description Questionaire)를 개발하여 리더의 행동을 구조주도 행동(initiating structure behavior)과 배려행동(consideration behavior)으로 나누고 두 가지 행동차원의 결합에 따라 네 가지 지도자 형태를 제시하였다. 여기에서 구조주도 행동이란 리더가 과업을 달성하기 위해 업무를 할당하고 의사전달의 통로를 확립하여 업무 성과를 평가하는 행동을 말하며, 배려행동이란 구성원에 대한 관심과 우호, 신뢰, 지지 등 구성원의 복지를 위한 부분에 관심을 나타내는 행동유형을 의미한다(Gutknecht & Miller, 1986 : 155).

오하이오 연구는 이 두 가지 차원을 사용하여 ❙그림 7-1❙과 같이 지도자 행동유형을 5가지로 구분하고 있다. 연구결과 5가지 유형 가운데 구조주도와 배려의 행동을 조합한 것에서 높은 지도자가 구조주도 혹은 배려의 행동 가운데 어느 한쪽에서 낮거나 또는 둘 다 낮은 지도자보다 부하들의 만족과 업무의 성과 면에서 훨씬 긍정적 결과가 있음을 발견하였다(Robbins, 1984 : 115).

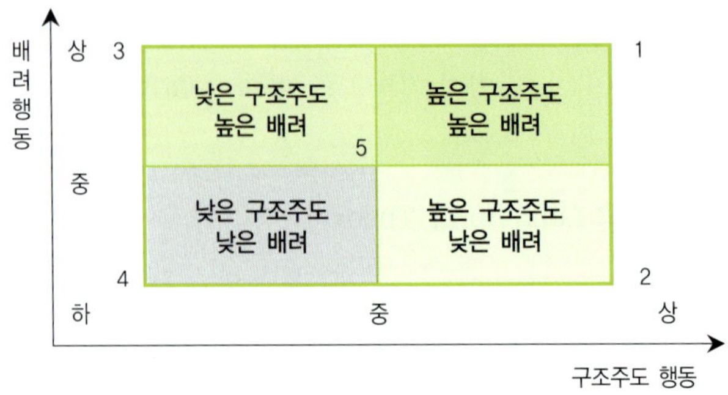

그림 7-1 오하이오 연구모형

(2) 미시간(Michigan) 연구

미시간 연구는 오하이오 연구와 거의 비슷한 시기에 이루어졌지만 리더의 입장보다는 조직구성원의 입장을 강조하였다. 연구의 목적은 오하이오 연구와 마찬가지로 어떤 유형의 리더행동이 업무성과와 구성원의 만족도를 높이는가였다. 그 결과 직무중심(생산지향)적 리더십과 구성원 중심(직원중심)적 리더십 유형을 찾아냈다.

직무중심적 리더십 유형(job-centered leadership style)은 세밀한 감독과 합법적이고 강제적 권력을 활용하여 업무계획표에 따라 이를 실천하고 업무의 성과를 평가하는 일에 중점을 두고, 구성원 중심적 리더십 유형(employee-centered leadership style)은 인간지향적이며 권한과 책임의 위임과 구성원의 복지와 욕구, 승진, 개인적 성장에 대한 관심을 강조하였다(Gutknecht & Miller, 1986 : 156).

연구결과 구성원 중심적 리더십이 보다 높은 생산성과 직무만족도를 나타내는 반면, 직무중심적 리더십은 상대적으로 낮은 생산성과 낮은 직무만족도를 보여주었다.

(3) 관리격자 이론(Managerial Grid Theory)

블레이크와 머튼(Blake & Muton)은 오하이오와 미시간 연구의 리더십 행동연구에 기초를 두고 인간과 생산(산출)에 대한 관심이 리더십과 어떻게 관련되는가를 밝혀주는 관리격자(바둑판 모양) 이론을 제시하였다. **그림 7－2**와 같이 격자망은 횡축과 종축을 따라 각각 9개의 위치가 설정되고 81종류의 리더십 유형이 나오게 된다.

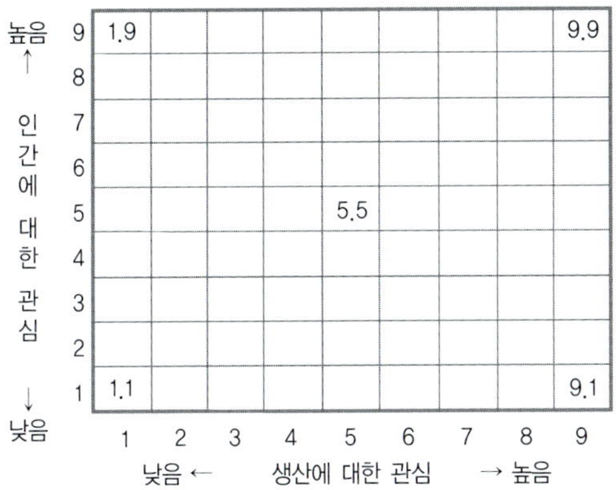

| 그림 7-2 | 관리격자이론

| 그림 7-2 | 의 격자망에는 무기력형(1.1), 컨트리클럽형(1.9), 과업형(9.1), 중도형(5.5), 팀형(9.9) 기본적인 5가지의 리더십 유형이 나타나고 있는데, 이 다섯 가지에 대한 설명은 <표 7-2>와 같다.

〈표 7-2〉 관리격자 이론에 대한 설명

리더십 유형	내 용
(1.1)형	무기력형 : 방임형 리더 인간과 생산 모두에 낮은 관심, 무기력한 관리 요구되는 작업수행을 최소한의 노력을 통해 조직의 구성원으로만 남아 있고자 함
(1.9)형	컨트리클럽형 : 인간중심형 리더 생산에 대해서는 낮은 관심을 인간에 대해서는 높은 관심을 보임 만족스러운 인간관계에 대한 구성원의 욕구에 많은 관심을 가짐으로써 편안하고 호의적인 조직 분위기와 작업속도를 이끌 수 있음
(9.1)형	과업형 : 과업관리형 리더 생산에 높은 관심과 인간에 낮은 관심을 나타내는 생산성 중심 생산에 있어서의 효율성은 인간적인 요소를 최저의 수준으로 하는 방법으로 작업조건을 형성함으로써 이루어짐
(5.5)형	중도형 : 중용형 리더 인간과 생산에 대하여 보통 수준의 관심을 보이고, 타협과 균형이 특징 적절한 조직성과는 만족스러운 수준에서 구성원의 사기를 유지하는 것과 작업수행의 필요성 사이의 균형을 통해서 얻을 수 있음

(9.9)형	팀형(단합형) : 이상적 리더 생산과 인간에 대해 관심이 모두 높으며 조직목표의 달성을 위해 조직과 구성원들의 상호의존성과 공동체 의식 강조 구성원들 간 신뢰와 존경의 관계가 형성되고, 조직목표 달성을 위해 헌신하도록 유도

이 연구결과 팀형 리더유형이 가장 높은 생산성을 보인다는 결론을 얻었으나, 무엇이 리더를 만드는지에 관한 해답을 제공해 주지는 못하고, 단지 리더십을 개념화하기 위한 뼈대만 제공해 준다는 비판에 직면하게 되었다.

3) 상황이론(Situational Theory)

상황이론은 1960년대 말부터 1970년대에 이르기까지 행동이론의 한계를 인식하고 새로운 리더십 연구를 진행하면서 등장하였다. 이 이론에 따르면 리더란 상황의 산물이기 때문에 주어진 상황에 따라 리더의 능력이나 가치가 다르게 평가되는 동시에 리더의 행태와 자질이 달라진다고 보았다. 여기에서 상황이란 리더가 속해 있는 조직의 목표와 성격, 규모, 역사, 유형, 발전 정도, 구성원의 자질과 행동, 기대와 욕구 등을 의미한다. 상황이론에는 상황적합이론, 경로목표이론 등이 있다.

(1) 피들러(Fiedler)의 상황적합이론

피들러의 상황적합이론은 리더 유형과 상황적 요소의 상관성에 초점을 두고 관계지향적 리더와 과업지향적 리더로 구분하여 각 상황에 맞는 리더 유형을 찾으려 했다. 여기에서 세 가지 상황변수 ① 지도자가 구성원들로부터 받는 존경과 신뢰의 정도를 의미하는 리더와 부하의 관계, ② 과업의 할당 및 평가방식의 구조화 정도를 의미하는 과업의 구조, ③ 리더에게 부여된 공식적·합법적인 권력으로서 구성원들을 평가하고, 각종 인사문제에 영향을 미치는 정도를 나타내는 직위권력이 결합되어 효과적 리더십 유형이 결정된다고 보았다.

관계지향적 리더는 자신이 가장 싫어하는 동료를 관대하게 평가하는 리더는 점수가 높고, 대인관계를 통하여 높은 만족감을 얻는 관계지향적 리더로 전제한다. 과업지향적 리더는 자신이 가장 싫어하는 동료를 부정적으로 평가하는 리더는 점수가 낮고 대인관계보다 과업성과에서 만족감을 얻는 리더라고 전제한다.

연구결과 과업지향적 리더는 매우 호의적이거나 매우 비호의적인 상황에서 더 높은 성과를 올리는 경향이 있고, 관계지향적 리더는 호의성이 중간정도일 때 더 높은 성과를 올릴 수 있다는 결론을 얻었다.

이 이론은 ① 상황변수가 복잡하고 측정이 어렵다는 점, ② 리더나 부하직원의 기술적 능력이나 변화를 간과하고 있다는 점, ③ 상황요소와 리더 유형의 상관관계를 명확히 규명하지 못한 점, ④ 연구에 사용한 측정도구가 불명확하다는 점에서 비판을 받고 있다(배은영 외, 2010 : 141).

(2) 하우스(House)의 경로-목표이론(Path-goal Theory)

하우스가 1970년대에 오하이오의 상황이론과 동기부여의 기대이론을 결합하여 개발한 이론으로 부하의 성과가 그들이 바라는 보상을 성취하기 위한 도구적 수단이 된다는 것을 부하들에게 인식시킴으로써 리더가 과업 달성을 촉진할 수 있다는 점에 초점을 둔다. 즉, 효과적 리더는 직원들이 기대하는 목표를 달성할 수 있는 행동경로를 명확히 밝혀주고 그에 따라 보상을 빠르게 받을 수 있도록 지도력을 발휘해야 한다는 점을 강조한다.

경로-목표이론은 〔그림 7-3〕에서 보는 바와 같이 부하의 특성(부하의 능력, 성격, 욕구, 동기 등)과 근무환경의 특성(과업구조, 작업집단의 특성, 조직 내의 규칙, 조직 내의 절차 등) 두 가지 상황변수를 고려하면서 지시적 리더십, 지지적 리더십, 성취지향적 리더십, 참여적 리더십 네 가지 유형으로 나타나는데, 부하의 특성과 근무환경의 특성에 의해 조절된 네 가지 리더 행동은 부하의 인지에 영향을 미치고 결국 더 많은 노력, 동기부여, 성과 및 만족을 가져오게 된다는 관점이다. 경로-목표이론에 의하여 리더가 취할 수 있는 네 가지 유형을 살펴보면 다음과 같다(House & Mitchell, 1974 : 81-97).

① **지시적 리더십**(도구적 리더십, 수단적 리더십; Directive Leadership) : 계획 · 조직 · 통제와 같은 공식적 활동을 강조하는 유형으로 오하이오 연구의 구조주도형과 유사하다. 이 유형은 종업원들의 작업을 계획하고 조정하며, 그들에게 기대하는 바가 무엇인가를 알려주고, 구체적으로 작업을 지시하며 규칙과 절차를 따르도록 요구한다.

② **지지적 리더십**(후원적 리더십, 지원적 리더십; Supportive Leadership) : 종업원들의 복지와 안녕 및 욕구에 관심을 기울이고 구성원 간의 상호 만족스러운 인간관계를 조성하는 데 노력하는 유형으로 오하이오 연구의 배려형과 유사하다.

③ **성취지향적 리더십**(Achivement-oriented Leadership) : 종업원들에게 도전적인 작업 목표를 설정하고 성과개선을 추구하며, 이러한 목표를 능히 달성할 것이라는 확신을 심어주는 유형이다.

④ **참여적 리더십**(Participative Leadership) : 종업원들에게 자문을 구하고 문제에 대한 제안을 유도하며 이를 진지하게 고려하고, 종업원들과 정보를 공유하지만 최종적인 결정은 여전히 지도자 자신이 행하는 유형이다.

하우스는 어떤 리더십 유형이 어떤 특정 상황에서 더욱 효과적인가를 연구한 결과 다음과 같은 결론을 얻었다.

첫째, 과업의 구조화 정도가 낮아 업무수행의 절차나 방법이 공식화되어 있지 않거나, 부하들의 지식과 경험이 부족할 때는 부하들의 활동을 세부적으로 분담시키고, 적극적으로 통제 · 조정할 수 있는 지시적 리더십이 효과적이다.

둘째, 업무가 단조롭거나 너무 어려워 자신감을 상실하고 있는 경우에는 근무환경의 부정적인 측면을 최소화할 수 있고, 불안감을 감소시킬 수 있는 지지적 리더십이 효과적이다.

셋째, 과업이 구조화되어 있지 않을 때는 부하에게 목표를 설정하여 주고, 이를 달성할 수 있다는 신뢰감을 갖게 하는 성취지향적 리더십이 효과적이다.

넷째, 구조화되어 있지 않은 과업의 목표, 절차, 방법 등의 결정과정에 부하를 참여시켜 명백한 역할기대를 제공하여 목표 성취에 대한 기대를 높이려할 때에는 참여적 리더십이 효과적이다.

그러나 리더의 행동범주가 너무 포괄적일 뿐만 아니라 복잡하고 난해하며, 다른 상황변수들에 대한 고려가 없다는 점, 동기부여에 초점을 맞춘 나머지 다른 방법들은 소홀히 하고 있다는 단점이 있다.

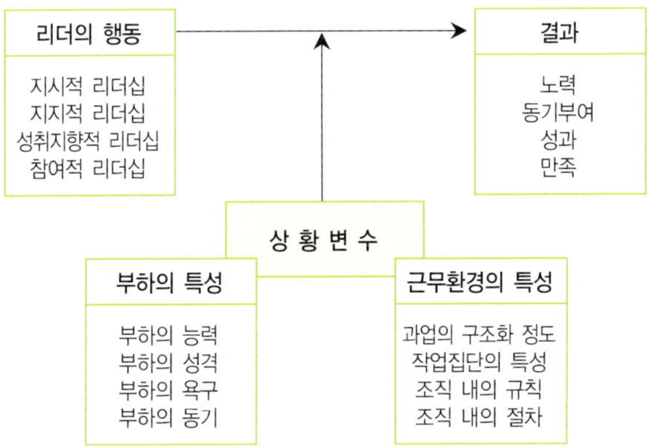

| 그림 7-3 | 하우스의 경로-목표이론

(3) 허시와 블랜차드(Hersey & Blanchard)의 상황이론

허시와 블랜차드의 상황이론은 다양한 상황 중에서 부하의 상황에 주목하고, 부하가 없으면 리더도 존재하지 않는다는 가정을 기반으로 리더십은 부하의 존재 여부에 따라서 의미를 가질 수 있을 만큼 리더십에서 부하의 존재 그리고 그들의 상황에 적합한 관리적 행동은 중요한 것임을 강조한다(황성철 외, 2010 : 121-122).

허시와 블랜차드는 | 그림 7-4 |에서 보는 바와 같이 리더십 차원을 관계지향적 행동(인간중심)과 과업지향적 행동(과업중심)으로 나누고 상황변수로 부하의 능력(지식, 경험, 기술의 보유 등)과 의지(믿음, 헌신, 동기 등)에 따라 네 가지 차원의 성숙도 상황을 제시하고 각각에 맞는 리더십을 주장하였다.

첫째, 부하 성숙도 1에서는 부하가 능력도 없고 의지도 없기 때문에 모든 것을 지시하고 점검해 주는 지시형 리더십이 효과적이다.

둘째, 부하 성숙도 2에서는 부하가 능력은 없지만 의지는 있기 때문에 아이디어를 제시해 주고 방향을 제시해 주는 제시형 리더십이 효과적이다.

셋째, 부하 성숙도 3에서는 부하가 능력은 있는데 의지가 없기 때문에 참여를 유도해서 부하가 책임감을 느끼게 하고 이를 통해 의지를 성장시킬 수 있게 하는 참여형 리더십이 효과적이다.

넷째, 부하 성숙도 4에서는 부하가 능력과 의지가 있기 때문에 일을 위임하면서 함께 일해나가는 위임형 리더십이 보다 효과적이라는 것이다.

이 이론은 부하의 성숙도, 준비도에 초점을 맞춰서 관리행동을 구성해 나갈 수 있을 때, 이것이 의미 있는 리더십 행동이 될 수 있음을 처음으로 제시한 이론으로 실천적 측면에서 리더십 훈련에 유익한 지식적 기반을 제공하는 이론이라 평가될 수 있다.

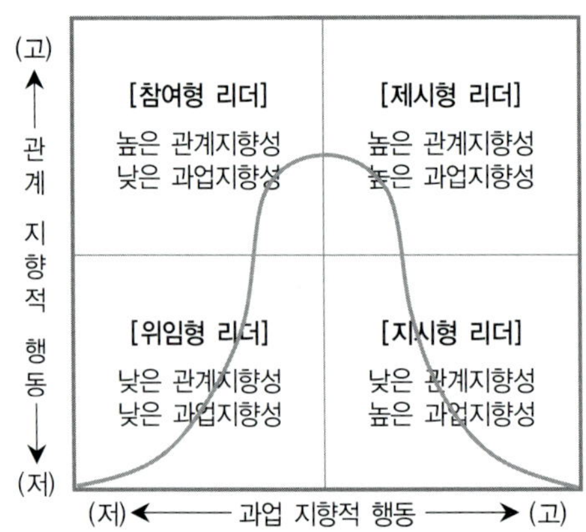

성숙도 4	성숙도 3	성숙도 2	성숙도 1
능력과 의지 모두 높음	능력은 있으나 의지는 약함	능력은 없으나 의지는 강함	능력과 의지 모두 약함

| 그림 7-4 | 허시와 블랜차드의 리더십 상황이론

4) 최근의 리더십 이론

(1) 거래적–변혁적 리더십

배스(Bass, 1985)는 대통령 리더십을 연구했던 번스(Burns, 1978)에 영향을 받아 조직에서 구성원들의 성과를 매우 높은 수준으로 제고시키는 리더십 과정을 연구하면서 변혁적 리더십의 내용을 구성하였다. 배스(Bass, 1990)는 교환관계에서 부하의 이해관계에 초점을 두고 이해관계를 자극함으로써 동기부여하는 거래적(교환적) 리더십(transactional leadership)의 단계로부터 기대를 초월하는 수준으로의 조직변화를 가져오기 위해서는 구성원의 형질을 변화시키는 것에 기여하는 변혁적 리더십(transformational leadership)이 요구됨을 강조하였다.

거래적 리더십이란 개인의 이기적이며 개인적인 관심에 초점을 맞추며, 보수나 지위 등을 보상하는 것과 같은 가치 있는 것을 교환함으로써 구성원의 동기수준을 높이려는 리더십 유형이다. 거래적 리더십은 안정지향형의 리더십으로 업무의 할당, 결과의 평가, 통제 등 일상적인 리더의 행동을 강조한다. 변혁적 리더십은 조직의 노선과 문화를 변동시키려고 노력하는 변화추구적・개혁적 리더십을 의미하고, 부하들의 신념, 가치, 욕구의 변화를 도모한다. 또한 환경의 변화에 대응하여 새로운 비전, 조직문화, 규범을 창출하고, 그것이 새로운 현실이 되도록 적절한 지지를 확보하는 등 조직의 변화를 주도하는 리더의 활동을 강조한다. 변혁적 리더십의 요소로는 카리스마, 영감, 자극, 개인적 배려 등을 들 수 있다(배은영 외, 2010 : 142).

변혁적 리더십의 행태는 환경변화에 민감한 대처와 모험과 도전의 수행, 신념과 이상에 대한 확신, 조직성원에 대한 신뢰감을 제시한다. 거래적 리더십과 변혁적 리더십의 차이점을 보면 다음과 같다.

〈표 7-3〉 거래적 리더와 변혁적 리더의 비교

거래적 리더	변혁적 리더
• 부하의 노력과 업적에 따라 보상을 주고 칭찬함 • 높은 성과에 대하여 보상을 약속함 • 부하 행동이 규정이나 관례에 어긋나지 않는지 감독, 관찰, 시정해 줌 • 책임을 피하고 중요결정사항은 위, 아래로 미룸	• 부하들에게 비전과 미션을 제시하고 신뢰하며 자긍심을 유발시킴 • 부하들의 지혜와 논리성, 문제해결력 등을 일깨워 줌 • 부하 한 사람 한 사람을 존중하며 개별적 관심을 쏟음 • 목표를 쉽게 설명해 주고 높은 기대를 갖도록 동기부여시키며 영감을 불어넣어 줌

출처 : Bass(1990 : 22).

(2) 가치경쟁적 리더십

단순화 또는 이분화된 리더십 이론이 아니라 통합적 관점을 유지하는 리더십 이론으로 조직 리더의 다양한 역할을 규정하기 위하여 리더십의 초점을 '외부지향적-내부지향적'으로 구분한 축과 '통제위주-유연성 위주'로 구분한 또 하나의 축을 바탕으로 이를 조합한 네 가지 영역을 제시하였다. 이 네 가지 영역은 파슨즈(Parsons)의 AGIL 모델을 기초로 하여 네 가지 유형의 리더십을 구분하여 설명하고 있다(장동일, 2010 : 258-259).

〈표 7-4〉 가치경쟁적 리더십 비교

기 능	리더십 유형	내 용
환경적응(A; Adaptation)	비전제시가	• 외부지향적이고 개방적이며 조직 활동의 유연성 추구
목표달성(G; Goal attainment)	목표달성가	• 생산성을 최대화하기 위해 통제와 규율 위주의 공식적 리더십 지향
통합(I; Integration)	동기부여가	• 인간관계 향상에 가치를 두어 유연성과 비집권적 특성
형태유지(L; Latent pattern maintenance)	분석가	• 내부지향적이고 구조화된 통제 위주 가치 추구

한편 리더십의 초점을 외부지향－내부지향의 연속선과 통제－유연의 연속선이라는 두 가지 축을 바탕으로 리더십의 기술도 다음의 네 가지로 제시하고 있다(박차상 외, 2010 : 276).

① 외부지향－유연성에 근거한 경계 잇기(boundary-spanning) 기술
② 내부지향－유연성에 근거한 인간관계(human relations) 기술
③ 외부지향－통제에 근거한 지시(directing) 기술
④ 내부지향－통제에 근거한 조정(coordinating) 기술

이 모델에서는 각 유형에 속하는 리더의 역할이나 리더십 유형들은 조직의 운영을 위해 모두 필요한 것들임을 강조한다. 그럼에도 종종 하나의 리더십 유형의 선택은 다른 유형과는 경쟁적인 위치에 놓이게 됨을 보여주는 것이다. 일반적으로 사회복지조직의 리더들에게 공통적으로 강조되고 있는 것이 '외부지향적, 탈집중－유연성' 리더십이다. 즉, '경계 잇기' 영역에 속하는 리더십 유형이 여기에 해당된다. 조직들의 성격에 따라 리더가 맡게 되는 역할들의 범위와 성격에서는 차이가 날 수 있지만, 사회복지조직의 리더들이 외부지향적 관리를 해야 하는 이유는 그것이 조직의 효과성에 영향을 미치고, 업무환경에서 조직의 위치를 파악하고 조직영역에 대한 정당성을 확보하기가 용이할 뿐만 아니라 조직의 혁신에도 긍정적인 영향을 미치기 때문이다(한국사회복지행정학회, 2003 : 90-94).

3. 리더십의 유형

리더십 유형은 조직·집단의 구성원에 대한 지도자의 전형적인 행동방식에 따라 여러 가지 유형으로 분류될 수 있다. 다음에서는 권한과 참여를 기준으로 한 화이트와 리피트(Ralph K. White & Ronald Lippit, 1960)의 유형, 조직체의 권위가 어떻게 사용하느냐에 따라 나눈 칼리슬(Carlisle, 1987)의 유형, 조직계층상 수준에 따른 유형으로 분류하여 고찰해 보고자 한다.

1) 화이트와 리피트(R. K. White & R. Lippit)의 유형

① 권위형

리더 자신의 판단이 최고라고 보기 때문에 부하의 의견이나 충고를 받아들이지 않고 항상 자신의 욕망과 신념에 의해 부하들의 복종만을 강요하는 형이다.

② 민주형

리더가 결정을 할 때 부하를 적극적으로 참여시키며 업적이나 상벌을 객관적 자료에 의하여 평가하고 수여하는 유형이다. 이러한 유형의 리더십하에서는 창의성·생산성이 높으며 조직의 인간관계가 원만하게 된다.

③ 자유방임형

리더 자신은 의사결정 등에 전적으로 관여하지 않고 수동적이며 국외자로 행동하고, 결정권을 부하에게 대폭 위임하는 유형으로 사실상 리더십으로서의 의미가 없다.

〈표 7-5〉 리더십의 유형과 특징 비교

구 분	민주형	권위형	방임형
리더와 구성원과의 관계	호의적	수동적	리더에 무관심
집단행위의 특성	큰 응집력, 안정적	많은 노동이동, 냉담·공격적	냉담·초조
리더의 부재 시 구성원들의 태도	계속 작업을 유지	좌절감	불만족
성과(생산성)	가장 생산적	중간 수준	가장 비생산적
인간관	McGregor의 X이론	McGregor의 Y이론	S. Lundstedt의 Z이론

출처 : Lipptt & White(1960 : 26-27) 재수정.

2) 칼리슬(Carlisle)의 유형

(1) 지시적 리더십

명령과 복종을 강조하고, 독선적이고 조직체 성원을 보상-처벌의 연속선에서 통제하고 관리한다. 지시형의 장점은 통제와 조정이 쉽고 정책집행에 일관성이 있다. 또한 의논이 필요없고 신속한 결정이 가능하므로 위기 시에 보다 효과적이라 할 수 있다. 그러나 지시적 리더십은 일방적인 나머지 구성원의 사기를 저하시키고, 구성원 간에 적대감과 갈등, 경직성을 초래할 수 있으며 다른 구성원을 이해시키지 못한다는 단점을 가진다(H. W. Carlisle, 1997 : 435).

(2) 참여적 리더십

리더가 정책결정을 함에 있어서 조직구성원의 의견을 경청하고, 결정과정에 참여시키는 리더십 형태이다. 이와 같은 리더십 형태는 부하 직원들의 일에 대한 동기와 사명감이 증진될 수 있고 의사소통의 경로가 개방됨으로써 새로운 정보의 교환이 활발하게 이루어질 수 있다. 또한 개인의 중요성을 강조하므로 인간의 가치와 신뢰 및 개방성을 형성하고, 조직의 발전 자체를 구성원 자신의 발전과 동일시시켜 근무의욕과 업무수행 능력을 높일 수 있으며 사기가 높아진다.

(3) 자유방임적 리더십

모든 의사결정의 권한을 구성원들에게 위임하는 형태로 지도자가 극히 소극적으로 조직활동에 참여하며 심지어 업무수행의 목표와 방법까지도 구성원들이 세우도록 한다. 따라서 특정 과업 해결을 위한 전문가 중심 조직에 적합할 수 있다. 이러한 유형은 구성원들 간의 능력이 전반적으로 우수하고 업무의 내용이 고도로 전문화된 전문가 중심의 집단에서는 유리하나, 리더가 자문기관으로서의 역할만 할 뿐 지시 및 감독 등과 같은 절차적인 일처리를 하지 못함으로써 내부에서 발생하는 의사소통상의 갈등과 분쟁을 쉽게 조정하지 못하는 단점이 있다.

3) 조직계층상 수준에 따른 유형

(1) 최고관리층의 리더십

최고관리층이란 조직을 이끌고 나갈 전반적인 책임을 지고 있는 사람들로서 조직 내부운영을 지시하고 조정하며 조직 외부환경과의 관계를 확립한다. 최고관리층이 가져야 할 리더십 기술로 ① 조직의 기본적인 임무 설정, ② 외부의 이해관계 집단과 교섭하고 중재하여 조직의 정체성을 확립하는 것, ③ 임무 수행을 위한 서비스 기술의 설정, ④ 내부구조를 발전시키고 유지시키는 기술, ⑤ 변화를 주도하고 수행하는 기술이 필요하다(배은영 외, 2010 : 145).

(2) 중간관리층의 리더십

중간관리층은 조직의 한 부서를 책임지고 있는 계층으로서 최고관리층의 지시를 구체적인 프로그램으로 전환하고 필요한 인적·물적자원을 확보하고 프로그램을 관리·감독·조정·평가하는 일을 담당한다. 중간관리층은 최고관리층의 지시를 전달하고 하위관리층의 욕구나 관심사를 대변하는 중재역할을 해야 하므로 매우 중요한 입장에 서게 되며 동등한 위치의 다른 부서의 중간관리층과도 수평적인 의사소통을 해야 하는 책임을 가진 계층이다(배은영 외, 2010 : 145).

중간관리층이 가져야 할 리더십 기술로 ① 수평적·수직적 연결자로서의 기술, ② 직원들의 욕구를 조직목표에 통합시키는 인간관계 기술이 필요하다(신복기 외, 2013 : 210).

(3) 하위관리층의 리더십

하위관리층은 일선 사회복지사들을 관리하고 접촉하는 슈퍼바이저로서 일선 요원들의 프로그램 수행을 감독하고 업무를 위임하거나 분담하고 일선 요원들에게 충고와 지침을 제공하고 부족한 지식과 기술을 지적해 주며 개인적인 경과를 평가한다.

단위 감독자, 팀 리더의 역할을 수행하는 슈퍼바이저들은 일선 요원들과 일상적으로 긴밀한 관계를 맺고 있으며 직접적인 서비스 분야의 전문적인 기술을 가지고 있어야 하며, 중간관리층과 일선 요원 간의 원활한 의사소통을 위한 연결자로서 역할을 수행한다.

하위관리층이 가져야 할 리더십 기술은 ① 실천과 관련된 관리기술과 지식으로서 슈퍼바이저가 직원과 자원을 효율적·효과적으로 지도·감독하는 데 도움을 줄 수 있는 것, ② 형평성을 유지하는 기술로서 복지기관에서 보상과 제재의 기준이 공정함으로써 일선 요원들의 동기부여 및 조직의 일체감을 발전시키는 것이 필요하다. 이와 같은 리더십 수준에 따라 적용할 수 있는 관리자에게 필요한 기술을 구분하면 ❙그림 7-5❙와 같다(신복기 외, 2013 : 211-212).

전문기술이란 사회복지의 전문적 방법, 과정, 절차, 기법 등을 적절히 이해하면서 분석적 능력을 가지고 있을 뿐만 아니라 전문적 훈련을 위한 도구와 기법을 적절히 활용하는 것을 말한다. 인간관계 기술이란 목표를 위해 조직 내에서 협동적인 노력이 이루어지면서 효과적으로 업무하게 하는 것을 말한다. 그리고 개념적 기술이란 조직 내외의 여러 정보를 종합, 체계화하여 조직의 방침을 설정하고, 문제를 분석하며, 조직구조를 형성하거나 의사결정을 하는 등 전체적 관점에서 종합적으로 판단하고 처리하는 기술을 말한다.

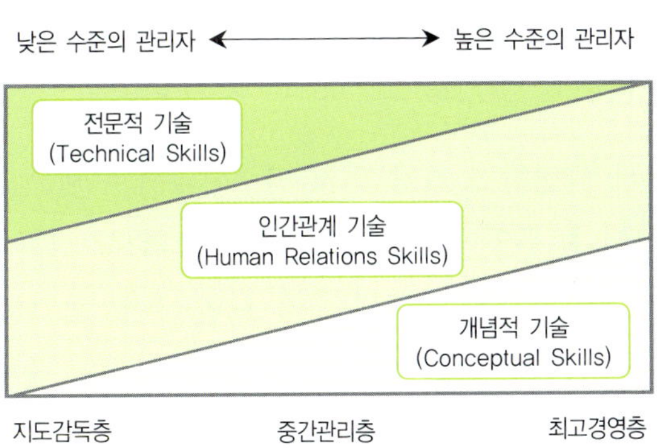

❙그림 7-5❙ 각기 수준에서 요구되는 행정·관리자의 기술

4. 동기부여 이론

1) 동기부여의 의의

(1) 동기부여의 개념

동기부여(motivation)란 원래 '움직인다(to move)'라는 뜻을 가진 라틴어 모베레(movere)에서 유래된 것으로 일반 심리학 분야에서 인간행동을 예측하는 이론 전개를 위하여 개발된 용어이다. 일반적으로 심리학적인 관점에서 동기부여란 행동을 방향 지우는 것이고, 행동을 계속하도록 하는 것이며, 행동이 발생하며 계속해 가는 시점에서 작용하는 것을 의미한다. 그러나 조직의 관점에서 동기부여란 인간의 정태적인 상태를 동태적인 상태로 변환시키기 위하여 인간의 행동에 동기를 주입시키는 것을 의미한다(박차상 외, 2010 : 102). 이러한 의미에서 동기부여란 인간의 욕구(need)를 충족시키도록 인간의 행동을 유발시키고 그 행동을 유지시키며 나아가 그 행동을 목표지향적인 방향으로 유도해 나가는 과정이라 할 수 있다. 따라서 행동의 동인이 되는 동기부여는 사회복지서비스를 담당하는 사람들의 인적관리에 중요한 요소로 사람들이 어떠한 경우에 근무의욕이 생기고 사기가 높아져 열성적으로 일을 하는가와 관련된 동태적인 성질을 갖고 있다고 할 수 있다.

(2) 동기부여 과정

동기부여 이론과 관련하여 가장 먼저 연구되었던 주제는 동기를 부여시키는 원동력이 무엇이냐, 무엇이 행동하고 움직이도록 하느냐에 관한 것이었다. 이러한 동기부여 과정을 보다 구체화시켜 보면, 우선 동기는 개인의 욕구에서 발생하고, 그 강도는 욕구의 결핍도에 의해 좌우된다. 발생된 동기는 욕구를 충족시키기 위한 목표지향적 행동으로 전환되는데, 이 과정에서 직무구조 리더십 등의 환경변수가 작용하여 개인의 행동을 자극하게 된다. 그리고 행동에 의한 노력의 결과로 목표에 도달하거나 소기의 성과를 올리게 되면, 이에 대한 보상과 인정이 만족감을 주거나 벌이나 실패가 좌절을 유발하면서 또 다른 욕구와 충동을 야기시킬 수 있다(오세덕 외, 2007 : 174). 이러한 과정을 도식화하여 나타내면 다음 ┃그림 7-6┃과 같다.

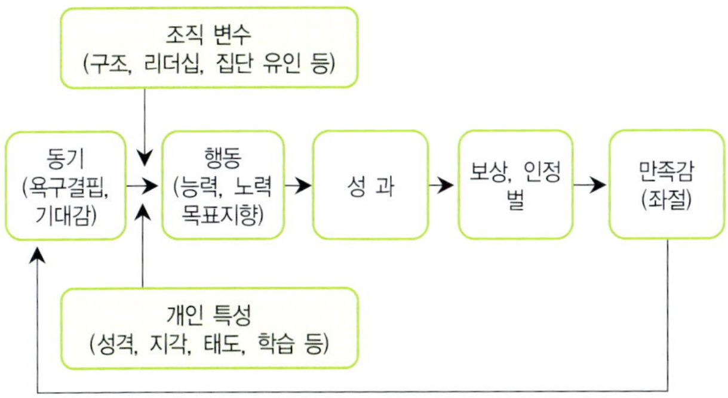

┃그림 7-6┃ 동기부여의 과정

(3) 동기부여 이론의 분류

동기부여에 대해서는 많은 이론들이 전개되어 왔으나 일반적으로 구성원들에게 동기를 부여하는 요인에 대해 설명하는 내용이론(content theory)과 구성원들에게 동기가 부여되는 인지과정에 대해 설명하는 과정이론(process theory)으로 분류할 수 있다. 내용이론은 사람들이 어떤 일을 하는 데 무엇인가가 에너지를 제공하고, 방향성을 주고 그 행동을 계속하게 하는 요인들이 존재한다고 가정한다. 따라서 내용이론에서는 동기를 구성하는 핵심 요인들이 과연 무엇인지 그리고 그 요인들 간에 서열 혹은 위계를 갖는지에 초점을 두고 논의되는 경향성이 있다. 반면에 과정이론은 동기의 이면에 존재하는 심리적 인지과정에 초점을 두고 논의되는 경향성이 있다. 따라서 과정이론에서는 동기를 유발시키는 것과 관련해서 개인의 인지에 영향을 미치는 요인들이 어떠한 인지과정 속에서 작동되는 경향이 있는지를 설명하는 데 많은 관심을 둔다(황성철 외, 2010 : 102).

〈표 7-6〉 동기부여이론의 분류 : 내용이론과 과정이론

구 분	관심의 초점	주요 이론
내용이론	동기를 부여하는 요인이 무엇인가? • 동기의 구성요소 • 동기 구성요소와 구조	Maslow의 욕구단계이론 Alderfer의 ERG이론 Herzberg의 동기위생이론 McClelland의 성취동기이론 McGregor의 X · Y이론 Argyris의 미성숙 · 성숙이론 Likert의 관리체제이론 Lundstedt의 Z이론
과정이론	어떤 과정을 통해 동기가 부여되는가? • 동기의 인지적 과정	Vroom의 기대이론 Adams의 공정성이론 Lawler의 업적-만족이론 Georgopouls의 통로 · 목표이론

2) 내용이론

(1) 매슬로우(Maslow)의 욕구단계이론

매슬로우는 인간의 욕구를 단계적으로 분석하여 조직이 목표를 달성하는 과정에서 조직구성원의 욕구를 충족시킴으로써 그들의 사기를 향상시킬 수 있을 뿐만 아니라 조직목표도 능률적으로 실현시킬 수 있다는 기본 과정을 제시하였다(Maslow, 1960 : 122-144). 매슬로우는 인간의 욕구를 가장 낮은 것으로부터 가장 높은 것으로 올라가는 계층(hierachy)의 형태로 보고 어떤 욕구가 만족되면 다음 단계의 욕구로 이전한다고 주장한다. 다음 〔그림 7-7〕은 이와 같은 각 단계별 욕구를 도식화한 그림이다.

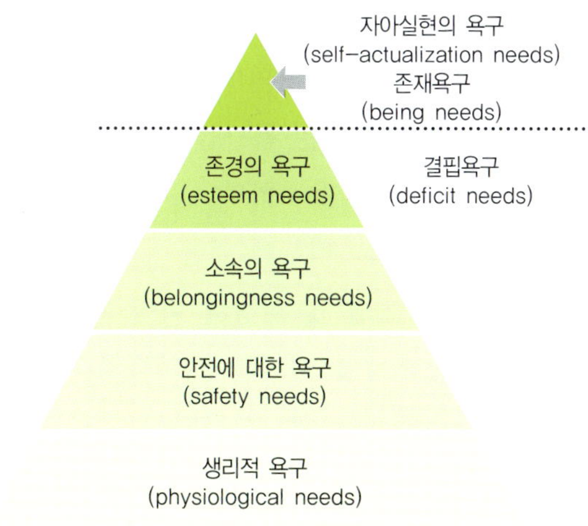

그림 7-7 매슬로우(Maslow)의 단계별 욕구

매슬로우의 욕구단계이론이 동기이론으로 분류되는 이유는 위에서 언급한 욕구들은 단계적으로 충족되는데 이때 충족되지 않은 욕구에 대해서 사람들은 이를 충족시키기 위해서 노력하게 되고 바로 충족되지 못한 상위욕구 자체가 사람들의 동기로 작용함을 설명하기 때문이다. 이 이론이 갖는 장점으로 개개인이 현재 희구하는 열망수준이 무엇인가를 알아서 그에 따른 유인을 제공하는 욕구와 동기의 관계를 잘 파악했다는 점에서 높이 평가받고 있으나 인간의 행동은 아주 개별적이기 때문에 욕구의 계층 순서에는 많은 예외가 있다는 비판을 받고 있다(최성재, 2005 : 235).

(2) 알더퍼(Alderfer)의 ERG 이론

알더퍼의 ERG 이론은 매슬로우의 욕구 5단계 이론을 존재욕구(Existence needs), 관계욕구(Relateness needs), 성장욕구(Growth needs) 세 가지로 구분하고 각 욕구들의 첫 글자들을 따서 ERG라는 명칭을 붙여 다음과 같이 설명하고 있다.

① **존재욕구**(Existence needs) : 허기 · 갈증 · 주거 등과 같은 모든 형태의 생리적 · 물리적 욕구로서 조직에서는 임금 · 작업조건 등에 관한 욕구가 이 범주에 속한다. 매슬로우의 생리적 욕구와 안전욕구와 일치한다.

② **관계욕구**(Relateness needs) : 타인과의 대인관계와 관련된 모든 욕구로 개인 간의 사교·소속감·자존심 등을 의미하고, 개인이 주변 사람들과 의미 있는 인간관계를 형성하고 싶은 욕구를 말한다. 매슬로우의 안전욕구, 소속의 욕구, 존경의 욕구와 유사하다.

③ **성장욕구**(Growth needs) : 개인과 직무에 대한 계속적인 성장과 발전에 대한 욕망으로서 잠재능력의 개발 및 확장과 이에 따른 개인적 성장을 위한 개인적 노력과 관련된 욕구를 의미한다. 매슬로우의 존경의 욕구, 자아실현의 욕구와 본질상 같다고 볼 수 있다.

알더퍼 ERG 이론은 개인 욕구의 계층적 구조와 욕구 단계 간의 만족－진행 단계 등 매슬로우의 이론과 유사한 면이 많다. 그러나 매슬로우의 욕구단계이론은 한 하위욕구의 충족 시 다음의 상위욕구로 진행된다는 만족－진행 접근법(satisfaction-progression approach)에 근거를 두는 반면, ERG 이론은 이러한 접근법에 더해 상위욕구가 충족되지 않거나 좌절될 때 그보다 낮은 하위욕구의 중요성이 커진다는 좌절－퇴행접근법(frustration-regression approach)에 기초하고 있다. 즉, ERG 이론에서는 한 시점에서 한 가지 이상의 욕구가 동시에 발생할 수도 있다고 본다. ERG 이론은 다음과 같은 몇 가지 기본적인 명제를 기초로 하고 있는데 이는 매슬로우 이론과의 차이점이 되기도 한다(유기현, 2003 : 131).

① **욕구좌절**(Need Frustration) : 낮은 수준의 존재욕구가 충족되지 않으면 더욱 존재욕구를 원하게 되고, 보다 낮은 차원의 관계욕구가 충족되지 않으면 관계욕구를 더욱 원하게 된다. 이러한 현상은 욕구좌절이 욕구의 증대를 초래한 결과인 것이다.

② **좌절역행**(Frustration Regression) : 관계욕구가 충족되지 않으면 존재욕구를 더욱 원하게 되고 성장욕구가 충족되지 않으면 관계욕구를 더욱 바라게 된다.

③ **만족향상**(Satisfaction Progression) : 더 많은 존재욕구가 충족되게 되면 관계욕구를 더욱 갈구하게 되고 관계욕구가 더욱 충족될수록 성장욕구를 더 바라는 충동이 일어난다.

(3) 허즈버그(Herzberg)의 동기위생이론

1950년대 허즈버그는 펜실베이니아 주의 피츠버그의 중심 기업에 고용되어 있는 200명의 회계사와 엔지니어를 대상으로 동기에 관한 연구를 시도했다. 조사 결과 허즈버그는 불만족을 제거하는 위생요인(불만족 요인; hygiene factor)과 만족을 증가시키는 동기요인(만족요인; motivator factor), 욕구충족이원론(two-factors theory)을 제시하였다.

허즈버그는 여기에서 인간은 이원적인 욕구구조를 가지고 있다는 것, 불만과 만족은 별개의 차원에 있으며 불만을 야기하는 요인과 만족을 주는 요인은 서로 다르다는 것, 불만요인의 제거는 소극적이며 단기적인 효과를 가질 뿐인 데 반하여 만족요인을 크게 하는 것은 적극적이며 장기적인 효과를 가진다는 것 등의 논점을 피력했다.

허즈버그는 불만은 고통에서 생겨나는데 이는 작업환경 속의 위생적인 문제(피하고 싶은 문제), 예를 들어 낮은 수준의 급여, 열악한 작업환경, 불편한 상하관계 등에 의해 발생한다고 주장하면서 근로자는 이러한 고통을 피하고 심리적 성장과 만족을 성취하려는 욕구가 강하기 때문에 일의 내용과 심리적인 만족에 의해 작업의 동기가 부여된다는 입장이다. 경제적인 유인이나 작업환경의 개선 등 위생요인의 충족만으로는 불만을 갖지 않게 할 뿐 우수한 직무수행을 위한 동기를 유발시키기 힘들고, 직무자체의 개선을 통해 동기요인을 충족시켜야 한다는 점에 초점을 둔다. 이 이론은 욕구단계이론이 갖는 한계를 보다 현실적으로 정리하여 사람들의 동기가 작용하는 현실을 상대적으로 더 정확히 보여주고 있다는 점에서 의미를 갖는다. 허즈버그의 위생요인과 동기요인을 요약하면 다음과 같다.

〈표 7-7〉 Herzberg의 위생요인과 동기요인의 비교

구 분	내 용	요 인
위생요인 (불만족요인)	갖추어지지 않는 경우 불만족을 초래하는 요인으로서 주로 환경적 요인	• 조직의 정책 • 관리, 감독 • 봉급 • 대인관계 • 작업환경
동기요인 (만족요인)	직무와 조직구성원 사이의 관계에 관련된 요인	• 직무상 성취 • 직무성취에 대한 인정 • 직무내용 • 책임감 • 자기성장 및 발전

(4) 맥클리랜드(D. McClelland)의 성취동기이론

맥클리랜드는 개인의 퍼스낼리티(personality)는 인간의 행위를 유발시킬 수 있는 잠재력을 가진 성취욕구(need for achievement), 권력욕구(need for power), 친교욕구(need for affiliation)로 구성되어 있다고 보았다(McClelland, 1962 : 99-112). 그는 특히 성취욕구를 중시하여 이를 통해 인간의 행동을 설명하려고 했다.

① **성취욕구**(Need for Achievement) : 우수한 결과를 얻기 위해서 높은 기준을 설정하고 이를 달성하고자 하는 욕구로 어려운 과제를 달성하고, 어려운 문제를 풀며, 일을 보다 효율적으로 처리하고, 복잡한 직무를 숙달하고자 하는 욕구를 말한다.

② **권력욕구**(Need for Power) : 다른 구성원에게 통제력을 행사하거나 행동에 영향을 미치고, 그들 위에 권위로 군림하려는 욕구를 말한다.

③ **친교욕구**(Need for Affiliation) : 다른 사람과 우호적이고 따뜻한 관계를 말하며 이러한 욕구가 강한 구성원은 사회적 관계를 유지하는 데 관심을 갖고 친밀감과 이해를 증진시킨다.

이 이론에 따르면 사람들은 삶의 과정에서 무언가를 더 나은 방향으로 또는 효율적으로 성취하려는 욕구, 문제를 해결하거나 복잡한 과업을 수행하고자 하는 욕구를 가질 수 있는데, 바로 이러한 성취의 욕구가 그들에게 중요한

동기로 작용할 수 있다는 것이다. 또한 사람들은 삶의 과정에서 환경과 타인을 통제하려는 희망, 타인의 행동에 영향을 미치고 싶어 하는 권력의 욕구를 가질 수도 있고, 타인과 우호적이고 인정 있는 관계를 맺고 그 관계를 유지하고자 하는 친교적 욕구를 가질 수 있는데, 바로 이러한 욕구들이 사람들에게 중요한 동기로 작용할 수도 있다는 것이다.

(5) 맥그리거(McGregor)의 X · Y이론

맥그리거(McGregor, 1960 : 33-57)는 매슬로우의 욕구단계이론을 바탕으로 X이론과 Y이론을 제시하였다. 맥그리거의 이론은 동기부여를 위해 인간을 어떻게 관리할 것인가를 인간을 본성적으로 어떻게 이해할 것인가의 인간관에 입각하여 설명하고 있다. 그래서 전통적 인간관을 X이론이라 하고, 현대적 인간관을 Y이론이라고 부르면서 각 이론의 주요한 가정과 동기부여 방식을 다음 <표 7-8>과 같이 제시하고 있다.

〈표 7-8〉 McGregor X · Y이론의 인간관과 동기부여 방식

구 분	X이론	Y이론
인간관	• 본래 태만하고 가능한 한 일을 회피함 • 야망이 없고 책임지기를 싫어함 • 이기적이며 창의력이 부족함 • 변화에 저항함 • 생리적 · 안전적 수준에서 동기부여됨 • 인간은 통제와 강제의 대상임	• 일을 놀이와 같이 자연스럽게 생각함 • 목표달성을 위해 자기통제가 가능함 • 수동적인 성향을 지닌 것은 아님 • 변화에 저항적으로만 반응하지는 않음 • 친화, 자존, 자기실현 수준에서 동기부여 • 자율성, 창조성을 지님
동기부여 방식	• 저차원의 욕구 충족 • 지시 · 명령 · 감독 · 통제 • 권위주의적 관리	• 고차원의 욕구 충족 • 조직 목표와 개인 목표의 조화 • 민주적 관리

(6) 아지리스(Argyris)의 미성숙 · 성숙이론

아지리스(C. Argyris)는 인간 성격(personality)의 성숙과정을 설명하면서 맥그리거 X이론의 인간성은 미성숙의 유아적 인간성이라 하고, Y이론으로의 계속적 발전을 성인으로 되는 인간의 성취과정이라고 주장하면서 이른바 미성

숙 · 성숙이론(immaturity-maturity theory)을 전개하였다.

미성숙이론은 조직구성원을 X이론의 가정에서 보고 자율성을 최대한으로 제한하여 구성원들에게 의존적이며 종속적인 행동을 강요하는 이론이다. 성숙이론은 조직구성원을 Y이론의 가정에서 보고 구성원에게 성숙할 수 있는 기회를 제공함으로써 구성원들이 자질향상과 자기실현을 할 수 있도록 성숙을 조장하는 이론이다. 아지리스는 한 개인이 성숙인으로 발전하려면 다음과 같은 7가지의 성격변화를 거쳐야 하는데 다음 <표 7−9>와 같은 하나의 연속선상에 표시될 수 있다(C. Argyris, 1975 : 50).

〈표 7−9〉 Argyris의 미성숙 · 성숙의 연결모형

미성숙성		성숙성
수동성(passive)	⇨	능동성(active)
의존성(dependence)	⇨	독립성(independence)
제한된 행동(limited behavior)	⇨	다양한 행위(diverse behavior)
얕은 관심도(shallow interest)	⇨	깊은 관심도(deep interest)
단기적 안목(short-time perspective)	⇨	장기적 안목(long-time perspective)
종속적 지위(subordinate position)	⇨	우월적 지위(superordinate position)
자아의식의 결여(lack of self-awareness)	⇨	자아의식과 자기통제(self-awareness & control)

아지리스는 인간의 성숙을 저해하는 고전적 관리전략에 대치될 새로운 관리전략으로 ① 직무확대, ② 참여적 · 직원중심적 리더십, ③ 현실중심적 리더십 등을 제시하였다. 그리고 관리자는 모든 구성원이 조직목표 달성을 위해 일하도록 함에 있어 그들의 개인적인 성숙욕구를 충족시킬 기회를 가질 수 있는 분위기를 조성하여야 한다.

〈표 7-10〉 학자들의 욕구 제 이론 비교

매슬로우 (Maslow)	허즈버그 (Herzberg)	알더퍼 (Alderfer)	맥그리거 (McGregor)	아지리스 (Argyris)
생리적 욕구	위생요인	존재욕구	X이론	미성숙인
안전의 욕구				
소속의 욕구		관계욕구		
존경의 욕구	동기요인	성장욕구	Y이론	성숙인
자아실현의 욕구				

3) 과정이론

(1) 아담스(J. S. Adams)의 공정성이론(형평성 이론, 공평성 이론)

아담스(J. S. Adams)의 공정성이론은 자신의 '산출/ 투입'보다 준거가 되는 다른 사람의 '산출/ 투입'이 클 때, 비형평성을 자각하게 되고 형평성 추구 행동을 작동시키는 동기가 유발된다는 것이다. 동기부여에 있어서 중요한 요소는 구성원 개개인이 보상체계가 공정하다고 인식하고 있는지의 여부이다. 따라서 구성원들은 타인과의 관계에서 공정성을 유지하는 방향으로 동기부여를 한다. 여기서 투입은 보상을 기대하고 조직에 투여한 능력, 기술, 교육, 경험, 사회적 지위 등이며, 산출은 투입에 대한 결과로서 개인이 받은 수익이나 비용(보수, 승진, 직무만족, 학습기회) 등을 말한다(홍봉수 외, 2011 : 134).

공정성이론이 시사하는 가장 중요한 점은 바로 형평성이 보장되는 시스템을 조직이 구축하는 것이 조직구성원들이 긍정적인 방향에서 동기화되게 하는 토대로 기능할 수 있다는 것이다. 동시에 관리자들은 구성원들의 형평성에 대한 인지, 특히 부적절한 인지 또는 왜곡된 인지에 대해서도 다양한 방식에서 개입하는 노력이 필요할 수 있다는 것을 말해주고 있다. 공정성이론을 토대로 조직이 보상을 분배하는 과정과 결과에 있어서 형평성을 확보하고 구성원들이 그러한 인식을 갖게 하는 것이 동기화에 있어 매우 핵심적인 요소임을 설명하는 조직공정성이론 혹은 인사관리공정성이론이 발전되는 등 공정성이론은 다양한 차원에서 그 의미를 더욱 다각적으로 제고시키고 있다고 평가되는 이론이다(황성철 외, 2010 : 107).

(2) 브룸(V. H. Vroom)의 기대이론(VIE 이론)

브룸(Vroom)의 기대이론은 사람은 과업의 수행과정에서 ① 일정한 정도의 노력을 함으로써 성과를 얻을 수 있다고 개인이 지각하고 있는 정도(노력-성과 연계), ② 일정한 수준의 성과를 얻음으로써 바람직한 결과(예 보상) 등이 주어질 것이라고 개인이 믿고 있는 정도(성과-결과 연계), ③ 개인이 직무성과를 통해 얻을 수 있는 잠재적 결과에 부여하는 가치의 정도와 같은 일련의 과정으로 구성되는 인식이 동기를 결정한다는 것이 기대이론의 핵심 내용이라 할 수 있다(황성철 외, 2010 : 107-108). 브룸의 기대이론을 구성하고 있는 기본 변수의 개념은 다음과 같다.

① **기대감**(Expectancy) : 특정 행동과 노력이 자기 자신에게 가져올 결과에 대한 기대감(신념 · 확신 · 주관적 확률 · 믿음의 가능성)을 말한다. 예를 들어, 직무에서 열심히 일함으로써 높은 보수를 받을 수 있다고 믿는 지각수준이다.

② **유의성**(Valence) : 직무의 결과에 대해 개인이 부여하는 가치를 말한다. 즉, 개인이 원하는 특정 결과에 대한 선호의 강도(보상, 승진, 인정)와 매력의 정도(유인가 · 유인치 · 유인력)를 뜻한다.

③ **결과 또는 보상**(Outcome or Reward) : 행동의 산물로서 개인행동의 성과와 같은 1차적 결과와 성과에 따른 보상과 승진 등 2차적 결과로 구분된다.

④ **수단성**(Instrumentality) : 행동주체가 지각하는 1차적 결과와 2차적 결과와의 상관관계에 대한 인식을 의미한다. 즉, 1차 수준의 결과(높은 성과)가 2차 수준의 결과(승진 · 보상)를 반영하게 되리라는 주관적 확률과 관련된 믿음을 말한다.

⑤ **행동선택**(Choice Behavior) : 여러 가지 기대되는 결과와 중요성을 감안하고 여러 행동대안을 비교 · 평가하여 적절한 행동패턴을 선택하는 행위를 말한다.

정리하면, 브룸의 기대이론은 인간이 행동하는 방향과 강도는 그 행동이 일정한 성과로 이어진다는 '기대(E)'의 강도와 실제로 이어진 '결과(I)'에 대해 느끼는 '매력(V)'에 달려 있다. 사람은 행동에 앞서서 행동의 결과에 대해 생각하고, 특정의 결과가 이루어질 확률(가능성)을 고려해서 행동하며, 그 선택은 결과를 초래하는 인지된 매력에 의해 영향을 받는다고 가정한다.

(3) 포터와 로울러(L. W. Potter & E. E. Lawler)의 업적 · 만족이론

포터와 로울러는 브룸의 기대이론을 기초로 하여 조직에 있어서 구성원의 작업에 대한 태도와 성과의 관계를 규명한 것으로 만족이 업적을 가져오는 것이 아니라 업적의 수준이 직무만족의 원인이 될 수 있다고 전제하고 있다. 업적과 결부된 보상에 대해 부여하는 가치, 그리고 어떤 노력이 보상을 가져다줄 것이라는 기대가 직무수행 노력을 좌우한다고 보는 것으로서, 사람이 바라는 목적과 결과를 성취하려는 노력에 의하여 업적이 결정되며 만족은 사람이 실제로 달성하려는 결과에 의하여 결정될 수 있다는 것이다. 포터와 로울러의 모형은 노력(effort), 업적(perfomance), 보상(reward), 만족(satisfy) 등의 변수와 상호관계에 중점을 두고 있다.

(4) 조고폴로스(Georgopoulos)의 통로 · 목표이론

통로 · 목표이론은 개인의 동기는 ① 개인이 추구하려는 목적에 반영되어 있는 개인의 욕구, ② 목표달성에 이르는 수단 또는 통로로서 생산성 제공 행동이 갖는 상대적 유용성에 대한 개인의 지각에 달려있다는 것이다. 만일 어떤 노동자가 높은 생산성을 자기의 개인적 목적달성의 통로라고 생각하면 많은 생산성을 올리나, 반대로 낮은 생산성이 개인적 목적달성의 통로라고 생각하면 생산성이 낮아진다는 것이다.

참·고·문·헌

박동서(1972). **한국행정론**. 서울 : 법문사.

박차상 · 이경철 · 오세영(2010). **사회복지행정론**. 서울 : 창지사.

배은영 · 류기덕 · 김남숙 · 조당호 · 조대흥 · 권도국(2010). **사회복지행정론**. 경기 : 공동체.

신복기 · 박경일 · 이명현(2013). **사회복지행정론**. 경기 : 공동체.

성규탁(1993). **사회복지행정론**. 서울 : 법문사.

오세덕 · 이명재 · 강제상 · 임영제(2007). **행정관리론**. 서울 : 대영문화사.

유기현(2003). **조직행동론**. 서울 : 무영경영사.

장동일(2010). **사회복지행정론**. 서울 : 동문사.

최성재 · 남기민(2005). **사회복지행정론**. 서울 : 나남출판.

최창호 · 정세욱(1986). **행정학**. 서울 : 법문사.

한국사회복지행정학회 편(2003). **한국의 사회복지행정**. 경기 : 학현사.

홍봉수 · 임현진 · 장승전 · 황영희 · 임안나 외(2011). **사회복지행정론**. 경기 : 공동체.

황성철 · 정무성 · 강철희 · 최재성(2010). **사회복지행정론**. 경기 : 학현사.

Argyris, C.(1975). *Personality and Organization*. New York : Harper & Row, Publishers, Inc.

Barnard, C. I.(1949). *Organizations and Management*. Cambridge : Harvard University Press.

Bass, B. M.(1990). From Transactional to Transformational Leadership : Learning to Share the Vision. *Organizational Dynamics*, *18*(3).

Gutknecht, D. B., & Miller, J. R.(1986). *The Organizational and Human Resources Sourcebook*. Lanham : University Press of America, Inc.

Hersey, P., Blanchard, K. H., & Johnson, D. E.(1996). *Management of Organization Behavior : Utilizing Human Resource*(6th ed.). Englewood Cliffs, NJ : Prentice-Hall.

Howard, M. Carisle(1997). *Management Essentials, Concepts and Applications*. Chicago : Science Research Associates, Inc.

House, Robert J., & Mitchell, Terence R.(1974). Path-Goal Theory of Leadership. *Journal of Contemporary Business*. Autumn.

Maslow, A. H.(1960). *A Theory of Human Motivation*. Cincinati : South-Westery Publishing Co.

McGregor, D.(1960). *The Human Side of Enterprise*. N.Y. : McGraw-Hill.

Neugeboren, B.(1985). *Organization, Policy and Practice in the Human Services*. New York : Longman.

Robbins, S. P.(1984). *Essentials of Organizational Behavior*. Englewood Cliffs, NJ : Prentice-hall.

___________(1980). *The Administrative Process*. Englewood Cliffs : Prentice-Hall.

Stogdill, R. M.(1974). *Handbook of Leadership : A survey of Theory and Resarch*. The Free Press.

Trecker, H. B.(1977). *Social Work Administration : Principles and Practices*. New York : Association Press.

Terry, G. R.(1960). Principles of Management(3rd ed.). Homewood, Ill : Richard D, Irwin Inc.

White, R. K., & Lippit, R.(1960). *Autocracy and Democracy*. New York : Harper and Row.

Chapter

08

인적자원관리

Chapter

08 인적자원관리

1. 인적자원관리의 개념과 요소

1) 인적자원관리의 개념과 기능

인적자원관리란 조직목표를 달성하는 데 가장 도움이 되는 방향으로 직원을 채용하고, 능력을 개발하며 근무의욕을 갖고 조직에 헌신할 수 있도록 동기부여하고 유지하는 관리활동을 말한다(최성재 · 남기민, 2005 : 219). 다시 말하면, 조직이 요구하는 인력을 계획하고 조달, 개발, 활용, 유지, 배치, 이동하며, 평가, 관리하는 모든 과정을 포함한다. 관리과정의 단계는 ① 인적자원의 수급계획, ② 모집과 선발, ③ 배치와 오리엔테이션, ④ 교육훈련과 인적자원 개발, ⑤ 인사고과 전환, ⑥ 퇴직과 이직 등이 포함된다(최덕경 외, 2014 : 174).

인적자원관리의 주된 기능은 조달, 배치할당, 개발, 제재규약, 통제와 적응 등이며, 이러한 주된 기능의 핵심적 요소는 다음 <표 8-1>과 같다.

〈표 8-1〉 인적자원관리의 기능

구분		내용
채 용	조 달	모집, 충원, 선발
	배 치	직무분류와 할당, 임금지급, 승진, 이직, 해고
제재규약		작업환경에 대한 근로자들과의 규율과 협상, 고충처리, 절차 호소
개 발		훈련, 사정, 코치, 동기부여
통제 및 적응		인적자원관리의 제도 설계, 스태프(staff)와 관리자와의 관계 조정, 정보유지 체제 관리

2) 인적자원관리의 필요성과 목적

인적자원관리는 인적자원의 관리를 통해 사회복지행정조직의 목표를 달성할 뿐만 아니라 사회복지행정조직의 유지와 적응에 필요한 기능을 수행한다. 사회복지조직에서 조직성과를 극대화하기 위해서는 전달에서의 효율성을 높이고, 서비스의 확대 · 유지에 필요한 자원을 확보하고 조직구성원에 대한 효과적 관리를 통해 결근, 소진, 이직을 줄이면서 조직구성원의 만족도와 생산성을 최대화하는 것이 필요하다.

슐러(Schuler, 1988)는 조직에서 인적자원관리의 목적으로 ① 조직의 생산성 향상, ② 조직 작업생활의 질 고양, ③ 인적자원 이용과 관련된 모든 필요한 법과 규칙의 준수, ④ 개선된 기업관계의 개발, ⑤ 모든 수준에서 의사소통과 합의점의 개발 등을 제시한다. 특히 사회복지조직에서 인적자원관리의 주된 목적은 효율적이고 적합한 서비스를 필요로 하는 사회적 약자인 클라이언트의 복지를 증진시킬 수 있도록 자질과 능력을 갖춘 직원을 양성하는 것이다.

2. 인적자원관리와 조직성과

인적자원관리란 피고용자 혹은 근로자의 욕구와 관리자의 기대 및 사회의 욕구에 부합하여 조직구성원들이 조직의 목적달성을 효과적이고 효율적으로 달성할 수 있게 관리하는 것을 말한다. 이렇게 정의되는 인적자원관리가 어떤 내용으로 구성되어야 하는지에 대해서는 해당 조직의 특성들을 반영해서 다양한 논의를 전개할 수 있다. 그럼에도 불구하고 인적자원관리의 핵심 구성요소들에 대한 논의를 정리해 보면 다음 <표 8-2>와 같다.

〈표 8-2〉 인적자원관리의 핵심 구성요소

Noe, Hollenbeck, & Wrigh(1997)	Flippo(1984)	Pecora & Austin(1987)
인적자원의 획득(기획, 채용, 배치)	인적자원의 확보 관리	직원모집, 심사, 채용
직무활동의 분석과 결과에 대한 평가		• 직무분석, 설계, 할당 • 성과평가설계, 실행
인적자원의 개발관리 (훈련 및 경력관리)	개발관리	• 훈련 및 개발 • 지도 감독
인적자원의 보상관리 (임금 및 부가임금)	• 보상관리 • 이해관계 조정에 대한 통합관리 • 인적자원 유지관리 • 이직관리	이직 및 보상 관리

출처 : 황성철 외(2010). 사회복지행정론, p.205.

<표 8-2>에 기초해 볼 때, 인적자원관리의 공통내용으로 논의할 수 있는 핵심 구성요소는 인적자원의 획득, 직무분석 및 업무성과에 대한 평가, 직원개발, 보상과 같은 네 가지 요소로 이해할 수 있다(황성철 외, 2010 : 206-212).

1) 인적자원의 획득

인적자원 확보란 인적자원의 선발뿐만 아니라 조직이 필요로 하는 사람에 대한 정보의 수집과 분석, 이에 기초한 대상자들의 모집, 그리고 선발과정 및 선발 이후에도 공식적으로 진행되는 채용과정 등의 내용을 포괄한다. 인적자원 확보의 과정은 다음 [그림 8-1]과 같다.

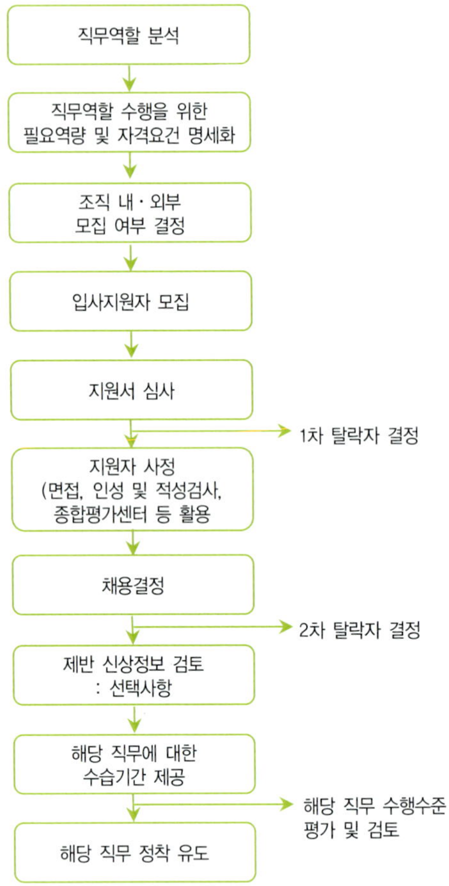

【그림 8-1】 인적자원 확보의 과정도

2) 직무 및 직무평가를 통한 성과관리

직무 및 직무평가를 통한 관리에 있어서 가장 중요한 것은 직무분석, 업무설계, 그리고 직무평가이다. 이에 관한 정확한 개념을 이해하는 것이 필요하다.

(1) 직무분석(Job Analysis)

① 직무분석의 개념과 방법

직무의 산물(product), 혹은 서비스의 생산에 필요한 과업들을 분석하는 과정을 말한다. 이와 같은 직무분석을 통하여 직무에서 어떤 활동들이 이루어지며 직무수행에서 사용되는 도구나 장비가 무엇이고 어떠한 환경에서 작업이 수행되며 직무수행에 요구되는 능력들이 어떤 것들인지를 알 수 있다. 정리하면, 직무분석은 일정한 직무의 성질과 요건으로 직무를 수행함에 있어 직원에게 요구되는 기술, 지식, 능력 및 책임 등과 같은 여러 요건을 결정하는 과정이라 할 수 있다. 그 결과로 직무기술서와 직무명세서가 작성된다. 직무분석과 관련된 용어를 정리하면 다음과 같다(염일열 외, 2015 : 153-154).

첫째, 과업(task) : 독립된 목적으로 수행되는 작업활동으로서 명확히 식별 가능한 정신적·육체적 일의 단위

둘째, 직위(position) : 개인에게 할당된 한 개 이상의 과업으로 구성되며, 구성원 수와 동일

셋째, 직무(job) : 목적, 범위, 과업내용, 숙련도, 작업방법 등이 유사한 직위의 집단이며 한 개 이상의 직위로 구성

넷째, 직군(job family) : 유사한 직원의 특성을 요구하거나 유사한 과업을 내포하고 있는 두 개 이상의 직무집단

다섯째, 직업(occupation) : 여러 조직에서 일정하게 나타나는 유사한 집단을 통칭하는 것

여섯째, 직업군(occupation family) : 유사한 속성을 가진 직업들로 이루어진 집단이며, 기술직, 작업직, 사무직, 교육직 등으로 분류

이러한 직무분석은 다양한 방법에 의해서 실시되고 있으며, 일반적으로 소개되고 있는 기법은 다음과 같다(오세영, 2013 : 240-241).

첫째, 관찰법(observation method) : 특정 작업자나 작업집단이 실제로 직무를 수행하는 것을 관찰하여 특정 과업을 수행하는 목적과 방법 등을 기록하는 것

둘째, 체험법(empirical method) : 분석자가 실제로 직무를 체험함으로써 정보를 수집할 수 있는 방법

셋째, 면접법(interview method) : 분석자가 직무담당자를 직접 만나서 대화를 통해 정보를 수집하고, 그것을 직무분석표에 기입하는 것으로 가장 탄력적으로 정보를 수집할 수 있는 방법

넷째, 중요사건법(critical incidents method) : 직무행동 가운데 보다 중요하고 가치 있는 측면에 대한 정보를 수집하는 것으로 감독자에 의해 수행되며 먼저 중요사건이 포착되고 전체로서의 직무에 대한 난이도, 빈도, 중요성이나 기여도가 평가됨

다섯째, 질문지법(questionnaire method) : 질문지를 직원들이 작성하도록 하여 정보를 수집하는 것으로서 가장 적은 비용으로 정보의 수집이 가능함

여섯째, 작업일지법(job diary method) : 작업자들이 정해진 양식에 따라 직접 작성한 작업일지로부터 직무에 관한 정보를 수집하는 방법

② 직무분석의 장점

직무분석은 인사관리 합리화에 필요한 기초작업으로 이러한 직무분석 방식을 알고 이를 실제 상황에 적용함으로써 나타나는 장점은 다음과 같다(Pecora, 1998).

첫째, 직무분석을 바탕으로 직원에게 기대하는 역할에 대해 명확히 파악할 수 있는 근거자료로 활용할 수 있다.

둘째, 직무분석에는 해당 직무에 대한 자세한 정보와 성과물 평가를 위한 필수역량에 대한 내용을 담고 있기 때문에 직원의 성과 검토를 용이하게 해준다.

셋째, 직무분석은 담당 직원이 아닌 자체에 중심을 두고 있기 때문에 담당직원이 달라진다고 해도 일관성 있는 평가가 가능하다.

넷째, 해당 업무 수행을 위한 추가적인 인력 지원이 필요한지를 판단하는 정보를 제공한다.

다섯째, 직원의 업무수행 능력과 조직의 목적 및 목표가 얼마나 일치하는지를 모니터링하는 수단으로 사용할 수 있다.

여섯째, 조직 내 직원 전체에 관한 지속적인 관찰을 가능하게 함으로써 업무 능력 및 급여 수준에 대한 공평성을 유지하는 수단이 된다.

일곱째, 직무분석은 신규 직원 개발단계에서 시행할 수 있으며, 장기적 관점에서 보면 신규 직원이 명확한 업무 내용을 파악하는 데 소요되는 많은 시간을 절약하는 효과를 가진다.

③ 직무기술서(Job Description)와 직무명세서(Job Specification) 작성

직무분석의 결과는 직무기술서와 직무명세서 작성의 기초가 된다. 직무기술서는 직위기술서 또는 직무해설서라고도 하며, 직무분석의 결과에 의하여 직무의 성격, 내용, 수행방법, 직무에서 기대되는 결과 등을 간략히 정리해 놓은 직무에 대한 설명이다. 직무기술서의 내용은 직무명칭, 위치, 직무개요, 자격요건, 의무, 기계, 도구, 장비, 원료감독 및 피감독, 작업조건, 작업환경(위험) 등을 포함한다.

직무명세서는 특정한 직무를 효과적으로 수행하는 데 필요한 종사자의 행동, 지식, 기술, 능력, 기능, 기타 특성 등을 명시해 놓은 문서이다. 그 내용은 교육, 경험, 판단 및 창의력, 육체적 노력, 숙련, 책임, 의사소통 기술, 정서적 특성, 능력수준 등을 포함한다.

〈표 8-3〉 직무기술서와 직무명세서 비교

직무기술서	직무명세서
직무 자체에 관한 기술	직무수행자의 요건과 관련된 사항 기술
직무의 명칭 직무의 직종 직무내용 요약 수행하는 과업 직무수행 방법과 절차 사용하는 장비와 도구 작업조건	직무의 명칭 직무의 직종 필요한 교육수준 필요한 기술수준 필요한 지식 필요한 정신적·육체적 능력 필요한 작업경험

출처 : 신복기 외(2013). 사회복지행정론, p.221.

〈표 8-4〉 직무기술서의 예

생활재활교사의 직무기술서	
직무명	생활재활교사
직무개요	시설 이용자에 대한 보호와 교육, 자립에 필요한 업무를 수행한다.
직무내용	의식주, 건강위생 등 생활재활훈련지도를 한다. 프로그램 참여 및 진행을 한다. 사회적응훈련 참여와 안전관리를 한다. 이용자의 고충해결을 위해 노력한다. 사고예방 관리 및 보고, 평가, 기록을 한다. 보호자와 수시·정기 상담을 실시한다. 응급상황을 확인하여 보고 후 조치를 취한다. 각종 서류일지, 대장, 개인파일 등을 기록 유지한다. 이용자의 금전 지출을 관리한다. 이용자의 피복 구입 관리를 한다. 각종 행사 참여와 자원봉사자를 관리한다. 야간근무를 한다(18 : 00~08 : 00) : 안전하고 쾌적한 취침환경 조성

출처 : 신복기 외(2013). 사회복지행정론, p.222.

〈표 8-5〉 직무명세서의 예

생활재활교사 직무명세서	
직무명	생활재활교사
기초학력	대졸 이상
전공계열, 학과	사회복지학 전공자
실무경험	현장실습 및 사회복지기관 자원봉사 활동(사회복지시설 근무 경력자 우대)
수습기간	3개월
자격 면허 및 특기사항	사회복지사 2급 이상 자격증 소지자 직무수행 능력 향상을 위한 자격증 취득 (예 사무자동화, 워드프로세서, 기타 국가자격증 소지자)
정신적 및 성격적 요인	포용력 겸손한 태도 친화력 관찰력
신체적 요건	이용자 보호에 필요한 기본 체력

학문적 지식	사회복지 : 사회복지에 관련된 일반적인 지식 간호 : 건강 관련 기초적인 지식 인사관리 : 인사에 관한 일반적인 지식
직무지식 및 기술	• 서비스 질 관리를 위한 지식 • 신체 활동 지원서비스 관련 기술 • 원만한 관계를 지향하는 의사소통 기술 • 각종 업무내용을 기록할 수 있는 능력 • 상황을 보고할 수 있는 능력

출처 : 신복기 외(2013). 사회복지행정론, p.222.

(2) 업무설계(Work Design)

① 업무설계의 의의

업무설계란 경영효율의 유지 내지 개선을 도모하면서 직무의 내용이 종업원 개개인의 능력 및 희망과 가능하면 일치하도록 작업환경 및 근로조건을 조직화하는 것이라고 할 수 있다. 따라서 업무설계란 직무분석에 의하여 각 직무의 내용과 성격을 파악한 다음 그것에 영향을 미치는 조직적·기술적·인간적 요소를 규명하여 종업원의 직무만족과 조직의 생산성 향상을 위한 작업방법을 결정하는 절차라고 할 수 있다(한동일 외, 2009 : 199). 이러한 맥락에서 업무설계는 서비스 생산에 필요한 과업들을 특정 작업단위들 혹은 개인들에게 할당하는 과정을 의미한다.

② 업무설계의 목적

첫째, 적정하고 공정한 보상을 위해서이다.

둘째, 안전하고 건전한 작업환경의 조성을 위해서이다.

셋째, 인간능력의 이용과 개발기회를 활용하기 위해서이다.

넷째, 사용자 측의 임의적 행동으로부터 근로자를 보호하기 위하여 작업장에서의 관리의 제도화를 위해서이다.

③ 업무설계의 방법

첫째, **직무확대**(job enlargement) : 직원으로 하여금 중심과업의 수행은 말할 것도 없이 기타 관련 과업을 동시에 수행하도록 하여 개인의 직무를 중심과업으로부터 보다 넓게 확대하는 것이다.

둘째, **직무순환**(job rotation) : 작업자가 수행하는 여러 가지 과업들이 호환성이 있으며 작업자는 작업 흐름에 큰 지장이 없이 과업상의 이동이 가능하다는 사실을 전제로 이루어진다.

셋째, **직무충실화**(job enrichment) : 다양한 작업내용이 포함되고, 보다 높은 수준의 지식과 기술을 요하며, 직원들이 그들의 직무를 수행함에 있어서 계획과 지휘 및 통제에 대한 자주성과 책임을 보다 많이 가질 수 있도록 직무를 재정의하고 재구성하는 것을 말한다.

넷째, **직무특성이론**(job characteristic approach) : 어떤 직무가 직원들에게 일할 마음을 생기게 하며, 또 어떤 직원들이 그 일에 적합한가, 직무가 동기부여를 보다 많이 제공할 수 있도록 하기 위해서는 어떻게 해야 하는지, 그리고 그 결과로서 직원의 직무만족의 향상도, 조직성과의 향상도 등을 어떻게 측정할 것인가에 관한 것 등을 염두에 두고 직무를 설계하려는 것이다(오세경, 2013 : 247-248).

(3) 직무평가(Job Evaluation)

① 직무평가의 개념

조직 내에서 직무들의 내용과 성질을 고려하여 직무들 간의 상대적 가치를 결정하는 절차를 의미한다. 이와 같은 직무평가의 결과는 조직 내에 존재하는 여러 직무들에 대해 위계를 만들고 서로 다른 임금수준을 결정하기 위한 중요한 정보를 제공한다. 직무평가의 기준으로 생산성, 효과성, 효율성, 서비스의 질이 있다.

② 직무평가의 목적

첫째, 질적 측면에서의 직무의 상대적 가치와 그 유용성을 결정하는 자료를 제공한다.

둘째, 노사 간에 타당성을 인정할 수 있는 임금격차를 줄 수 있기 때문에 직원의 근로의욕을 증진시켜 노사협력체계를 확립할 수 있게 한다.

셋째, 조직의 직계제도 확립과 직무급 및 직무제도를 확립하기 위한 자료를 제공한다.

넷째, 노동시장에서 노동자를 유인할 수 있는 우월한 임금체계를 수립하는 자료를 제공한다.

다섯째, 단체교섭에 유용한 자료를 제공한다.

③ 직무평가의 원칙

첫째, 평가대상자의 참여와 관여 속에서 진행되어야 한다.

둘째, 모든 대상자들에게 일관되게 적용되는 방법과 기준을 사용해야 한다.

셋째, 업무활동에 대한 피드백을 통해 지속적으로 수행되어야 한다.

넷째, 평가대상자가 수행한 업무와 결과, 행동에 초점을 두어야 한다.

다섯째, 문제를 악화시키기보다 문제를 해결해 나가는 데 기본적인 목적이 있다.

④ 직무평가의 방법

첫째, 도표평정식 : 세로축에 평정(평가)요소를 나열하고 가로축에는 직무수행의 등급을 나열한다. 직위 간에 직무의 차이를 구별하지 못한다는 점과 평가요소가 너무 일반적이라는 한계가 단점으로 지적되고 있다.

〈표 8-6〉 **도표평정식의 예**

평가요소	직무수행수준				
	매우 불만족(1)	불만족(2)	만족(3)	우수(4)	매우 우수(5)
출근관계				4	
업무의 질					5
업무의 양			3		

대인인식			3		
업무지식				4	
소 계			6	8	5
총 계	19				

둘째, 개조서열식 : 각각의 평가요소에 대해서 모든 직원을 등급별로 매기는 것이며 점수에 따라 최상에서 최하위까지 서열이 정해지므로 경쟁적인 상황으로 직원들을 압박할 수 있다.

〈표 8-7〉 **개조서열식의 예**

평가요소 / 피평가자	출근관계	업무의 질	업무의 양	대인인식	업무지식	순위합계	종합순위
A	3	5	2	3	4	17	2
B	1	3	3	1	3	11	5
C	4	4	5	2	1	16	3
D	2	1	4	4	2	13	4
E	6	2	1	5	5	18	1

셋째, 이분비교식 : 각각의 평가요소에 대하여 평가되는 직원과 비슷한 직위의 다른 사람과 비교하여 상대적인 평가를 부여하는 기법이다.

〈표 8-8〉 **이분비교식의 예**

평가요소	직무수행수준(매우 불만족 1 · · · · · 매우 우수 5)			
	乙과 비교	丙과 비교	戊와 비교	A의 비교
甲의 출근관계	丙	丁, 戊	甲	A

넷째, 강제배분식 : 많은 사람들을 평가할 때 강제적으로 등급별 비율을 정하여 상대평가를 하도록 하는 기법으로 소수의 사람을 최고와 최하의 점수를

받게 하고 대부분의 사람을 중간에 집중하도록 강제로 점수를 분산시키도록 하는 것이다.

〈표 8-9〉 강제배분식의 예

등 급	A(10%)	B(20%)	C(40%)	D(20%)	E(10%)
업무의 양					
업무의 질					
협동심					

다섯째, 중요사건평가식 : 직원들의 업무 중에서 좋은 업무와 나빴던 업무를 기록하게 하여 좋은 업무는 강화하고 나빴던 업무는 교정하고 검토하는 척도이다.

여섯째, 행동계류평정식 : 중요사건을 전문가를 이용한 델파이 기법을 통해 그 사건과 관련된 행동의 효과성에 대해 평가하는 기법으로 시간과 노력이 많이 드는 단점이 있다.

3) 개발관리

조직의 수월성을 제고시키고 우수한 인력을 지속적으로 보유하기 위해서 무엇보다도 중요한 요소라 할 수 있는 인적자원의 개발관리는 훈련, 개발 및 경력관리 등의 영역으로 나누어 볼 수 있다.

(1) 훈련(Training)

① 훈련의 개념

직원이 업무와 관련된 지식, 기술 혹은 행동을 배울 수 있도록 촉진하는 조직의 계획적인 노력을 의미하며, 훈련은 조직의 구성원이 현재 행하고 있는 과업들을 보다 원활하게 수행할 수 있도록 지원하기 위한 인적자원관리상의 과제이다.

② 훈련의 종류

첫째, 신규채용자 훈련이다. 적응훈련, 기초훈련이라고도 하며, 새로운 직원에게 조직과 조직의 서비스 및 지역사회를 소개하는 과정으로 조직의 역사와 미션, 목적, 기본 정책, 규정, 조직구조, 급여, 보상체계 등이 소개된다.

둘째, 일반직원 훈련이다. 직무수행의 개선을 위한 교육훈련으로 일반직원들에게 필요한 새로운 기법을 습득하게 하는 등의 직무수행 능력을 향상시키는 것을 목적으로 하며, 훈련의 효과를 내기 위해서는 장기적이고 지속적으로 실시되어야 한다.

셋째, 감독자 훈련이다. 슈퍼바이저(제일선의 지도 감독을 맡고 있는 계장이나 과장)에 대한 훈련으로 업무수행에 필요한 지식과 리더십, 의사전달, 인간관계, 인사관리 등에 걸치고 있는 훈련방법으로 강의, 토의, 사례발표 등이 이용되고 있다.

넷째, 관리자 훈련이다. 최고관리자 계층에 속한 중·고급 관리자에 대한 훈련으로서 정책수립에 관한 것과 리더십에 관한 훈련을 받게 되며, 교육 방법으로는 사례발표, 회의, 토의방법, 신디케이트가 이용될 수 있다.

③ 훈련의 방법

첫째, 강의이다. 교육 대상자가 많을 경우 짧은 시간에 교육의 성과를 기하고자 사용하는 방법이다.

둘째, 회의이다. 회의는 어떤 주제에 대하여 논의되고 토의가 이루어지는 공식적인 모임으로 정보의 상호교환이 강조되며 일반적인 지식의 전달이 아니라 서로 간의 의견교환을 통해서 배우게 된다.

셋째, 토의이다. 한 주제에 대하여 소수의 사람이 먼저 주제발표를 한 다음 여러 사람이 토론을 하는 방법을 말하며, 자유롭고 공개적인 분위기에서 집단사고를 통해 여러 사람들의 의견을 모을 수 있다.

넷째, 패널토의이다. 토의법의 하나로서 사회자의 진행에 따라 정해진 테마에 대하여 지식·경험이 풍부한 여러 명의 전문가가 토의를 하고 연수자는 그 토의를 듣는 학습 방식이다.

다섯째, 계속교육이다. 학교교육이 끝난 직원들을 대상으로 그들의 전문성을 유지하고 향상시키기 위해 계속적으로 필요에 맞게 교육하는 것을 말한다.

여섯째, 역할연기이다. 여러 직원들 앞에서 2인 또는 그 이상의 직원들이 실제로 연기한 후 여러 직원들이 평가, 토론하여 사회자가 결론적인 설명을 하는 방법이다.

일곱째, 사례발표이다. 직원들이 돌아가면서 사례를 발표하고 이에 대해 다른 직원들이 평가와 토의를 하는 방식이다.

여덟째, 집단행동이다. 집단적으로 격리된 장소에서 1일 또는 2일의 합숙훈련을 하면서 이루어지며 성인의 태도와 행동의 변화를 기하는 데 가장 효과적인 방법이다.

아홉째, 신디케이트(syndicate; 분임연구반, 분임토의)이다. 10명 내외의 소집단으로 나누고 각 집단별로 동일한 문제를 토의하여 해결방안을 작성하고, 다시 전체가 모인 자리에서 각 집단별로 문제해결 방안을 발표하고 토론하여 하나의 합리적인 문제해결 방안을 모색하는 방법이다.

열째, 순환보직(rotation; 직무순환)이다. 피훈련자를 일정한 시일의 간격을 두고 여러 다른 직위나 직급에 전보 또는 순환보직 시키면서 훈련을 시키는 방법을 말한다.

열한째, OJT(On the Job Training; 직무를 통한 연수)이다. 직장훈련, 현장훈련, 직무상 훈련 등 근무현장 내에서 이루어지는 훈련으로 실제 직무를 수행하면서 선임자로부터 대면지도, 개별지도, 훈련지도를 통하여 직무수행 능력을 개발하는 것이다.

열두째, OFF-JT(Off the Job Training; 직무와 분리된 연수)이다. 직무명령에 의해 일정기간 일상근무를 벗어나 행하는 연수, 직장 내의 집합연수와 직장외 연수에 파견하는 방식이 있다.

열셋째, SDS(Self Development System; 자기계발 원조제도)이다. 직원의 직무 내외에 자주적인 자기계발활동을 직장으로서 인지하고, 경제적・시간적인 원조나 시설을 제공한다.

열넷째, 포럼(forum)이다. 토의법의 하나로 특정 주제에 관하여 새로운 자료와 견해를 제공하며 관심을 높이고 나아가 필요한 정보를 제공하여 문제를 명확하게 한 후 각자의 의견을 표명하도록 촉진하는 것으로 주로 사람들이 잘 모르는 주제에 대해 전문가가 정보를 제공하고 그에 대한 의견을 교환한다.

(2) 개발(Development)

직원이 조직 내에 존재하는 여러 종류의 업무를 감당할 수 있게 준비되도록 지원하는 것을 의미하며, 개발의 초점은 현재 하고 있는 일에 초점을 두는 훈련과는 다르게 미래에 초점을 두고 있다. 즉, 다른 업무로도 이동하여 그것을 수행해 낼 수 있는 능력을 함양하는 데 개발의 초점을 둔다.

(3) 경력개발(Career Development)

직무의 수행과정에서 조직구성원이 경력을 개발해 나갈 수 있도록 적합한 과업과 활동들을 경험하게 하고, 적절한 직무 관련 관계 등을 형성해 나갈 수 있도록 지지하고 지원함으로써 경력상의 이동을 위한 직원의 전반적인 직무 능력을 제고시키는 과정을 말한다.

4) 보상관리

보상(compensation)이란 피고용인이 고용적 관계로 인해 받게 되는 모든 형태의 재정적 보답과 서비스, 그리고 부가임금(benefits) 등을 말한다. 일반적으로 보상관리는 직접적 보상과 간접적 보상 두 가지 형태로 구성되어 있다.

① **직접적 보상** : 기본임금, 성과적 임금, 유인적 임금 등을 포함한다.

② **간접적 보상** : 보호 프로그램 비용부담(의료보험비 등), 근로시간변제(휴가, 안식년 등), 종업원을 위한 서비스와 부가임금(주차공간 제공, 장기간 훈련 및 교육기회 제공) 등이 있다. 보상의 결정에는 다음 같은 몇 가지 요소가 있다.

첫째, 내적 일관성 : 직무분석, 직무평가, 직무구조에 기초하는 것인데, 이는 조직의 목표에 대한 직원의 이바지를 업무내용 측면과 기술적 중요성 측면에서 비교하여 그 상대성에 기초하여 일관성을 가지고 결정해 나가야 한다.

둘째, 외적 경쟁력 : 조직 밖의 상황을 고려한 결정으로 업무와 관련된 시장의 해당 업무에 대한 평가를 참조하여 경쟁력 있게 보상의 내용과 수준을 결정해야 함을 나타내는 것이다.

셋째, 직원의 이바지 : 직원의 이바지를 연공서열이나 성과급제 등의 기준을 적용하여 보상에 반영한다는 것이다. 이러한 보상관리체계의 운영이 일반적으로 추구하는 원칙은 효율성, 형평성, 법과 규칙에 대한 순응 등이 있다.

- **효율성** : 보상이 생산성을 향상시키고 인건비를 조절할 수 있어야 한다는 것이다.
- **형평성** : 고용관계에 있는 모든 구성원들을 공정하게 대우하는 보상체계를 구축하고 실행해야 한다는 것이다.
- **법과 규칙에 대한 순응** : 정해진 보상체계가 합법적이고 합리적이어서 모든 구성원들이 그것을 받아들일 수 있어야 한다는 것이다.

3. 인사관리

인사관리 과정은 조직 인력에 대한 충원(인적자원의 수급계획), 모집, 선발, 임명, 오리엔테이션, 승진, 평가 등이 포함되는 연속적인 관리과정을 말한다.

1) 충 원

인적자원 수급계획이란 조직활동의 효과적인 수행과 노동력의 경제적인 활용을 위해서 단위조직 또는 업무별로 필요한 인원을 정하고, 이를 유지·운용·통제하는 활동을 말한다. 이러한 목적을 수행하기 위해 인적자원의 수요예측, 공급예측, 인적자원 소요량 결정, 활동계획, 인적자원의 예산·통제 등이 포함된다. 인적자원 수급계획과정에서 필수적인 활동은 직무분석(job analysis), 직무기술서(job description) 및 직무명세서(job specification) 작성이다(French, 1987 : 179-183).

2) 모 집

모집은 선발을 전제로 채용에 대한 정보를 제공하여 기관에 유능하고 적절한 후보자들이 지원하도록 유도하는 과정이다. 클링어(Klinger, 1988 : 250)는 모집공고에 포함될 내용을 다음과 같이 제시하였다.

① 직무명, 직무분류와 봉급범위
② 근무지역과 직무부서
③ 직무명세서
④ 최소한의 자격요건
⑤ 시험과 면접일시
⑥ 신청절차
⑦ 지원신청 마감일시

모집공고를 통해 지원한 지원자들을 확보한 뒤에 이력서, 추천서, 시험, 자격증, 인터뷰 등과 같은 방법을 통해 정보를 얻는 것이 많이 활용되고 있다.

3) 선 발

선발이란 모집활동을 통하여 응모한 지원자 중에서 다양한 기법을 적용하여 조직이나 직무에 적합한 지원자를 선택하는 활동을 말한다. 선발기법으로 시험이 있는데 시험은 객관성, 타당성, 신뢰성이 확보되어야 한다. 표준화된 시험방법으로는 다음 <표 8-10>과 같은 방법 등이 활용된다.

〈표 8-10〉 시험의 종류

종 류		장 점	단 점
필기시험	주관식	통찰력, 판단력 등 사고력 측정 가능 시험출제에 적은 시간 소요	채점자의 객관도 채점에 시간과 경비 소요
	객관식	용이한 채점 객관성 확보 가능	사고력 측정에는 비효과적
실기시험		높은 타당도	다수에게 한 번에 적용 불가 채점에서 객관도·신뢰도 저하
면접시험		태도, 창의성, 협조성, 성격 파악	면접관의 선입견 개입 가능성

출처 : 오세영(2013). 사회복지행정론, p.256.

선발은 조직과 기관에 따라 여러 유형의 선발과정이 있을 수 있겠지만, 보통 직무명세서 작성 → 서류전형 → 선발시험 → 선발면접 → 경력조회 → 신체검사 → 선발결정 → 채용으로 진행된다(French, 1987 : 234-241).

4) 임 명

선발을 통하여 합격자가 결정되면 합격자를 성적순으로 기재하는 임용후보자 명부를 작성한다. 이 명부에는 시험성적, 전공분야, 근무희망지, 기타 필요한 사항 등이 기재된다. 임용후보자 명부는 일정한 기간 유효하며, 곧바로 임명되지 않은 임용후보자도 빈자리가 생겼을 때 다시 시험을 치르지 않고 임명될 수 있는 자격이 부여된다.

5) 오리엔테이션

오리엔테이션은 기관과 서비스 및 지역사회를 새로운 직원에게 소개하는 과정이다. 오리엔테이션은 직원의 구체적 책임과 기관의 목적, 조직구성, 직원, 이사회, 지역사회 등과 보수, 부가급여, 근무시간, 휴가, 직원회의, 위원회의 구조, 직원개발 계획, 타 기관과의 관계 등을 포함한 직무에 관한 정보와 의무가 설명되어야 한다.

6) 승 진

승진은 수직적 이동의 형태로서 하위의 직급·직위계층에서 상위의 직급·직위계층으로의 상승을 의미하는 이동의 한 형태이다. 승진의 결정요소는 능력 및 실적 평가, 연공요소평가, 승진시험, 기타 요소 등으로 대별할 수 있다(한동일·전해황 외, 2009 : 214).

① **능력 및 실적 평가** : 인사고과를 통하여 이루어지며, 조직목표 달성에 공헌하는 직무수행 능력을 기술적 능력, 인간적 능력, 개념적 능력 등으로 구분하여 조직계층에 적합한 능력평가를 통해 실시한다.

② **연공요소평가** : 학력, 승진에 소요되는 최저근속연수, 승진대상직위에 소요되는 지식과 능력, 숙련이 기대되는 특정 직위에 일정한 기간을 재직한 경력, 채용과정 등을 고려한다.

③ **승진시험** : 구술시험, 실기시험, 면접시험, 심리검사 등의 다양한 시험과정과 검사를 종합적으로 사용해야 하고, 승진시험을 계획할 때에는 대상직위, 시험방법 및 내용, 자격요건과 응시범위를 신중하게 결정해야 한다.

④ **기타 요소** : 교육(연수)결과, 추천서, 최고경영진에 있는 후원자의 역할 등이 작용할 수 있다.

7) 평 가

다양한 양식을 통해 직원의 직무평가를 하여 전문직을 발전시키는 방법이며, 업무수행 평가를 통해 직원에게 자신이 얼마나 업무를 잘 수행하는지를 알리고, 업적에 의한 봉급인상의 결정, 훈련 필요성의 발견, 승진 후보자의 확인, 업무향상에 대한 장애나 문제점의 파악, 직무개선 방법의 토의기회 제공 등에 활용한다.

4. 슈퍼비전

1) 슈퍼비전의 개념과 슈퍼바이저의 조건

슈퍼비전(supervision)이라는 말은 라틴어의 'super(over, 위에서)'와 'videre(watch, 지켜보다)'의 합성어로 글자 그대로 정의하면, 다른 사람이 하는 일에 대해 책임을 갖고 지켜보는 감독자(overseer)의 일이라는 의미이다(김융일 · 양옥경, 2004 : 13). 따라서 슈퍼비전이란 사회복지실천현장에서 활동하고 있는 종사자나 직원 또는 실습생이 전문성과 능력을 발휘할 수 있도록 교육 · 훈련 · 지도 · 원조 · 지지 · 격려 · 촉진하는 활동을 의미한다. 여기서 슈퍼비전의 업무를 담당하는 사람(슈퍼비전을 제공하는 사람)을 슈퍼바이저(superviser)라고 하며, 슈퍼비전을 제공받는 사람을 슈퍼바이지(supervisee)라고 한다.

슈퍼바이저는 사회복지사의 업무활동을 지도 · 감독하는 역할을 맡은 사람으로서 슈퍼비전에 대한 이론적 공부를 하고, 슈퍼비전 기술을 습득하며, 슈퍼비전 경험을 쌓아야 한다. 나아가 슈퍼바이지가 역량을 펼칠 수 있도록 역할모델이 되어주어야 한다. 따라서 좋은 슈퍼바이저가 되기 위해서는 전문지식을 구비해야 하며, 실천기술과 경험, 개방적 접근의 허용, 헌신적 사명감, 솔직한 태도, 긍정적 보상(감사와 칭찬의 태도) 등을 갖추어야 한다.

2) 슈퍼비전의 원칙

사회복지행성에 있어서 슈피비전을 위한 준거 틀 다섯 가지 원칙을 제시하면 다음과 같다(Skidmore, 1983 : 219-220).

① 슈퍼바이저의 일차적인 역할은 기관의 서비스와 관련하여 기술과 원칙을 제공해야 한다.

② 슈퍼바이지는 슈퍼바이저의 원칙과 지식에 일치하는 목표를 선택해야 한다.

③ 슈퍼바이저는 필요할 때 슈퍼바이지들에게 도움을 줄 수 있는 태도와 준비가 되어야 한다.

④ 슈퍼바이지들은 필요할 때 슈퍼바이저의 도움을 요청해야 한다.

⑤ 슈퍼바이지들은 슈퍼바이저에게 보고를 해야 한다. 이를 통해 그들은 공동으로 유익한 계획을 세울 수 있다.

3) 슈퍼바이저의 역할

카두신(Kadushin, 1976)은 사회복지조직에서 슈퍼바이저의 역할을 세 가지 역할로 구분하여 정의하였다(김영종, 2010 : 206).

(1) 행정적 상급자로서의 역할

하급자가 기관의 정책이나 과정, 규정 등을 잘 지키고 있는지를 감독하는 역할이다. 이 역할에서는 업무를 처리하고 조직의 통제와 책임성을 유지하는 행정적 기능을 강조한다.

(2) 교육자로서의 역할

직접 서비스를 담당하는 업무자들에 대해 서비스와 관련된 전문적인 지식과 기술들을 증진시키는 임무 역할이다. 이 역할은 훈련받은 자가 훈련이 안 된 자에게, 경험 있는 자가 경험이 없는 학생이나 업무자에게 사회복지서비스 실천의 지식과 기술을 전수하는 전통적인 교육 기능을 강조하는 것이다.

(3) 상담자로서의 역할

클라이언트 문제로 인해 감정적으로 소진된 사회복지사에게 사회적 지지를 제공하는 역할이다. 이 역할은 업무자의 사기를 진작시키고, 좌절과 불만에 대해 도움을 제공하며, 전문가로서의 가치를 느끼고 기관에 대한 소속감과 직무수행에 있어 안정감을 갖도록 하는 것이다.

〈표 8-11〉 슈퍼비전의 역할

구분	행정적 슈퍼비전	교육적 슈퍼비전	지지적 슈퍼비전
의의	사회복지사에게 지시, 지도, 행정적 업무를 돕는 역할	사회복지사에게 전문적 지식과 기술 등을 증진시키는 역할	사회복지사에게 스스로 업무할 수 있도록 용기를 주고 지지해 주는 역할
내용	• 직원의 채용과 선발 • 사회복지사의 임명과 배치 • 업무계획 • 업무위임 • 업무에 대한 모니터링 • 업무의 협조 • 의사소통 촉진 • 행정적 수장 • 변화매개자	• 교수 • 학습의 촉진 • 훈련 • 경험과 지식의 공유 • 정보제공 • 명확화 • 안내 • 문제해결법 원조 • 전문적 성장 제고 • 조언 · 제안 등	• 스트레스 유발상황 방지 • 사회복지사의 스트레스 해소 • 사회복지사와의 신뢰 형성 • 관점의 공유 • 결정에 대한 책임 공유 • 성공을 위한 기회 제공 • 동료를 통한 지지 제공 • 업무 관련 긴장의 완화

4) 슈퍼비전의 모형

슈퍼비전의 모형은 주로 왓슨(K. Watson, 1973 : 83-86)의 6가지 모형, 코울쉐드(V. Coulshed, 1990 : 132-136)의 6가지 모형으로 구분되고 있는데 그 모형을 살펴보면 다음 <표 8－12>, <표 8－13>과 같다.

〈표 8-12〉 Watson의 슈퍼비전 모형

구 분	내 용
동료집단 슈퍼비진	• 특정한 슈퍼바이저의 지정 없이 모든 집단 구성원이 동등한 자격으로 참여
직렬 슈퍼비전	• 두 업무자가 동등한 자격으로 슈퍼비전을 상호 제공
팀 슈퍼비전	• 다양한 성격을 가진 구성원으로 팀을 구성하여 상호작용
개인교습 모델	• 개인교사와 학생의 관계와 유사하게 1:1의 관계로 슈퍼비전을 주고받음
슈퍼비전 집단	• 한 명의 슈퍼바이저와 한 집단의 슈퍼바이저로 구성, 개인교습 모델의 확대
케이스 상담	• 업무자와 상담인의 체계로 형성

〈표 8-13〉 V. Coulshed의 슈퍼비전 모형

구 분	내 용
개인 슈퍼비전	• 슈퍼바이저 1인이 사회복지사 1인에게 슈퍼비전(일반적 형태) • 슈퍼바이저 없이 비슷한 수준의 사람이 1:1로 도와주는 형태
집단 슈퍼비전	• 슈퍼바이저 1인이 다수의 사회복지사에게 슈퍼비전 • 슈퍼바이저 없이 다수가 서로 도와주는 형태
직접 슈퍼비전	• 슈퍼바이저 1~2인이 사회복지사 관찰
간접 슈퍼비전	• 사회복지사의 설명을 듣고 서술한 기록, 역할연기나 모의실험을 통해 슈퍼비전
공식적 슈퍼비전	• 슈퍼비전이 준비되고 목적과 목표가 있고 슈퍼비전이 가능한 조직하에서 특정 장소에서 이루어지는 경우
비공식 슈퍼비전	• 준비되지 않은 상태에서 슈퍼비전

5. 직무만족과 소진

1) 직무만족

(1) 직무만족의 개념

직무만족(job satisfaction)은 업무자들이 일과 직무환경에 대해 갖는 태도 및 인지를 말하는 것이다. 조직구성원들은 자기의 직무에 어떻게 만족하느냐에 따라 조직에 대하여 긍정적일 수도 있고 부정적일 수도 있으므로 직무만족은 조직효과성의 중요한 요인이 된다. 이러한 직무만족은 내적 만족과 외적 만족으로 구분한다.

내적 만족은 직무의 난이도, 도전감, 중요성, 다양성, 책임 등 직무 그 자체의 내재적 가치가 주는 만족감이며, 외적 만족은 보상, 작업환경, 승진 등 직무수행의 결과에 따라 직무 외적으로 부여된 외재적 가치가 주는 만족감을 의미한다.

(2) 직무만족의 결정요인

직무는 다양한 업무 관련 요인들과 연계되기 때문에 직무만족의 관련 요인 역시 매우 다양하다. 직무만족 결정요인으로 긴즈버그(Ginsberg)는 ① 경제적 보상, ② 명예, ③ 특별한 활동과 특별한 목표 달성에서 얻는 기쁨의 본질적 만족, ④ 사회적・환경적인 만족 등을 들고 있으며, 브룸(Vroom)은 ① 감독, ② 작업집단, ③ 직무내용, ④ 임금, ⑤ 승진의 기회, ⑥ 작업시간 등을 들고 있으며, 로크(Locke)는 ① 직무 자체, ② 보수, ③ 승진, ④ 인정, ⑤ 복리후생, ⑥ 작업환경, ⑦ 감독, ⑧ 동료, ⑨ 회사경영방침 등을 제시하였다(신복기 외, 2002 : 276).

2) 소 진

(1) 소진의 개념

소진(burnout)은 전에는 헌신적이었던 전문직업인이 직업에서 경험하는 스트레스와 고통들에 대한 반응으로 직무에서부터 멀어져 가는 과정을 말하며, 자기 직업에 대한 이상, 열정, 목적의식이나 관심을 점차적으로 상실하는 과정이다. 이러한 소진은 주로 밀접한 인간관계와 관련된 직무스트레스가 많은 직종의 종사자들에게서 나타나는 부정적 현상이며, 특히 이러한 현상은 단순히 개인의 문제에 머무는 것이 아니라, 클라이언트에 대한 서비스와 기관에 영향을 미친다.

(2) 소진의 단계

① **열성의 단계** : 사회복지사가 자기 일에 대해 희망과 정열을 갖고 많은 시간과 노력을 투자하는 단계이다.

② **침체의 단계** : 근무하는 일이 다른 모든 것을 대체할 만큼 투자의 가치가 없다고 느끼는 단계로서 이 단계에서 사회복지사는 오히려 보수, 근무시간과 근무환경 등에 신경을 쓰고 개인적인 욕구충족을 중요시한다.

③ **좌절의 단계** : 사회복지사가 자신의 직무수행 능력과 일 자체의 가치에 대한 의문을 갖는 단계로 노력에 비해 성과가 적다고 불평하게 되며 일

을 회피하고 자신이 하는 일에 대한 위협으로 보게 된다. 이러한 가장 전형적인 증상은 클라이언트와의 직접적인 접촉을 피하고 피로, 두통, 복통 등의 경험을 호소하는 것이다.

④ **무관심의 단계** : 자신을 좌절로부터 방어하기 위해 냉담해지는 단계로 정신적 · 신체적으로 포기 상태에서 클라이언트에게 무관심해지거나 직장을 아주 떠나는 단계이다.

참 고 문 헌

김영종(2010). **사회복지행정론**. 서울 : 학지사.

김융일 · 양옥경(2004). **사회복지 슈퍼비전론**. 경기 : 양서원.

신민정 · 염일열 · 조성옥(2015). **사회복지행정론**. 경기 : 공동체.

신복기 · 박경일 · 이명현(2013). **사회복지행정론**. 경기 : 공동체.

신복기 · 박경일 · 장중탁 · 이명현(2002). **사회복지행정론**. 경기 : 양서원.

오세영(2013). **사회복지행정론**. 서울 : 신정.

최성재 · 남기민(2005). **사회복지행정론**. 서울 : 나남출판.

최덕경 · 강도명 · 김준환 · 김태동 · 박주현 · 이은경 · 전영록(2014). **사회복지행정론**. 서울 : 창지사.

한동일 · 전해황 · 김종명 · 박상도 · 송낙길 · 이승현 · 이장희 · 장정순(2009). **사회복지행정론**. 경기 : 양서원.

황성철 · 정무성 · 강철희 · 최재성(2010). **사회복지행정론**. 경기 : 학현사.

Coulshed, V.(1990). *Management in Social Work*. London : Macmillan Publishing Co.

French, W. L.(1987). *The Personnel Management Process*. Boston, MA : Houghton Mifflin Co.

Klinger, D.(1988). *Personnel Management*. in J. Rabin & M. B. Steinhauer(eds.), Handbook on Human Services Administration. New York : Marcel Dekker, Inc.

Pecora, P. J.(1998). Recruiting and selecting effective employees. In R. L. Edwards & J. A. Yankey(Eds.), *Skills for effective management of nonprofit organizations*. Washington, DC : National Association of Social Workers.

Skidmore, R.(1983). *Social Work Administration : Dynamic Management and Human Relationships*. Englewood Cliffs, New Jersey : Prentice-Hall.

Watson, K. W.(1973). Differential Supervision. *Social Work*, *18*, Nov.

Social Welfare Administration

Chapter

09

재정관리

01. 재정관리의 요소와 특수성
02. 예산관리의 이론
03. 예산집행
04. 결 산
05. 회계 및 회계감사
06. 재원확보 전략

Chapter

09 재정관리

1. 재정관리의 요소와 특수성

1) 재정관리의 개념과 요소

재정관리란 조직이 목표달성을 위해 필요한 재정자원을 합리적이고 계획적으로 동원하여 효율적으로 배분하고 사용하고 관리하는 과정을 의미한다. 이러한 재정관리는 예산(재정계획)을 수립하고(예산수립), 예산상의 수입(세입)과 지출(세출)활동을 관리하고(예산집행), 재정자원의 수입과 지출에 관한 사항을 기록·정리하고(회계), 재정관리의 전반적 과정을 평가하는 절차로 이루어진다(최성재·남기민, 2005 : 250). 이와 같은 재정관리는 일반적으로 재무계획, 기금조성, 부채관리, 예산편성, 지출통제 등의 업무를 포괄하고 있다.

재정관리와 관계되는 요소는 몇 가지 범주로 구분하면, ① 예상되는 재원의 수입을 검토하여 지출에 맞추어 가는 활동, ② 기부금 모집, 교부금 신청, 수수료 징수 및 기금조성과 관계되는 수입원을 찾아내어 확보하는 활동, ③ 이용 가능한 자원을 할당해 주는 활동, ④ 지도·감독, 회계 등을 통해 지출을 적절히 조절하는 활동, ⑤ 재정적 책임을 위한 평가 등이다. 이와 같은 활동은 서로 연관되어 있으며 순환적 특징을 갖는다(신복기·박경일 외, 2013 : 250).

2) 재정관리의 특수성

사회복지조직은 자원의존성이 강하며 안정적인 재원확보가 중요하다. 하센펠드(Hasenfeld, 1992)는 사회복지조직의 재정관리에 관한 주요 특성을 다음과 같이 제시하였다(황성철 · 정무성 외, 2010 : 238-239).

① 사회복지조직은 법적으로 위임된 서비스라 할지라도 재정할당 정도를 스스로 정할 수 없다. 이는 사회복지조직이 예산과 관련된 정책결정과정에 참여할 수 있는 권한을 제한당하는 것을 의미한다.

② 사회복지조직은 매우 다양한 재원을 갖는다. 정부보조금, 재단지원금, 협찬후원금, 기부금, 서비스 요금, 수익사업에 의한 이용료, 기타 특별한 행사나 기증 등의 수입이 다양하다.

③ 사회복지조직은 다양한 원천으로부터 재원을 확보하기 위해 특별한 업무를 수행해야 한다. 재단에 사업제안서(proposal)를 쓰거나 정부와 계약관계를 맺고, 기부자에게 후원금을 요청하거나, 클라이언트에게 이용료를 지불하도록 요청하고, 마케팅 전략을 통해 기부금품을 모집하거나 접수받고, 특별행사를 조직화하는 등의 다양한 재원확보 전략을 추진해야 한다.

3) 사회복지재원의 유형

사회복지서비스를 전달하는 데 있어서 필수는 충분한 재원을 확보하는 일이다. 사회복지에 필요한 재정을 충당하는 방법은 다양하며, 그것에 따라 정책이나 서비스의 목표나 내용이 달라지기 때문에 사회복지의 재원을 이해하는 것은 매우 중요하다. 사회복지의 재원은 크게 공공재원과 민간재원으로 나눌 수 있다.

(1) 공공재원

① 일반조세

일반조세는 공공부문에서 조달되는 사회복지 재원 중에서 사회보장세와 함께 가장 큰 부분을 차지하는 것으로 국가의 복지예산을 통해 사회복지정책에 투입된다. 일반조세는 주로 누진세로서 소득이 많을수록 세율이 증가되어 소득재분배 효과가 크고, 안정적이고 지속해서 공급될 수 있다는 점에서 사회복지 재원으로 많이 활용된다. <표 9-1>은 우리나라 조세를 분류하여 정리한 것이다.

〈표 9-1〉 우리나라 조세분류

분류	구분	내용
과세주체에 따른 분류	국세	국가가 부과·징수하는 조세(1세목 1세법주의) ㉠ 소득세, 법인세, 상속세, 증여세, 부가가치세, 인지세 등 14개 세목
	지방세	지방자치단체가 부과·징수하는 조세(통일법전주의) ㉠ 취득세, 등록세, 재산세, 농업소득세, 도시계획세, 공동시설세, 사업소세, 지역개발세, 지방교육세 등 16개 세목
조세수입 용도에 따른 분류	보통세	조세수입의 용도를 특정하지 아니한 조세(목적세를 제외한 모든 조세)
	목적세	특정한 용도를 정하여 그 용도에만 충당하는 조세 ㉠ 국세 목적세 : 교육세, 교통세, 농어촌특별세 지방세 목적세 : 공동시설세, 사업소세, 지역개발세, 도시계획세, 지방교육세
조세전가 여부에 따른 분류	직접세	세금을 부담하는 자와 세금을 납부하는 자가 일치하는 세금 ㉠ 소득세, 법인세, 상속세, 증여세, 부당이득세
	간접세	세금을 부담하는 자와 세금을 납부하는 자가 일치하지 않는 세금 ㉠ 주세, 부가가치세, 증권거래세, 인지세, 특별소비세, 교통세
과세대상 귀속 여부에 따른 분류	인세	납세의무자의 과세환경을 중심으로 그 인격에게 귀속되는 소득·수익·재산에 대하여 과세하는 조세(납세자의 조세부담 능력 고려) ㉠ 소득세, 법인세, 상속세, 증여세
	물세	불제에 대하여 과세하는 조세 ㉠ 취득세, 등록세, 재산세, 자동차세, 부가가치세
과세표준의 표시방법에 따른 분류	종가세	과세표준이 금액으로 표시되는 조세 ㉠ 소득세, 법인세, 취득세 등 대부분 조세
	종량세	과세표준이 수량·중량·용적·건수 등으로 표시되는 조세 ㉠ 등록세 중 일부(건수-지목변경, 합필, 말소, 구조변경등기), 재산할 사업소세, 지역개발세 중 일부, 인지세 중 일부

조세의 독립성에 따른 분류	독립세	다른 세목에 관계없이 독립적인 과세대상을 갖는 조세 ㉖ 소득세, 법인세, 취득세, 등록세 등 대부분 조세
	부가세	본세(本稅)의 과세표준 또는 본세의 세액을 과세표준으로 하여 부가하는 조세 ㉖ 국세 : 농어촌특별세 지방세 : 지방교육세, 소득할 주민세
과세대상에 따른 분류	수득세	수입의 획득사실에 착안하여 수익과 소득을 과세대상으로 하여 과세하는 조세 ㉖ 소득세, 법인세
	재산세	재산을 소유하고 있는 사실을 담세력으로 보고 부과하는 조세 ㉖ 재산세, 상속세, 증여세, 자동차세
	소비세	상품 또는 서비스를 소비하는 사실에 착안하여 과세하는 조세 예) 특별소비세, 주세, 부가가치세, 교통세
	유통세	권리의 취득·이전 등이나 재화의 유통에 착안하여 부과하는 조세 ㉖ 취득세, 등록세, 면허세, 인지세, 증권거래세

출처 : 김학만(2007). 사회복지정책신론, pp.183-184.

② 사회보장성 조세 : 사회보험료

사회보장성 조세는 일종의 목적세로서 사회적 위험에 대비하기 위한 국민연금, 건강보험, 고용보험, 산재보험과 같은 사회보험료를 의미하며, 사용자와 근로자에게 강제로 징수하는 보험료이다. 사회보장성 조세는 기여금이라고도 하며, 일반조세와 달리 미래에 받을 수 있는 사회보장급여에 대한 권리로 인식해 조세저항이 상대적으로 적다. 그러나 모든 근로소득에 같은 비율로 부과되고 보험료 부담의 기준이 되는 소득의 상한선이 있어 고소득층에 유리하다는 역진적 성향이 있다.

③ 조세비용

조세비용은 정부가 납세자에게 받아야 할 조세를 감면·공제·면제해 주는 제도로서 실질적인 조세수입의 감소를 통해 특정의 목적을 달성하기 때문에 공공재원으로 분류한다. 그러나 많은 수의 저소득층은 소득이 낮아 과세대상에서 제외되어 복지성 조세 감면혜택을 누리지 못하고, 소득이 높을수록 공제대상지출이 높기 때문에 고소득층에 유리하다는 한계가 있다.

(2) 민간재원

① 자발적 기부금

개인이나 기업이 선의나 이타주의에 입각하여 자발적으로 특정 목적을 위해 금품을 제공하는 행위로서 사회복지부문에서 가장 중요한 민간재원이다. 이러한 자발적 기여의 형태는 개인, 재단, 법인, 유산으로 이루어진다. 그런데 자발적 기여가 자선, 박애의 동기만을 기초로 하는 것이 아니라 정부의 조세감면정책, 즉 세금공제 또는 면제를 통해 강화되고 조세감면의 혜택이 없으면 줄어드는 경향을 보인다.

② 사용자 부담금

사용자 부담(user fee)은 사회복지서비스를 이용하는 사람들이 그에 대한 대가를 부담하는 것을 말한다. 가장 대표적인 것이 건강보험료의 본인부담이나 사회복지서비스의 이용자 부담이 있다. 사용자 부담은 이용자의 선택권을 강화시키는 이점이 있지만, 이용자 가운데는 선택능력이 없는 경우 서비스 접근의 제한을 받는다.

③ 기업복지

기업복지는 고용주가 피고용자들에게 제공하는 임금 외 급여 또는 부가급여를 통한 피고용자들의 복지를 증진시키는 것을 말한다. 기업복지의 내용으로는 기업연금, 민간건강보험, 유급휴가, 주택구입비 지원, 사택 제공, 무이자대출, 사내 후생시설, 차량운영비, 자녀의 학비지원 등을 들 수 있으며, 보통 임금을 지급하는 대신에 지원되고 세제상 유리할 때가 많다.

2. 예산관리의 이론

1) 예산의 의의와 원칙

(1) 예산의 개념

예산(budget)이란 일정 기간(회계연도)에 있어서 조직의 수입과 지출에 대한 예정액을 계수화한 재정계획이라고 정의할 수 있다. 말하자면 예산은 한정된 자원을 배분하고자 하는 정책의사결정이며 조직의 목표달성을 위한 계획을 화폐단위로 표시하며, 조직의 업무를 효과적이고 효율적으로 수행하는 필요한 자금을 조달하고 사용하는 것에 대한 의사결정과정이며 미래에 대한 청사진이다.

공공 사회복지기관은 정부의 '예산회계법'의 적용을 받고, 민간 사회복지조직에서는 '사회복지법인 및 사회복지시설 재무·회계규칙'이 정하는 법적 규정에 따라 법인이 일정한 절차와 형식을 거쳐 예산을 수립하게 되며, 이를 이사회 또는 예산 심의 의결기구를 통해 확정하게 된다.

(2) 예산의 성격

예산은 단순히 1년간의 수입과 지출을 계획하는 것만 아니라 좀 더 포괄적이고 다면적인 다음과 같은 성격을 지닌다(Weiner, 1990 : 289-292).

① 정치적 과정이다. 예산은 자원배분이 초점이 되는데 이러한 자원배분에 대한 의사결정은 정치적으로 이루어진다는 의미이다.

② 사업기획과정이다. 예산은 조직의 목표달성을 위한 사업을 수행하기 위한 것이고, 예산수립과정은 목표설정, 대안개발 및 기대효과 분석, 효과성 평가기준 설정 등의 사업기획 절차와 병행·통합되므로 사업기획과정이라 할 수 있다.

③ 사업관리과정이다. 예산은 조직의 관리자가 조직 각 단위의 활동과 그 책임자 및 시행일정 등을 검토하므로 사업관리적 성격을 지닌다.

④ 회계절차이다. 예산서는 회계 담당자가 자금의 내적·외적 흐름을 통제

하고 재정활동을 승인하는 근거가 되므로 예산수립은 회계절차의 성격을 지닌다.

⑤ 인간적인 과정이다. 예산은 클라이언트와 조직성원, 지역사회 주민들에게 영향을 끼치게 되므로 인간적인 과정이다.

⑥ 미래를 변화시키는 과정이다. 예산은 장래의 활동계획에 대한 재정계획이므로 미래를 변화시키는 과정이 될 수 있다.

(3) 예산의 원칙

예산원칙이란 예산의 편성·집행에 있어서 지켜야 할 기준이다. 스미스(Smith, 1945)는 정부의 예산수립에 있어서 지켜야 할 원칙들을 다음과 같이 제시하였다.

① **공개의 원칙** : 예산의 편성·심의·집행과정 등이 대중에게 공개되어야 한다는 것을 말한다.

② **명료성의 원칙** : 예산은 모든 국민이 이해할 수 있도록 편성되어야 한다.

③ **포괄성의 원칙** : 예산은 총계주의 원칙에 입각하여 모든 세입·세출을 포괄해야 하며 정부의 모든 활동이 예산에 표현되어야 한다.

④ **예산 통일성의 원칙** : 모든 수입을 하나의 공통된 일반세원에 포함해 지출해야 한다는 것으로 특정한 세입과 특정한 세출을 직접 연결하는 것이 금지된다.

⑤ **명세성의 원칙** : 예산수지는 구체적·명세적으로 제시되어야 하며, 특별한 경우 외에는 예산의 이용, 전용은 금지되어야 한다.

⑥ **시전승인의 원칙** : 예산은 사전에 의회의 심의·의결을 받아야 한다는 것을 의미한다.

⑦ **정기성의 원칙** : 지출권한을 일정 기간(회계연도)에 한하여 부여하여야 한다는 것으로 이 기간이 끝날 때까지 사용되지 않은 예산은 효력을 상실하거나 금액과 용도를 정하여 의회의 재의결을 받아야 한다.

⑧ **정확성의 원칙** : 예산의 추계는 가능한 한 정확해야 하며, 세출을 과다하게 적산하거나 세입의 과소추계에 의한 은폐된 재원이 존재해서는 안 된다는 것을 의미한다.

(4) 예산의 종류

예산은 기준에 따라 일반회계와 특별회계로 구분되는데 사회복지조직의 예산은 일반적으로 일반회계로 구분된다. 일반회계는 사회복지조직의 건전한 운영을 목적으로 대상자 및 직원의 복지 증진을 위하여 운영되는 회계라 할 수 있다.

① **본예산** : 법인의 대표이사 및 시설의 장은 예산을 편성하여 각각 법인 이사회의 의결 및 사회복지사업법 제36조에 따른 운영위원회 또는 영유아보육법 제25조에 따른 어린이집운영위원회에의 보고를 거쳐 확정한다. 법인의 대표이사 및 시설의 장은 확정한 예산을 회계연도 개시 5일 전까지 관할 시장 · 군수 · 구청장에게 제출하여야 한다. 시장 · 군수 · 구청장은 예산을 제출받은 때에는 20일 이내에 법인과 시설의 회계별 세입 · 세출명세서를 시 · 군 · 구의 게시판과 인터넷 홈페이지에 20일 이상 공고하고, 법인의 대표이사 및 시설의 장으로 하여금 해당 법인 및 시설의 게시판과 인터넷 홈페이지에 20일 이상 공고하도록 하여야 한다(사회복지법인 및 사회복지시설 재무 · 회계규칙 제10조).

② **수정예산** : 일반적으로 국가나 시 · 도 보조금은 다음 회계연도 기간 동안에 주어지게 되므로 수정예산의 편성은 반드시 필요하다. 따라서 이미 시설에서 작성되어 법인이사회에 제출된 예산에 대한 수정이 필요한데 그 가운데 일부가 수정된 예산을 수정예산이라 한다.

③ **추가경정예산** : 법인의 대표이사 및 시설의 장은 예산성립 후에 생긴 사유로 인하여 이미 성립된 예산에 변경을 가할 필요가 있을 때에는 추가경정예산을 편성 · 확정할 수 있다. 법인의 대표이사 및 시설의 장은 추가경정예산이 확정된 날로부터 7일 이내에 이를 시장 · 군수 · 구청장에게 제출하여야 한다(사회복지법인 및 사회복지시설 재무 · 회계규칙 제13조).

④ **잠정예산** : 예산안이 회계연도 개시 전까지 의회를 통과하지 못할 경우에 일정 기간(최초 몇 개월 동안)의 일정 금액(필요적 경비)에 대하여 국고에서 지출하도록 허용하는 예산을 의미한다.

⑤ **가예산** : 예산안이 부득이한 사정으로 인하여 회계연도 개시 전에 의결하지 못하는 경우에 약 1개월 정도의 예산을 편성 의결하여 운용할 수 있도록 한 한시적 예산을 의미한다. 잠정예산과 비슷하나 사용기간이 1개월인 점이 다르다.

⑥ **준예산** : 회계연도 개시 전까지 법인 및 시설의 예산이 성립되지 아니한 때에는 법인의 대표이사 및 시설의 상은 시장・군수・구청장에게 그 사유를 보고하고, 예산이 성립될 때까지 임・직원의 보수, 법인 및 시설 운영에 직접 사용되는 필수적인 경비, 법령상 지급의무가 있는 경비를 전년도 예산에 준하여 집행할 수 있다(사회복지법인 및 사회복지시설 재무・회계규칙 제12조).

(5) 예산수립 과정과 절차

일반적으로 사회복지조직에서 예산수립은 조직의 상부에서 마련된 예산편성 지침에 따라 하부단위가 각 부서별 예산을 수립하여 상부단위에 제출하면, 상부단위에서 검토와 조정과정을 거쳐 최고 책임자(이사회)가 승인하는 방식으로 이루어진다. 예산작성지침서에는 조직의 목표, 정책 변경 사항, 가용자원, 예산통제 사항 등이 포함되어 있다. 스키드모어(Skidmore, 1995)는 조직 전체 차원에서 예산수립을 위한 바람직한 절차를 다음과 같이 제시하였다.

① 조직의 단기적・구체적 목표 설정

예산수립 시 가장 먼저 수행되어야 할 것은 조직의 기존 목표를 확인하고 필요하다면 새로운 목표를 설정하는 것이다. 예산수립은 보통 1년간의 회계연도 단위로 이루어지므로 조직의 장기적인 목표보다는 단기적이고 구체적인 목표에 초점을 두는 것이 바람직하다. 단기적인 목표는 정기적인 평가가 가능하고, 관찰과 측정이 가능하도록 제시되어야 하며, 장기적인 일반 목표와 부합하는지 검토하여 수립하여야 한다.

② 조직운영에 관한 자료 수집

조직의 목표 확인 및 설성과 함께 이루어져야 할 것은, 조직의 과거 및 현재의 운영 전반에 관한 정보 수집이다. 정보수집의 범위는 조직 전체, 부서별 및 개인별 업무와 사업실적, 사업평가, 조직 내외의 가용자원, 재정상황 등이다.

③ 운영대안의 검토

수집된 정보를 기초로 하여 목표 달성을 위해 가능한 대안을 살펴보고, 효율성을 검토하는 것이다. 이때 여러 가지 대안들 중 하나를 선택하기 위해서는 대안 선택을 위한 기준을 마련하는 것이 필요하다.

④ 우선순위 결정

다양한 운영 대안 중에서 비교·검토하여 조직 목표와의 관련성을 검토하며, 필요성, 시급성, 효율성, 재정가용성 등을 비교 기준으로 삼는다.

⑤ 우선순위에 따른 예산에 관한 최종적인 결정

우선순위가 정해지고 나면, 이에 따른 지출예산을 운영단위, 사업단위, 기능단위에 배정하여 지출예산안을 잠정적으로 확인한다.

⑥ 적절한 해석과 홍보

예산안이 작성되면 민간기관은 이사회에, 정부기관은 예산담당 부서에 제출하여 예산청구의 필요성을 합리적으로 설명하고 홍보하여 최종적인 예산 승인을 얻는다.

사회복지기관에 있어서 예산수립 절차를 사회복지법인 및 사회복지시설 재무·회계규칙에 초점을 맞추어 살펴보면 다음과 같다.

첫째, 법인의 대표이사는 회계연도 개시 1개월 전까지 법인과 시설의 예산편성 요령을 정하여야 하며, 대표자 이외에 법인 또는 시설의 소재지를 관할하는 시장·군수·구청장도 필요하다고 인정되는 사항에 대해서는 예산편성지침을 정하여 회계연도 개시 2개월 전까지 법인 및 시설에 통보할 수 있다(사회복지법인 및 사회복지시설 재무·회계규칙 제9조).

둘째, 법인의 대표이사 및 시설의 장은 법인회계, 시설회계, 수익사업 회계별 예산을 편성하여 이사회의 의결 및 시설운영위원회에 보고를 거쳐 확정하고, 다만 법인이 설치 운영하는 시설인 경우에는 시설운영위원회에 보고한 후 이사회의 의결을 거쳐 확정한다(사회복지법인 및 사회복지시설 재무・회계규칙 제10조).

셋째, 법인 대표이사 및 시설의 장은 확정한 예산을 회계연도 개시 5일 전까지 관할 시장・군수・구청장에게 제출하여야 하며, 예산을 제출받은 시장・군수・구청장은 20일 이내에 법인과 시설의 회계별 세입・세출명세서를 시군구 게시판과 인터넷 홈페이지에 20일 이상 공고하고, 법인 대표이사는 법인과 시설의 게시판에 20일 이상 공고해야 한다(사회복지법인 및 사회복지시설 재무・회계규칙 제10조). 예산을 수립하는 경우 첨부하여야 할 서류는 <표 9-2>와 같다(사회복지법인 및 사회복지시설 재무・회계규칙 제11조).

〈표 9-2〉 **사회복지법인 및 시설의 예산에 첨부되어야 할 서류**

법인회계의 예산	시설회계의 예산
복식부기	단식부기
2. 첨부서류 ① 예산총칙 ② 세입・세출명세서 ③ 추정대차대조표 ④ 추정수지계산서 ⑤ 임직원보수 일람표 ⑥ 당해 예산을 의결한 이사회 회의록 사본	2. 첨부서류 ① 예산총칙 ② 세입・세출명세서 ⑤ 임직원보수 일람표 ⑥ 당해 예산을 의결한 이사회 회의록 사본 * 주의 : ③과 ④는 제출하지 아니함

2) 예산제도의 유형

(1) 품목별예산(LIBS : Line-Item Budgeting System)

① 의의

품목별 예산은 1회계연도를 기준으로 하는 가장 기본적인 예산형식이며 사회복지조직에서 가장 많이 사용하고 있는 형식으로 예산을 지출대상(품목)별로 분류해 편성하는 예산제도이다. 품목별 예산은 지출항목별 회계와 전년도에 기초하여 작성되며 액수의 점진적인 증가에 기초를 둔 점증주의적 특성을 가지며 지출대상은 인건비, 장비사용료, 사무용품, 여비 등이 있다. 이 예산제도는 예산액을 지출대상별로 한계를 명확히 정해 배정함으로써 관료의 권한과 재량을 제한하는 통제지향적 예산이다. <표 9-3>은 품목별 예산의 예이다.

〈표 9-3〉 품목별 예산의 예 (단위 : 원)

항 목	2016년 예산	2017년 예산	증감액	증감률(%)
급 여	100,000	120,000	20,000	20
회의비	20,000	22,000	2,000	10
여 비	1,000	1,100	100	10
소모품비	50,000	55,000	5,000	10
우송료	500	600	100	20
임대료	40,000	48,000	8,000	20
공공요금	20,000	40,000	20,000	100
·	·	·	·	·
·	·	·	·	·
총 계	586,000	695,800	109,800	18.7

② 장점

첫째, 간편하고 품목별로 비용을 쉽게 조절할 수 있다.

둘째, 지출대상이나 금액이 품목 중심으로 명확하게 표현되어 있어 회계책임과 예산통제를 쉽게 할 수 있다.

셋째, 지출대상별로 세부적으로 분류되어 있기 때문에 예산의 유용이나 부정을 방지할 수 있다.

③ 단점

첫째, 지출대상 및 지출금액에 대한 한계가 명확하게 설정되어 있기 때문에 예산집행과정에서 신축성이 부족하다.

둘째, 예산확보를 위해 예산항목에만 관심을 갖고 지출에 따른 성과나 효과에 대해서는 관심을 두지 않기 때문에 정책 및 사업의 우선순위를 소홀히 할 수 있다.

셋째, 예산증대의 근거가 프로그램의 특성과 평가에서 나오지 못하고 전반적인 인상률을 적용하므로 예산 증감 기준의 타당성이 희박하다.

(2) 성과주의 예산(PBS : Performance Budgeting System)

① 의의

성과주의 예산제도를 기능주의 예산 또는 프로그램 예산제도라고도 하며, 예산을 기능별 또는 프로그램별로 분류하고, 이를 다시 세부 프로그램으로 나누어 각 세부 프로그램별 단위 원가를 산출하고, 이에 업무량을 곱해 예산액을 산정하는 과정중심 예산이다.

품목별 예산이 예년의 기준을 근거로 한 점증적 방식으로 예산편성이 이루어지는 반면, 성과주의 예산은 사업을 중심으로 편성함으로써 예산액의 절약과 능률보다 사업 또는 정책의 성과에 더 관심을 갖는다. 또한 업무단위의 비용과 업무량을 측정함으로써 정보의 계량화를 시도하여 관리의 능률성을 높일 수 있게 한다. <표 9-4>는 가상으로 만들어 본 성과주의 예산의 예이다.

〈표 9-4〉 가상 복지관의 수행성과 예산의 예

단 위	세부활동	예산(천 원)
청소년복지사업 (청소년복지팀)	청소년 집단상담 6회×2,000천 원	12,000
	청소년 전화상담 600건×20천 원	12,000
	심리진단 200건×10천 원	2,000
	가족지지 프로그램 8회×1,000천 원	8,000
총 계		34,000

출처 : 홍현미라·정진경 외(2014). 사회복지행정론, p.241.

② 장점

첫째, 프로그램의 목표와 운영에 대한 모니터링이 가능하다.

둘째, 단위 원가를 계산하여 자금을 배분함으로써 합리성을 도모할 수 있다.

셋째, 예산 할당의 기준을 성과물에 근거를 두기 때문에 프로그램의 통제 및 효율성을 기할 수 있다.

넷째, 예산집행에 신축성을 부여하고 실적평가를 용이하게 하고 장기계획을 수립할 때 도움을 줄 수 있다.

다섯째, 새로운 서비스를 제공하기 위해서 현재 프로그램을 수정하는 비용을 사정하는 데 유용하다.

③ 단점

첫째, 업무 측정 단위와 단위 원가를 산출하는 기준이 모호하고 곤란하다는 것이다.

둘째, 품목예산에 비해 회계책임이 명백하지 않고 엄격한 통제가 곤란하다.

셋째, 재정의 비용 효과성에 치중하여 프로그램의 효과성에 대해 소홀히 할 수 있는 우려가 있다.

(3) 계획예산(PPBS : Planning Programming Budgeting System)

① 의의

계획예산제도는 목표를 설정하고(Planning), 정해진 목표를 달성할 수 있도록 사업계획을 작성하며(Programming), 작성된 사업계획들에 자금을 체계적으로 배정(Budgeting)하는 예산제도이다. 계획예산은 장기적인 계획수립과 단기적인 예산편성을 유기적으로 관련시킴으로써 자원배분에 관한 의사결정을 합리적으로 일관성 있게 행하려는 예산체계이다.

계획예산을 도입하기 위해서는 선행조건이 필요한데, 첫째, 장기적 계획의 사업목표가 명확히 제시되어야 하고, 둘째, 설정된 목표를 달성하기 위한 대안을 선택할 능력이 있어야 하며, 셋째, 장기계획을 뒷받침할 수 있는 사업재정계획이 있어야 한다(홍봉수·임현진 외, 2011 : 194). 따라서 계획예산은 계획지향적이며, 금액에 대한 결정보다는 사업에 대한 결정에 더 초점이 맞추어진다. 계획예산의 수립과정은 다음과 같은 여덟 단계로 진행된다(신복기 외, 2013 : 259).

첫째, 조직의 장기적이고 일반적인 목표를 확인 또는 개발한다.

둘째, 구체적이고 시간 제한적이며 계량적인 목표를 잠정적으로 정한다.

셋째, 가용자원과 계약조건 등에 관한 정보를 수집한다.

넷째, 자료를 근거로 구체적 목표 설정과 우선순위를 정한다.

다섯째, 여러 대안들을 개발하고 각 대안들로부터 예상되는 효과성과 효율성을 비교 분석하여 최적의 대안을 설정한다.

여섯째, 선택된 대안(프로그램)에 대한 예산을 수립하여 예상되는 수입 원천과 실행 가능성을 검토한다.

일곱째, 자원 확보 가능성 및 기타 실행 가능성을 고려하여 예산을 조정한다.

여덟째, 최종 예산안을 결정한다.

〈표 9-5〉 **농어촌 주민의 보건복지 향상을 위한 계획예산**

<table>
<tr><th>목 표
연도별 세부목표</th><th colspan="5">농어촌 주민의 보건복지 향상
(전체예산 3조)</th></tr>
<tr><td>농어촌 사회안전망
확충(2015)</td><td colspan="2">기초생활보장 및 자활지원
(5,000억 원)</td><td colspan="2">치매노인 그룹홈 설치
(3000억 원)</td><td>국민연금 확충
(2,000억 원)</td></tr>
<tr><td>농어촌 보건복지 공급기반
개선(2016)</td><td>공공의료기관의
확대
(4,000억 원)</td><td colspan="2">응급의료시설의
확충
(3,000억 원)</td><td>5대암
조기검진
(2,000억 원)</td><td>건강보험 개선
(1,000억 원)</td></tr>
<tr><td>주민의 복지참여
(2017)</td><td>가사간병 인력의
확대배치
(3,000억 원)</td><td colspan="2">농어촌
재가복지센터 확충
(4,000억 원)</td><td colspan="2">농어촌 지역보건복지
네트워크 구축
(3,000억 원)</td></tr>
</table>

② 장점

첫째, 조직목표와 프로그램을 보다 명확하게 파악할 수 있다.

둘째, 사업계획의 목표·대안·비용·효과 등이 서로 연계되어 있기 때문에 재정 자원을 합리적으로 배분할 수 있다.

셋째, 여러 목표 가운데서 가장 긴급한 것을 선택할 수 있다.

넷째, 장기계획과 단기적 계획과 예산을 유기적으로 결합하기 때문에 프로그램 계획과 예산수립의 괴리를 막을 수 있고 프로그램의 효과성을 높일 수 있다.

③ 단점

첫째, 장기적인 계획에 의해 프로그램 목표와 재정계획이 뒷받침되어야 한다.

둘째, 목표 설정에 수많은 이해집단과 정치적 요인들이 관련되므로 합리적인 목표를 설정하는 것이 쉽지 않다.

셋째, 결과에만 치중하여 과정이 등한시되고, 장기적 계획을 이행하려면 중앙집권적 관리가 필요하게 되므로 최고책임자에게 권한이 집중되는 현상이 나타날 수 있다.

넷째, 목표설정이나 편익과 비용을 화폐단위로 산출해 내는 것이 어렵다.

다섯째, 여러 사업대안의 비교・검토・비용・효과분석 등에 많은 정보가 필요하고, 과다한 시간・비용・노력 등이 요구된다.

(4) 영기준 예산(ZBB : Zero-Based Budgeting)

① 의의

영기준 예산은 전년도 사업이나 관행에 구애받지 않고 영(zero)에서 출발하여 업무계획을 수립하고 우선순위 설정에 의해 채택된 프로그램에 대해 예산을 편성하는 방식이다. 영기준 예산은 전년도 예산을 기준으로 점진적으로 책정되는 점증식 예산 책정의 관행을 타파하기 위한 목적으로 도입되었다. 영기준 예산의 절차를 살펴보면, 첫째, 의사결정 단위(예산신청 단위)의 결정, 둘째, 의사결정 패키지의 작성(목적 또는 목표, 사업의 내용, 비용과 편익, 업무량과 성과측정, 목표달성을 위한 대안, 투입될 노력), 셋째, 우선순위 결정, 넷째, 실행예산 편성이다.

② 장점

첫째, 점증적 방식보다 예산을 절약할 수 있는 가능성이 높아지고, 사업의 쇄신에 기여할 수 있다.

둘째, 하의상달을 통해 사업의 효과성을 향상시킬 수 있고, 관리자의 참여를 확대시킬 수 있다.

셋째, 관례적 예산 책정을 탈피한다는 점에서 예산배분을 합리화할 수 있다.

넷째, 우선순위의 평가・결정에 따라 우선순위가 낮은 사업은 축소・폐지할 수 있고, 고순위사업에 재원을 융통함으로써 재정운영과 예산배정에 탄력성을 확보할 수 있다.

다섯째, 사업의 우선순위를 정기적으로 평가하여 과다한 활동과 낭비를 배제할 수 있게 됨으로써 프로그램의 효율성과 효과성을 높일 수 있다.

③ 단점

첫째, 예산과정을 위한 시간과 노력이 과다할 수 있고 우선순위 설정이 쉽지 않다.

둘째, 합리성만을 강조하고 정치적·심리적 요인을 등한시한다.

셋째, 장기적 계획에 의한 프로그램 수행을 위한 예산으로는 부적합하다.

넷째, 의사소통, 의사결정, 프로그램 평가에 대한 관리자의 전문성과 객관성이 요구된다.

3. 예산집행

1) 의 의

예산집행이란 세입·세출예산이 담고 있는 정책목표와 프로그램들을 성취하는 데 필요한 수입과 지출을 실행하는 일체의 행위를 말한다. 예산을 집행할 때는 사회복지법인 및 사회복지시설 재무·회계규칙 등을 따라야 한다. 예산의 집행은 조직목표의 효율적·효과적 달성과 조직의 존속에 영향을 미치며, 수입·지출에 관한 관리나 통제뿐만 아니라 회계통제, 산출통제, 관리행위 통제의 의미가 있다.

2) 예산집행의 원칙

① 개별화의 원칙

재정통제체계는 개별기관과 그 자체의 제약조건, 요구사항 및 기대사항에 맞게 고안되어야 한다.

② 강제의 원칙

재정통제체계는 강제성을 띠는 어떤 명시적인 규정이 있어야 하며 강제성이 없는 규칙은 효과성이 없다. 강제성은 때로는 개별성을 무시할 수 있으나 규칙의 동일한 적용을 통해 공평성을 기하고 공식화하는 것이다.

③ 예외의 원칙

규칙에는 반드시 예외사항을 고려하여야 하고 그러한 상황에 적용되는 다른 규칙도 명시되어야 한다.

④ 보고의 원칙

통제체계는 보고의 규정을 두어야 하며 재정활동에 대한 보고의 원칙이 없으면 재정 관련 행위를 공식적으로 감시하고 통제할 수가 없다.

⑤ 개정의 원칙

규칙은 많은 경우 일정한 기간 동안만 적용할 수 있도록 제한되어 있거나 적용할 때 부작용이 나타날 경우를 대비하여 일정한 기간이 지난 후에는 규칙을 새로 개정할 수 있어야 한다.

⑥ 효율성의 원칙

통제에는 시간과 비용이 많이 드는 경우가 있으므로 비용과 노력을 최소화하는 정도에서 이루어질 수 있어야 한다.

⑦ 의미의 원칙

효과적인 통제가 되기 위해서는 규칙, 기준, 의사소통 및 계약 등은 관계되는 모든 사람들이 의미 있게 잘 이해할 수 있도록 전달되어야 한다. 그러므로 규칙은 명확하게 기술되어야 하며 통제자료는 쉽게 얻을 수 있어야 하고 절차의 분류와 해석을 위한 것도 명확히 쓰여져야 한다.

⑧ 환류의 원칙

재정통제체계에 대한 규칙, 기준, 의사소통, 계약 등을 적용할 때 발생할 수 있는 여러 가지의 부작용 및 장단점 등을 관련자들로부터 들어서 개정과 개선의 기초로 삼아야 한다.

⑨ 생산성의 원칙

재정통제는 서비스가 효과적이고 효율적으로 전달되도록 하기 위한 수단이므로 이로 인하여 서비스 전달이라는 생산성에 장애와 갈등이 발생하지 않도록 유의하여야 한다.

3) 예산집행의 통제 기제

① 분기별 할당

수입 재정을 제공받는 시기가 일정하지 않거나 계획과 다르게 지급될 경우 원활한 사업집행이 어려울 수 있다. 따라서 조직 내 재정부서가 수입과 지출을 분기별로 조절하여 균형을 유지하도록 하는 방법이다.

② 지출 사전승인

일정 금액 이상의 지출을 할 경우 금액의 규모에 따라 중간관리자나 최고관리자의 사전승인을 받도록 하는 것이다. 사전승인을 통해 수입과 지출의 균형을 유지할 수 있고 승인을 미루어 지출을 억제할 수도 있다.

③ 지출의 취소

예상된 재정원천으로부터 수입이 인가되지 않거나 예상된 수입액이 입금되지 않을 경우 자금지출을 일시적 또는 최종적으로 취소하는 것이다.

④ 재정현황의 정기보고

관리자는 월별·분기별로 재정현황을 보고받아 검토하여야 하며 보고서의 내용은 수입지출의 현황, 변제비용, 인원당 비용, 기능별 비용, 서비스 단위당 비용 등이 포함되는 것이 좋다.

⑤ 대체(전용)

회계연도 말 무렵에 재정이 사업별 또는 계정별로 과다지출되었거나 과소지출된 경우에 과다지출분을 메꾸기 위해 과소지출된 부분을 조절하여 대체하는 것을 말한다

⑥ 지불연기

조직 내・외부로부터의 지불요청에 대해 의도적으로 적당한 방법을 통해 연기함으로써 수입예산이 입금되기까지 여유를 얻는 것이다. 특히 지불연기로 벌칙이나 벌금이 없는 경우에는 지불 요청자의 양해를 얻어 최대한으로 지불연기를 할 수 있다.

⑦ 차용

차용은 은행 또는 특별단체(협회, 연합회, 정부기관 등)로부터 자금을 빌리는(차입) 것을 말한다. 일반적으로 수입예산이 계획대로 확보되지 않을 경우, 불가피한 지출을 위해서는 은행, 사회복지 관련 단체, 정부의 기금으로부터 정기적 또는 단기적인 대부를 받을 필요가 있는 경우가 있다.

4. 결 산

1) 의의와 필요성

결산이란 한 회계연도 내에 발생한 모든 수입과 지출을 확정적인 계수로 표시하는 절차로 예산집행의 마무리 단계라고 할 수 있다. 결산은 예산에 의하여 행동한 기관의 사후적 재정보고의 성격을 지니고 있다. 따라서 사회복지조직의 집행부나 부서는 결산에 의하여 사후 감독을 받는다. 결산이 필요한 이유는 조직의 최고의사결정기구를 통해 공식적으로 결정한 예산안대로 잘 집행되었는지를 밝히고, 흑자나 적자의 크기를 확인하고 결산의 결과를 다음 해 예산에 반영시키기 위해서이다.

2) 결산서 작성제출(사회복지법인 및 사회복지시설 재무・회계규칙 제19조)

(1) 결산보고서 제출

법인의 대표이사 및 시설의 장은 법인회계와 시설회계의 세입・세출 결산

보고서를 작성하여 각각 이사회의 의결 및 시설운영위원회에 보고를 거친 후 다음 연도 3월 31일까지 시장·군수·구청장에게 제출하여야 한다. 다만, 법인이 설치·운영하는 시설인 경우에는 시설운영위원회에 보고한 후 법인이사회의 의결을 거쳐 제출하여야 한다.

(2) 시·군·구의 공고

시장·군수·구청장은 결산보고서를 제출받은 때에는 20일 이내에 세입·세출 결산서를 시·군·구의 게시판과 인터넷 홈페이지에 20일 이상 공고하도록 해야 하며 일간신문이나 정기간행물에 게재하는 것으로 대체할 수도 있다.

5. 회계 및 회계감사

1) 회 계

(1) 회계의 개념

회계(accounting)란 재정적 거래를 분류, 기록, 요약하고 그 결과를 해석하는 표준화된 기술을 의미한다. 회계는 목적에 따라 재무회계와 관리회계로 구분되는데, 재무회계는 내부 및 외부 정보 이용자의 경제적 의사결정에 필요한 내용을 일정 기간 동안의 수입과 지출 사항을 기록하여 보고하는 것을 말하며 거래자료 기록, 시간표 작성, 분개 작성, 결산 등을 주요 내용으로 한다. 관리회계란 행정책임자가 행정적인 의사결정을 하는 데 필요한 재정관계 자료를 정리하는 것으로서 예산단위의 비용을 계산하여 예산의 실행성과를 분석하는 것을 주요 내용으로 한다(신복기 외, 2014 : 261). 사회복지법인 및 사회복지시설 재무·회계규칙 제24조에 의하면, 법인 및 시설에는 ① 현금출납부, ② 총계정원장, ③ 재산대장, ④ 비품관리대장의 회계장부를 둔다.

(2) 회계활동

① 기록업무

수입과 지출에 관한 다양한 기록 장부를 마련하고 회계원칙에 따라 장부에 기록하는 일이다. 사회복지법인 및 사회복지시설 재무·회계규칙 제23조에 의하면, 회계는 단식부기에 의한다. 다만, 법인회계와 수익사업회계에 있어서 복식부기가 필요한 경우에는 복식부기에 의한다.

② 정리업무

장부에 기록된 회계사항을 월별·분기별로 주기적으로 종결하여 정리하는 업무로 정기적으로 재정상태를 파악하기 위한 재정보고서 작성에 필요한 절차이다.

③ 재정보고서 작성 및 발행

사회복지조직의 재정상태를 정기적으로 파악하기 위하여 월별·분기별의 재정보고서를 작성하여 시설 내부 및 이사회에 보고하는 과정으로 회계연도 말에는 1년 동안의 수입과 지출의 현황을 파악할 수 있는 대차대조표 등을 포함한 보고서를 작성하여 정부기관과 이사회에 반드시 보고해야 한다.

2) 회계감사

(1) 의의

회계감사란 조직의 수입과 지출 결과에 관한 사실을 확인·검증하고, 이에 관한 보고를 하기 위해 장부와 기타 기록을 체계적으로 검사(감사)하는 행위를 말한다. 회계감사는 결산과 더불어 예산과정의 마지막으로 예산을 정확하고, 효율적으로 집행하기 위해서 필요하다. 그리고 최근에는 회계감사의 의의가 예산기능의 변화에 따라 품목중심의 예산제도하에서 회계기록을 대상으로 지출의 적법성을 검증하는 것뿐만 아니라 프로그램 중심 예산제도하에서의 프로그램의 능률성과 효과성을 검증하는 것도 대상으로 삼고 있다(신복기 외, 2014 : 265).

(2) 회계감사의 절차

사회복지법인과 시설에 대한 감사는 사회복지법인 및 사회복지시설 재무・회계규칙 제42조에 의하면, 매년 1회 이상 감사를 실시하며, 법인의 대표이사는 시설의 장과 수입원 및 지출원이 사망하거나 경질된 때에는 그 관장에 속하는 수입, 지출, 재산, 물품 및 현금 등의 관리상황을 감사로 하여금 감사하게 하여야 한다. 이때 전임자가 입회하여야 하며, 전임자가 입회할 수 없는 경우에는 그 전임자가 지정하거나 법인의 대표이사가 관계직원 중에서 지정한 입회인을 입회하게 하여야 한다. 감사는 감사보고서를 작성하여 당해 법인의 이사회에 보고하여야 하며, 재산상황 또는 업무집행에 관하여 부정 또는 불미한 점이 발견된 때에는 시장・군수・구청장에게 보고하여야 한다.

(3) 회계감사의 유형

① 주체에 따른 분류

㉠ 내부감사 : 조직의 최고관리자와 같은 조직 내부의 관리자가 감사한다.

㉡ 외부감사 : 조직 외부의 독립된 회계기관, 회계사, 정부의 업무 감독기관에서 행하는 감사를 말한다.

② 대상조직에 따른 분류

㉠ 정부기관에 대한 감사 : 정부의 감독관청 및 감사원이 정부기관에 대하여 행하는 감사를 말한다.

㉡ 법인에 대한 감사 : 법인에서 지정한 외부의 회계기관 또는 정부의 감독관청이 법인에 대하여 행하는 감사를 말한다.

㉢ 법인이 운영하는 사회복지조직에 대한 감사 : 당해 법인, 외부 회계기관 및 감독관청이 법인 운영의 사회복지조직에 대하여 행하는 감사를 말한다.

③ 목적에 따른 분류

㉠ 규정준수 회계감사 : 기관의 재정운영이 적절한 절차에 따라 시행되고 있고 재정이나 다른 보고서들이 적절하게 구비되었는지, 조직에 적

용된 각종 규칙과 규제들을 조직이 잘 준수하고 있는지를 확인하는 과정으로 전통적인 품목별 예산형식에서 요구하는 방식이다. 규정준수 회계감사는 실제로 업무의 효과성이나 능률적인 경비지출 여부를 중요시 여기는 것이 아니라 규칙과 절차, 항목의 규정에 맞게 집행되었는가 하는 데 관심을 두기 때문에 지나치게 형식에 집착하여 문제해결을 어렵게 만들어 관료적 병폐를 드러나게 할 수도 있다.

㉡ **운영 회계감사** : 계획된 재정지출의 집행을 통해 달성하려고 하는 프로그램이 바람직하게 산출되었는지, 의도했던 결과가 달성되었는지, 그리고 자원의 활용이 효율적으로 이루어졌는지 등에 관심을 갖는 감사이다.

6. 재원확보 전략

사회복지조직의 중요한 수입원으로는 보조금, 클라이언트의 이용료를 포함한 수수료, 기부금 등이 있다. 대부분의 사회복지조직들은 이러한 세 가지 자금 원천을 활용하여 재원을 확보하고자 노력한다.

1) 보조금 확보

보조금은 정부로부터 받은 정부보조금과 민간재단으로부터 제공받는 보조금이 있다. 정부보조금은 사회복지법인의 경우에는 운영비 등으로 지급되지만, 사회복지법인이 아닌 일반 사회단체나 사단법인의 경우에는 민·관 공동협력사업의 형식으로 민간단체들이 제출한 사업신청서를 심사하여 제공되기도 한다. 민간기관이나 민간기금으로부터의 보조금은 특정 사업이나 프로그램 제안서를 제출하여 자금을 신청하면 재단에서 심사와 평가를 통해 지급하는 방식으로 이루어진다.

재정원천

★ 정부로부터의 재정원천

- 정부보조금(일률적 보조금)
- 그랜트(선택적 보조금)
- 정부의 위탁(계약)
- 정부로부터 받는 서비스 비용
- 바우처

★ 민간으로부터의 재정원천

- 일반 기부금
- 기금조성 기부금
- 결연 후원금
- 특별행사(공연, 특별모금 방송)
- 유증
- 개인 및 타 조직으로부터 받는 회비
- 동료회원 조직으로부터의 기부
- 지역 공동모금의 배분
- 서비스 요금(유료 서비스 요금)
- 자체 수익사업(건물임대, 이자증식, 특별사업 등)

2) 서비스 이용료와 수수료

수수료 확보와 서비스 이용료 부과는 서비스기관에서 직접 재원을 확보할 수 있는 방법이다. 수수료란 클라이언트, 공공복지기관, 사회보장, 보험회사 등으로부터 지불된 돈을 말하며, 서비스 이용료는 서비스 이용자(클라이언트)로 하여금 서비스 비용을 지불하게 함으로써 확보될 수 있는 재원이다.

수수료 방식은 보조금을 지원받는 방식보다 훨씬 간단하고 단순하다는 장점이 있다. 또한 클라이언트가 이용료를 지불할 경우에는 서비스 수혜에 대한 동기가 더욱 적극적이고 목적지향적일 수 있고, 기관의 서비스에 대한 의사소통과 환류에 있어서도 적극적일 수 있다. 그러나 사회복지기관이 비용을 징수하는 것에 대한 거부감이 있을 수 있고, 비용을 지불할 수 없는 클라이언트가 서비스에서 소외될 수 있다는 문제점이 있다.

수입 추정 방법

- **자동예측법** : 가장 최근의 수입액으로 산정하는 방법
- **평균 예측법** : 최근 3~5년간의 평균으로 산정하는 방법
- **경험적 판단법** : 개인의 경험과 판단력에 의한 방법
- **조건적 판단법** : 체계적 자료분석과 경험적 판단법
- **체계적 자료분석 방법** : 과거의 세금 및 경제상태와 관련한 상관 관계분석, 기부예상자 및 일반에 대한 설문조사

3) 기부금 모집

(1) 모금의 유형

① 일반모금

프로그램 진행과 사무실 운영 등 기관이 존재하기 위해 필요한 운영기금을 마련하기 위한 모금이며 소규모 단체일 경우 기존 멤버의 회비로 충당될 수 있다. 특별한 모금기간이 없이 항상 진행되며 편지나 전화, 홈페이지, 대중매체 광고, 자동응답시스템(ARS), 공연연계마케팅(CRM) 등을 통해 이루어진다. 간혹 특별한 기간에 이벤트를 실시하여 단체가 추구하는 미션과 가치에 동의하는 새로운 기부자를 발굴하는 작업이 병행되기도 한다.

② 특별모금

기관의 세입 증가뿐만 아니라 지역사회 관심을 촉발하는 데 도움을 주며, 특별한 아이템을 판매하고 이익의 일부를 기부하는 행사도 가능하다. 연예인이나 유명 인사를 초대하여 대대적으로 홍보하고 특별히 부담하게 하는 행사를 기획할 수도 있고, 이벤트 경험이 있는 구성원으로 특별위원회를 만들고 유사한 행사가 해마다 같은 시기에 진행되는 것이 좋다.

③ 자선모금

기관의 자산을 늘리기 위해 실시하는 모금이다. 전문적 경험이 있는 모금 컨설턴트가 필요하며 기관에 꾸준히 기부했던 일반 기부자를 주된 대상으로 하고 재단이나 기업이 요청 대상이 된다.

④ 기획모금

유서나 계약과 같은 사전 계획을 통해 기부자 사후에 재산의 전부 또는 일부를 복지기관에 기부한다. 유산증여는 사회복지기관을 위한 가장 좋은 자금원천이 될 수 있으며 기금을 모으는 능력을 크게 하기 위해서는 단독으로 비과세 비영리법인을 세워 효율적으로 할 수도 있다.

(2) 모금의 단계

실질적으로 모금을 요청하는 단계에 이르기 위해서는 몇 가지 단계와 과정이 필요한데, ① 활동계획을 위한 일람표를 만들고 모금에 필요한 책임, 자원과 방편들을 자세히 명시한 전략을 세운다. ② 예상 기부자를 정확히 파악하고 권한을 부여한다. ③ 기부자를 양성한다. ④ 실질적으로 모금을 요청한다. ⑤ 지속적으로 관계를 유지한다.

참·고·문·헌

김학만(2007). **사회복지정책신론**. 서울 : 대왕사.

신민정 · 염일열 · 조성옥(2015). **사회복지행정론**. 경기 : 공동체.

신복기 · 박경일 · 이명현(2013). **사회복지행정론**. 경기 : 공동체.

최성재 · 남기민(2005). **사회복지행정론**. 서울 : 나남출판.

홍봉수 · 임현진 · 장승전 · 황영희 · 임안나 외(2011). **사회복지행정론**. 경기 : 공동체.

홍현미라 · 정진경 · 이은정 외(2014). **사회복지행정론**. 경기 : 공동체.

황성철 · 정무성 · 강철희 · 최재성(2010). **사회복지행정론**. 경기 : 학현사.

Hasenfeld, Y.(1992). *Humans Services as Complex Organizations*. Newbury Park : Sage Publications.

Skidmore, R. A.(1995). *Social Work Administration : Dynamic Management and Human Relationships* (3rd ed.). Englewood Cliffs, NJ : Prentice-Hall.

Weiner, M. E.(1990). *Human Service Management : Analysis and Applications*(2nd ed.). Belmont, CA : Wadsworth Publishing Company.

Chapter

10

서비스 질 관리와 위험관리

Chapter

10 서비스 질 관리와 위험관리

1. 서비스 질의 개념과 특성

1) 서비스 질의 개념 정의

서비스에 대한 개념은 학자들 간의 관점에 따라 조금씩 차이를 보이고 있기 때문에 "서비스란 이것이다"라고 명확하게 정의할 수는 없지만, 여러 학자들이 내린 서비스 정의에 대해서 살펴보면 다음 <표 10-1>과 같다.

〈표 10-1〉 학자들의 서비스 정의

학 자	서비스의 정의
미국마케팅학회 (AMA : American Marketing Association, 1950)	판매를 위해 제공되거나 제품판매와 수반하여 제공되는 활동, 편익, 만족
Kotler, P., & Bloom, P. M. (1984)	본질적으로 무형성을 지니고 있으며, 어느 한쪽에 의해 다른 쪽에게 제공되지만 어느 쪽의 소유로도 귀결되지 않는 행위나 성과를 말하며, 그 생산은 어떤 물리적 제품과 연관될 수 있고, 그렇지 않을 수도 있다는 것
Free, C.(1987)	일련의 기능적 활동을 통하여 판매 중 혹은 판매 후의 활동에서의 고객 기대를 충족시켜 주는 것

이와 같이 서비스는 기본적으로 네 가지의 본질적인 속성들을 그 자체에 지니고 있다(오창택·유해운, 1997 : 428-434).

① **무형성**(Intangibility) : 서비스는 사전 구매 단계에서 고객들이 지각할 수 있는 완벽한 물리적인 형태가 결여되어 있다는 것

② **이질성**(다양성, Heterogeneity) : 서비스는 표준화하기 어렵다는 것

③ **소멸성**(Perishability) : 서비스는 저장할 수 없다는 것

④ **생산과 소비의 비분리성**(Inseparability) : 서비스는 거의 동시에 창출되고 소비된다는 것

그렇다면 서비스의 질이란 무엇인가? 대상에 따라 각각 다른 의미를 내포하고 있다. 즉, 사업주에게는 비용가치가 될 것이며, 관리자에게는 달성해야 할 정책이나 목표에 대한 우선순위가 될 것이고, 이용자에게는 그의 문제를 그가 만족할 수 있게끔 해결해 주기를 바라는 것이 될 수 있다(신복기 외, 2013 : 277). 박경일(2000 : 97-130)은 고객의 심리적인 사전 기대 욕구를 충족시키기 위해 서비스 제공자가 제공하는 유형의 제품과 무형의 서비스 총합이라고 정의하고 있다. 파라슈라만(Parasuraman, 1985 : 12-40)은 특정한 조직에 의해 제공되는 서비스에 대한 당위적이고 규범적인 기대수준과 서비스 이용자의 질에 대한 인지수준의 차이로 정의한다. 따라서 사회복지 분야에서 질이란 공공복지나 민간복지를 포함하여 복지기관이나 시설에서 서비스 이용자의 욕구를 얼마나 충족시켜 주었는지를 질적으로 평가하는 사회복지서비스의 전체적인 우수성에 대한 판단이나 태도라고 정의할 수 있다.

이와 같이 서비스 질을 정의한다는 것은 간단하지 않으므로 서비스 질에 대한 구성 차원을 고찰해 봄으로써 서비스 질의 개념을 보다 잘 파악할 수 있을 것이다. 이러한 관점에서 파라슈라만 외(Parasuraman et al., 1990)의 다섯 가지 서비스 질 구성 차원에 대해 살펴보면 다음과 같다.

① **신뢰성**(Reliability) : 약속한 것을 신뢰감이 있고 정확하게 제공할 수 있는 능력을 말한다. 실천전략으로는 고객의 욕구를 정확히 알아내야 하며, 또한 자신이 실행할 수 있는 것만을 약속하며 약속된 대로 제품과 서비스가 실행될 것이라는 확신을 할 수 있게 해야 한다.

② 확신성(Assurance) : 직원의 지식수준과 정중함, 신뢰와 확신을 심어줄 수 있는 능력을 말한다. 실천전략으로는 한 번에 한 고객만을 상대할 수 있는 시간적 여유, 긍정적 의사소통 기법 사용, 제품과 서비스를 정확히 설명함으로써 서비스를 자신 있게 제공할 수 있어야 한다.

③ 유형성(Tangible) : 시설, 장비 및 외모 등을 말한다. 실천전략으로는 작업 공간을 깨끗하고, 질서정연하게 만들고, 전문가답게 옷을 입고, 기관 내부를 멋있게 배치하며 위생적이어야 한다.

④ 공감성(Empathy) : 고객에게 제공되는 관심도 및 공감성을 말한다. 실천전략으로는 고객의 의사를 진지하게 경청해야 하고 고객의 입장에 서서 그들의 욕구를 정확히 반영한 서비스를 제공하기 위해 열심히 노력해야 한다.

⑤ 즉응성(Responsiveness) : 고객의 요청에 즉시 서비스를 제공할 준비 자세를 말한다. 실천전략으로는 긍정적이고 자신감 있는 태도를 보여야 하고 고객의 요청에 즉시 대응해서 이들을 만족시킬 준비를 해야 한다.

2) 서비스 질의 특성

사회복지서비스는 기본적으로 생산과 소비의 과정에서 일반 제품의 생산과 소비 과정과는 확연히 구별되는 또 다른 본질적 특성이 있다. 신복기(2013 : 277-278)는 서비스 질의 특성을 다음과 같이 정리하고 있다.

첫째, 서비스의 우수성이다. 서비스의 질은 정확하게 단정적으로 "이것이 최고의 서비스다"라고 피력할 수 없으나 서비스의 우수성은 이용자의 만족도를 측정하여 우수성에 대한 평가를 내릴 수 있다.

둘째, 서비스 프로그램 구성요소(인력, 재원 등)의 양이나 질에 의해 결정된다.

셋째, 서비스 이용자의 욕구를 충족시켜 주는 관점이다.

넷째, 서비스 제공자의 과정 기준에서 본다면 기술적인 면과 제공방법 면에 중점을 둔다.

다섯째, 서비스의 가치를 기준으로 비용효과성의 측면에서 질을 평가한다.

2. 서비스 질 관리의 이론과 발달

1) 총체적 품질관리(TQM : Total Quality Management)

(1) 개념

TQM이란 '고객만족을 서비스 질의 제1차적 목표로 삼고 조직구성원의 광범위한 참여하에 조직의 과정·절차를 지속적으로 개선하여 장기적인 전략적 질 관리를 하기 위한 관리철학 내지 관리원칙이다(박경일 외, 2002 : 33-63). 이는 제품과 서비스의 질적 향상을 위하여 모든 조직구성원들이 참여하는 종합적인 품질관리 활동이라 할 수 있다. 사회복지조직에서의 TQM을 정의하자면 사회복지서비스 이용자를 만족시키기 위하여 사회복지조직의 모든 구성원들이 서비스의 질을 향상시키려는 활동이라고 할 수 있다. 한편 TQM에 관한 개념을 보다 잘 이해하기 위해서 마틴(Martin, 1993)은 TQM에서 질적 향상을 위한 기준이 되는 차원을 열네 가지로 나누어 설명하고 있다(황성철, 2005 : 256).

① **접근성** : 클라이언트가 서비스에 접근할 수 있는 통로는 열려 있는가?
② **확보성** : 서비스 제공에 적합한 담당직원이 있는가?
③ **의사소통** : 클라이언트와 잠재적 클라이언트가 프로그램에 관해서 정보를 얻을 수 있는가?
④ **능력성** : 직원은 필요한 지식과 기술을 갖추고 발휘하는가?
⑤ **준칙성** : 최선의 서비스를 위해서 일반적으로 인정된 기준에 적합한가?
⑥ **무결함성** : 질적 향상을 위해서 필요한 요소에 결함은 없는가?
⑦ **지속성** : 프로그램에 의해서 이루어진 변화가 영향이 오래 지속되는가?
⑧ **감정이입** : 직원과 사회복지사들은 클라이언트를 잘 이해하는가?
⑨ **인간성** : 클라이언트는 존엄한 인간으로 취급되고 있는가?
⑩ **수행성** : 프로그램에 의한 개입은 의도한 대로 이루어지고 있는가?
⑪ **신뢰성** : 프로그램에 의한 개입은 변함없이 신뢰할 만한가?
⑫ **반응성** : 서비스 제공에 관한 클라이언트 요구는 즉시에 이루어지는가?
⑬ **안정성** : 서비스에 접근하고 제공받는 과정에서 위험요소는 없는가?

⑭ **용이성** : 시설의 물리적 환경은 쉽게 이용될 수 있는가?

(2) TQM의 구성요소

사회복지조직에서 TQM은 사회복지기관장의 리더십 아래 서비스 질을 최우선 과제로 하고 클라이언트 만족을 통한 복지욕구의 충족과 사회복지기관의 발전을 도모하는 기관 조직원들의 전원 참여와 총체적 수단을 활용하는 종합적인 복지경영시스템으로, 이를 위해서는 다음의 다섯 가지 기본 요소에 초점을 맞추어야 한다(신복기 외, 2013 : 286-287; 신민정 외, 2015 : 196-197).

① **클라이언트** : 클라이언트는 서비스에 대한 정의를 내리는 사람으로서 클라이언트의 만족도가 TQM의 실행 결과인 동시에 목표다.

② **조직구성원**(사회복지사)**의 참여** : 조직구성원의 참여와 사명감 없이는 조직의 목표를 효과적으로 달성할 수 없다. 의사결정과정에 구성원을 포함시켜 바람직한 결정을 내려야 한다.

③ **복지자원** : 클라이언트에게 제공하기 위한 복지자원은 서비스의 수준에 영향을 주는 중요한 도구들이다.

④ **사회복지 기관장의 리더십**(최고경영자) : TQM의 성과는 사회복지조직 기관장의 리더십과 의지에 의해 좌우되므로 서비스 질 관리의 필요성과 중요성을 인식하고, 조직구성원, 자원들을 결집하고 관리하며 이끌어 나가는 것이 필요하다.

⑤ **지속적인 개선** : TQM은 단순히 도입해서 실천하는 기술적인 방법이 아니고, 서비스의 제공과정 및 지속적인 서비스 개선과정을 통해 클라이언트의 서비스 만족에 결정적인 영향을 미쳐야 한다.

2) TQM과 QC와의 관계

QC(Quality Control)란 소비자가 요구하는 품질의 제품과 서비스를 경제적으로 생산할 수 있도록 조직구성원 전체의 적극적 참여가 뒷받침되어 품질을 유지・개선하는 관리활동을 말하며, 이러한 조직을 QC서클(품질관리분임조)이라고 한다. QC서클 활동은 ZD(Zero Defence : 무결점)운동과 더불어 품질관리 실천적 관리 모형으로 일본에서 1950년대 현장중심의 품질관리를 전개할 목적으로 QC서클의 결성을 촉구한 데서 기인하여 1960년대 말 전산업체에 보급하여 왔다(박경일, 2000 : 101).

QC와의 관계에서 볼 때, TQM이란 조직이 산출하는 서비스의 질을 향상시켜 궁극적으로 고객의 만족을 추구하기 위해서 품질관리 서클(QC)을 법인의 전체 조직에 걸쳐서 전 직원의 참여와 협력으로 실시되는 업무개선운동이라고 할 수 있다(신복기 외, 2013 : 288). 따라서 TQM에 대한 시스템적 접근방법은 품질검사(inspection)에서 품질관리(Quality Control)로 품질보증(Quality Assurance)에서 총체적 품질관리(TQM)로 발전되어 왔다(류한주, 1994 : 29).

3. 서비스 질 관리의 기법과 과제

1) 착상기법

(1) 브레인 스토밍

오스본이 개발한 브레인스토밍(brain storming)은 몇 명이 모여서 집단으로서 많은 아이디어를 모으는 토의방법이다. 이 기법에서는 다음의 네 가지를 지키는 것이 중요하다. ① 발언을 비판하지 않는다. ② 자유로운 발언을 환영한다. ③ 발언은 많을수록 좋다. ④ 다른 사람의 아이디어에 편승한다.

(2) 다중투표

다중투표(multi-voting)는 나열되어 있는 여러 가지 아이디어들 중에 회의에 참석한 많은 사람들이 가장 중요하다고 여기는 항목을 골라내는 것을 말한다. 브레인스토밍을 통해 얻어낸 수많은 아이디어를 기술적인 방법으로 줄여야 할 필요가 있을 때 이 기법을 사용한다.

(3) 눈덩이 굴리기

피라미드 방식이라고도 불리는 눈덩이 굴리기(snowballing) 방식은 참가자들에게 개인적으로 수행해야 할 과제를 부여한 후, 참가자들을 두 사람씩 짝짓게 하여 자신들에게 주어진 과제를 수행하도록 하고, 이를 다시 두 쌍씩 4명이 집단을 이루어 계속 주어진 과제를 수행하도록 하며, 결국에는 모든 참가자들이 한 집단이 될 때까지 반복하는 단계를 거치면서 진행된다.

회의를 하거나 워크숍을 진행하고자 할 때, 참가자들이 서로 잘 알지 못하고 분위기가 서먹하다면 눈덩이 굴리기 방식을 활용하면 유용하다.

2) 분석기법

(1) 체크시트

견해와 사실의 차이를 밝히고자 할 경우나 문제 발생 빈도에 관한 자료를 수집하고자 할 경우, 그리고 문제 발생 유형에 관한 자료를 수집하고자 할 경우에 데이터를 모으고 이를 분석하기 위한 도구로 활용되는 것이 체크시트(check sheet)이다.

(2) 특성요인도

특성요인도는 문제가 되고 있는 특성과 그것에 영향을 주고 있다고 생각되는 요인과의 관련을 정리하여 물고기의 뼈같은 그림에 체계적으로 통합하는 것이기에 일명 생선뼈 그림(fishbone diagram)이라고 불린다. 이는 서비스의 개선을 추진하기 위해서 문제되고 있는 결과-특성이라는 것에 대하여 그 원인과 요인을 밝히는 데 유용하다.

(3) 역장도

역장도(force field diagram)는 분석기법으로서 주로 다음의 경우에 활용된다.

① 기관이나 팀에서 설정한 목적을 달성하는 데 방해가 되는 요소를 파악하고자 할 경우이다. 목표를 향해 나아가지 못하도록 하는 억제력과 목

표를 향해 나아가는 데 도움을 주는 추진력을 파악하여 이들 요인을 제거하거나 강화시키기 위해 무엇을 할 것인지를 결정할 수 있다.

② 문제의 원인 혹은 해결책을 파악하고 중요한 기회에 대해서 해결책을 만들고자 하는 경우이다. 역장도에서 왼쪽의 추진력은 해결책으로 볼 수 있으며 오른쪽의 억제력은 문제의 원인으로 볼 수 있다.

③ 정해진 목표를 이루어야 하는 팀의 활동이 교착상태에 빠졌을 경우이다. 역장도를 완성하는 과정에서 억제력을 파악하기 위해 많은 시간 동안 브레인스토밍을 하게 된다. 이처럼 문제를 찾아내려는 활동 속에 교착상태였던 팀 활동이 활력을 찾을 수 있다.

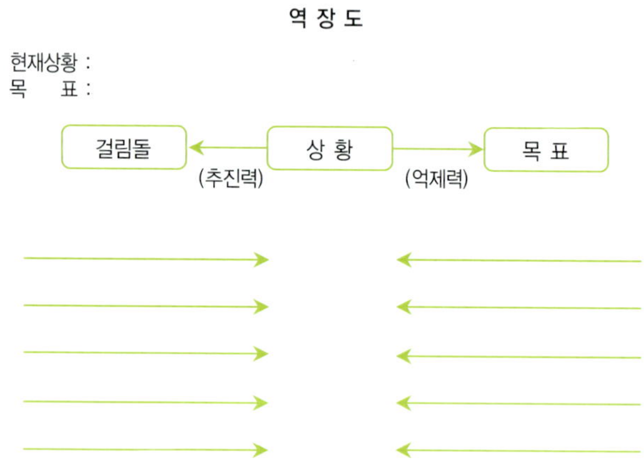

【그림 10-1】 역장도의 양식의 예

3) 관리기법

(1) 친화도

친화도(affinity diagram)는 기관 전체의 운영과 관련한 기획 업무를 위해 활용할 수 있는 기법이다. 이 기법은 먼저 논의하고자 하는 문제나 이슈를 정확히 적은 다음, 의제로 선정된 이슈에 대해 아이디어를 내놓는다. 아이디어를 적은 카드나 포스트잇을 한데 모으고, 관련이 있는 아이디어끼리 분류하여 정리한다. 그 후 각각의 아이디어 묶음에 제목을 붙인다.

(2) 평가기준표

평가기준표(Criteria Rating Form)는 기관 전체의 관련한 기획업무를 위해 활용할 수 있는 도구로 여러 개의 대안들 중에서 가장 적절한 아이디어나 해결책을 선택하는 데 유용하다. 평가기준표는 잠재적인 해결책에 가중치와 평점을 부여하여 의사결정에 객관성을 높이는 방법이다. 또한 의사결정과정에 브레인스토밍을 통해 직원들의 의견을 반영하므로 합의를 이끌어 내는 데 활용될 수 있다.

(3) 파레토도

파레토도(Pareto chart)는 어떤 사건에 많은 요소가 관계되어 있는 경우 그 요소들 중에서 그 사건과 관계가 깊은 요소를 발견해 내는 기법으로서 특별한 형태의 막대그래프를 활용한다. 파레토도는 다음과 같은 특징을 가지고 있다.

① 어느 항목이 가장 문제되고 있는지를 볼 수 있다.
② 각각의 항목이 전체의 어느 정도 비중을 차지하는가를 알 수 있다.
③ 문제의 핵심 등을 눈으로 이해할 수 있으므로 설득력이 있다.
④ 복잡한 계산을 필요로 하지 않고 간단히 작성할 수 있다.
⑤ 개선 후의 효과 증대를 위하여 개선 전과 비교 가능한 그래프의 활용이 가능하다.

4) 기획도

(1) 매트릭스도

매트릭스도(matrix diagram)는 양의 업무와 책임을 조직화하는 데 활용되는 기법이다. 구체적으로는 업무분장을 하고자 할 경우, 업무와 담당자 혹은 담당부서의 관계를 보여주고자 할 경우, 어떤 사업의 책임을 명확히 할당해 주고자 할 경우에 활용된다.

(2) 계통도

계통도(tree diagram)는 기획기법으로 목적 또는 목표를 달성하는 최적의 수단을 계통적으로 찾아가는 기법이다. 주로 사업의 목표와 하위목표를 달성하기 위해 필요한 업무의 계통을 도식화하고자 하는 경우, 수행계획을 세운 사업들의 연속적인 진행을 조직화하고자 할 경우, 사업수행이 교착상태에 빠졌거나 다음 단계의 업무가 무엇인지 확실하지 않은 경우 등에 활용된다.

5) 해석기법

(1) 산점도

산점도(scatter diagram)는 데이터 해석기법으로 두 변수 간 상관관계 및 인과관계의 정도를 알아보고자 할 경우에 활용된다. 산점도는 활용이 쉽고 그 결과를 이해하는 데에는 큰 어려움이 없기 때문에 다양한 상황에서 응용할 수 있는 기법이다.

(2) 실행도표

실행도표(run chart)는 선 그래프의 한 종류로 데이터 분석 및 해석을 위한 기법이며 다음의 경우에 활용할 수 있다.

① 시간의 변화에 따른 측정치의 추이를 보고자 할 경우 혹은 하나의 측정치를 다른 측정치(다른 부서, 기관, 다른 사업 등)와 비교하고자 할 경우이다.

② 장기간의 변화를 점검하고자 할 경우이다.

③ 사업 수행 과정의 편차를 보고자 할 경우이다.

④ 사업 수행 과정의 변화를 평가하고자 할 경우이다.

두 변수를 서로 대비하여 도표에 나타낸다는 점에서 실행도표는 산점도와 유사하다. 하지만 산점도는 두 변수 간의 인과관계를 조사하는 데 활용되는 반면, 실행도표는 패턴을 발견하기 위하여 일정 기간 동안 변수의 변화를 추적해 가는 것이다.

(3) 히스토그램

히스토그램은 어디에 문제가 있는지를 조사하여 확인하고자 할 경우, 데이터의 분포에 대해서 이야기하고자 하거나 사업 수행 과정 속에서 나타나는 변이에 대해 대략적으로 파악하고자 할 경우, 변이가 어떻게 개선되고 있는지를 추적하고자 할 경우 등에 활용할 수 있는 특별한 막대도표이다.

4. 위험관리의 개념과 방법

1) 위험관리의 필요성

"소 잃고 외양간 고친다"는 속담이 있듯이 위험관리의 필요성은 우리가 예측할 수 없는 위험에 대해 사전적인 준비가 필요하다는 것이다. 급속하게 변화하고 있는 사회복지 환경변화는 수많은 위험들을 발생시키고 있으므로 클라이언트 만족과 서비스 질 향상, 전문가의 윤리적 기준과 책임성 이행을 위한 하나의 필요요건으로서 위험관리는 우리 사회에서 더욱더 필요하다고 하겠다.

사회복지서비스에서 위험관리가 필요한 이유를 정리하면, ① 서비스 제공자의 책임의식 증대, ② 이용자 측의 권리의식 희박, ③ 이용자 권리옹호를 위한 운영적 정화 위원회의 설치, ④ 소송의 증대가 예측되기 때문이라는 것이다(신복기 외, 2013 : 294-295).

2) 위험에 대한 이해

(1) 위험은 무엇인가?

체계적인 위험관리를 위해서는 위험이 무엇인지, 어떤 형태로 발생하는지 등에 대한 정확한 개념들을 이해하고 있어야 한다. 위험이라는 용어에는 여러 가지의 의미가 있는데, 다음 세 가지 의미를 포함하고 있다고 할 수 있다(신복기 외, 2013 : 295). ① 사고 발생의 가능성으로서 인시던트(incident : 큰 사고에는 이르지 않았지만, 사고를 유발할 가능성이 있는 미스), ② 사고 그 자체로서 액시던트(accident), ③ 사고발생의 조건, 사정, 상황, 요인, 환경으로서 생각하지도 않았던 일들, 우연한 사고나 불가항력의 사고 등이 포함된다.

(2) 위험요인과 유형

미국의 경우 커즈만(Kurzman, 1995 : 1922-1924)은 사회복지를 실천해 나감에 있어서 경험적으로 사회복지사에게는 여섯 가지의 위험요소가 존재한다고 제시하였다.

첫째, 잘못된 진단과 처우의 위험이다.

둘째, 자격을 갖추지 못한 사회복지사(학생, 실습생 등)에 의해 서비스를 제공하고 비용을 청구하는 것과 같은 부정행위(fraud)의 위험이 있다.

셋째, 사회복지사의 기능적 손상(impairment : 알코올이나 약물 또는 정신병 등)에 의해 이루어지는 비전문적 실천행위의 위험이 있다.

넷째, 성적 부정행위의 위험이다.

다섯째, Tarasoff 판례와 같은 보호의무[1]의 태만이나 소홀에 대한 위험이다.

여섯째, 비밀보장에 대한 위험이다.

Tarasoff 판례(1976 캘리포니아 대법원) 제정 원천

Tarasoff 판례는 클라이언트의 폭력행동으로 인하여 잠재적 희생자에 대한 보호를 위해서 치료자는 "합리적 케어를 실천할 의무"가 있다고 판결하였다(Weil & Sanchez, 1983). 만약 클라이언트가 사회복지사나 상담가에게 자기 자신 혹은 다른 사람을 해칠 의도를 폭로한다면 사회복지의 조직은 이를 알릴 의무가 있는데, 이를 등한시할 경우 사회복지사는 법적 책임을 지게 되는 위험성이 있다.

이러한 커즈만의 위험요인은 주로 사회복지사들이 실천을 행함에 있어서 초래될 수 있는 위험요인으로서 주로 조직적 차원보다는 개인적 차원에서의 위험요인으로 볼 수 있다. 사회복지조직에서 발생할 수 있는 위험은 다음 <표 10－2>와 같이 네 가지 유형으로 구분할 수 있다(신복기 외, 2013 : 298).

1) 만일 클라이언트가 자기 자신이나 특정 희생자에게 심각한 폭력이나 해를 끼칠 의도를 밝히고 있을 때 사회복지사가 적합한 사람에게 주의를 주는 자신의 의무를 수행하지 못한다면 태만 소송(negligence suit)의 법적 책임을 질 수 있다.

〈표 10-2〉 사회복지조직에서 위험 유형

구 분	내 용
업무 위험	이용자의 사고, 고충 처리의 대응 미스, 전염병, 감염의 발생 확대
경영 위험	경영상의 문제로 인한 경영수지의 악화, 경쟁사업체의 진출, 재무운영의 실패
사회적 위험	부정행위 또는 범죄행위, 종사자의 잘못으로 인한 시설평가, 손상 및 여파
재해 위험	화재, 풍수해, 지진 등의 자연재해 및 인위적 사고 등

3) 위험관리는 무엇인가?

위험관리는 일반적으로는 위험을 예방·회피하려는 사전적인 대응활동은 위험관리, 기현실화된 위험에 대한 사후적인 대응은 위기관리라고 지칭하는데 넓은 의미의 위험관리에서는 이들 모두를 지칭하며, 위험관리란 위험을 확인(발견), 분석, 평가하여 최적의 위험 처리 방도를 선택하는 것이다. 일반적으로 위험관리에는 두 가지 측면이 있다.

첫째는 서비스 관리 측면으로서 고객과 이용자에 대한 안전 확보가 서비스 질의 향상으로 연결된다는 점과, 둘째는 조직 관리 측면으로서 직원의 노동상의 안전대책이나 자연재해 등에 대한 사고대책이다.

4) 위험관리의 목적과 의의

위험관리의 목적은 ① 사고가 발생하지 않도록 하는 것으로 예방대책, ② 사고가 발생했을 시의 확실한 대처인 사고대책으로 구분할 수 있다. 한편 위험관리는 다음과 같은 여덟 가지의 의의를 지니고 있기 때문에 필요하다고 할 수 있다(박경일, 2006 : 361-383).

① 생명을 지키는 것이다. ② 서비스의 질을 향상시키는 것이다. ③ 신뢰를 쌓는 것이다. ④ 복지권의 보장이다. ⑤ 이용자의 선택과 결정의 중시이다. ⑥ 전문성의 확보와 전문가의 윤리적 기준의 실행을 위해서 필요하다. ⑦ 이용자 만족의 추구이다. ⑧ 조직(기관)을 유지하고 발전시켜 나가는 것이다.

5. 사회복지조직에서 위험관리 과정과 대책

1) 위험관리의 과정

일반적으로 위험관리자는 위험관리의 목적을 효율적으로 달성하기 위해서 일정한 기능을 수행해야 하는데 그 과정은 다음의 단계와 같다(서울복지재단, 2006).

① 위험의 인식과 확인 : '위험이란 무엇인가', '어떠한 사고가 발생하고 있는가' 등 사회복지시설에 있어서 위험의 실태를 파악하는 것으로부터 시작한다.

② 위험의 분석과 평가 : '발생한 사고의 상황'이나 '사고에 의한 영향' 등을 분석하고 평가한다.

③ 위험 대응처리 방법의 선택과 수행 : 사고나 위험에 대한 평가·분석을 행한 후, 사고나 불만 등 위험에 대하여 신속하고 정확한 대응을 한다.

④ 위험의 재평가·재발 방지 : 사고에 대한 대응처리가 끝났다고 해서 위험관리가 종료된 것은 아니다. 위험관리매니저는 같은 사고나 불만이 일어나지 않도록 '이번에 조치한 대책이나 판단은 올바른 것이었는가' 등을 재평가하는 것이 필요하다.

2) 위험관리의 대책

일반적으로 위험요인에 대응하는 방법은 크게 위험의 감수, 회피, 감소, 공유의 네 가지 방식으로 이루어진다.

① 위험 감수(Risk Acceptance) : 위험에 대해 아무런 대응도 하지 않고 위험의 영향을 그대로 수용하는 것

② 위험 회피(Risk Avoidance) : 위험에 노출된 사업 영역에서 철수하거나 위험 자산을 처분하는 등 전략적인 의사결정을 하는 것

③ 위험 감소(Risk Reduction) : 대부분 조직적 대응을 통해 경영 및 관리방식을 개선하여 위험관리 역량을 강화하고 개선을 추구하는 것

④ **위험 공유**(Risk Sharing) : 파생 금융 상품 및 보험 상품 등을 이용하여 위험을 재무적으로 헤지(hedge) 또는 이전(transfer)하는 방식

여기서 사회복지사들이 가장 주의 깊게 관심을 기울여야 하는 위험대응 방법은 위험 감소이다.

참고문헌

박경일(2000). 서비스의 질적 향상을 위한 관리기법으로서 복지QC 활동에 관한 사례연구. **한국사회복지학, 40.**

_____(2006). 사회복지조직에서 위험관리의 필요성과 대책 및 과제 : 미국과 일본의 위험관리 연구동향을 중심으로. **한국사회복지행정학, 24.**

박경일 · 장중탁 · 이명현(2002). 사회복지기관의 TQM진단평가를 통한 단계별 수행방안에 관한 연구 – 부산광역시 지역사회복지관을 중심으로. **한국사회복지행정학, 6.**

오창택 · 유해운(1997), 서비스의 특성에 따른 관리상의 문제점과 극복전략에 관한 연구. **한국행정논집, 9**(3).

류한주(1994). **TQM에 의한 경영혁신.** 서울 : 한국생산성본부.

신민정 · 염일열 · 조성옥(2015). **사회복지행정론.** 경기 : 공동체.

신복기 · 박경일 · 이명현(2013). **사회복지행정론.** 경기 : 공동체.

한동일 · 전해황 외(2009). **사회복지행정론.** 경기 : 양서원.

황성철(2005). **사회복지 프로그램 개발과 평가.** 경기 : 공동체.

Martin, Lawrence L.(1993). *Total Quality Management in Human Service Organizations*. Newbury Park, CA : Sage Publications.

Parasuraman, A, Valarie A. Zeithaml, & Lemnard L. Berry(1985). SERVQUAL : A Multi-item Scale for Measuring Perceptions of Service Quality. *Journal of Marketing*.

Parasuraman, A, Berry, L. L., & Zeithaml, V. A.(1990). Refinement and Reassessment of the SERVQUAL Scale. *Journal of Retailing*, 67(4).

Chapter

11

기획과 정보관리

01. 기 획
02. 정보관리의 의의와 체계
03. 국가 복지정보 시스템의 활용

Chapter 11 기획과 정보관리

1. 기 획

1) 기획의 개념과 특성

기획(planning)이란 미래의 목표를 설정하고, 그 목표를 달성하기 위한 수단을 결정하는 연속적인 의사결정 과정이며 행동의 준비과정이다. 사회복지기관의 경우, 기획은 기관의 환경 및 클라이언트의 욕구변화에 대처하기 위한 새로운 목표의 설정과 이를 달성하기 위한 미래 활동을 합리적으로 결정해 나가는 의사결정과정을 의미한다. 이러한 정의에 입각한다면 기획은 ① 미래지향적이고, ② 계속적인 과정이며, ③ 의사결정과 연결되고, ④ 목표지향적이며, ⑤ 목표를 위한 수단적인 것이라는 특성을 지니고 있다(York, 1982 : 12-13).

기획(planning)은 계획(plan)이라는 용어와 혼용되고 있지만, 엄밀히 말해 다른 의미를 지니고 있다. 일반적으로 기획(planning)은 계획을 세워가는 활동과 과정에 초점을 둔 계속적인 행동이지만, 계획(plan)은 기획에서 도출된 결론, 이미 결정된 행동노선을 가리키는 것으로 사용된다(김규정, 1986 : 223). 이러한 의미는 기획은 동태적 개념이고, 계획은 정태적 개념으로 이해하는 것이다.

사회복지행정에서는 많은 경우 프로그램(program)이라는 말과 같이 연결되어 프로그램 기획(programming)이라는 말로 쓰이고 있다, programming은 사업계획을 의미하고, 그 결과로 나타난 program은 사업계획서 개념으로 이해되어야 할 것이다.

2) 기획의 필요성

기획은 효과적인 사회복지서비스 전달에 초점을 두고 사회복지 환경변화에 적절하게 대처하기 위해서 필요하다. 사회복지행정에서 기획이 필요한 이유를 다음과 같이 정리해 볼 수 있다(Skidmore, 1990 : 42-43; York, 1982 : 13-14).

① **불확실성 감소** : 기획은 사회복지조직을 둘러싼 환경이 급변함으로써 미래에 대한 불확실성을 감소시키고 조직의 목표를 재확인할 수 있도록 한다.

② **합리성 증진** : 기획은 문제해결과 의사결정의 근거가 될 수 있기 때문에 합리성을 향상시켜 준다.

③ **효율성 증진** : 체계적인 기획은 한정된 인적・물적자원을 가진 사회복지조직에게 최소의 비용과 노력으로 서비스의 목표를 달성하도록 도와준다.

④ **효과성 증진** : 계획된 활동을 통해 클라이언트의 욕구충족과 제공된 서비스의 효과성을 얻어낼 수 있다.

⑤ **책임성 증진** : 사회복지조직은 국가보조금과 기부금으로 운영이 되는 만큼 서비스를 효과적이고 효율적으로 제공할 책임이 있으며 책임성을 갖기 위해서는 반드시 사전의 기획이 필요하다.

⑥ **사회복지조직의 사기 진작** : 기획 과정에 직원들이 참여함으로써 성취감과 인정을 얻을 수 있기 때문에 조직구성원의 사기를 높일 수 있다.

3) 기획의 유형

기획은 다양한 유형이 있지만 기준에 따라 ① 조직의 위계수준에 따른 유형, ② 시간 차원에 따른 유형, ③ 대상에 따른 유형 등으로 분류할 수 있다.

(1) 조직의 위계수준에 따른 유형

조직의 위계구조는 조직의 관리운영을 책임지고 있는 관리층과 실천활동을 하고 있는 실무자로 구분하고, 관리계층을 최고관리층, 중간관리층, 감독관리층으로 구분하여 각 위계수준에 맞는 기획내용을 작성한다. 조직에서 위계수준에 따라 기획의 유형을 다음 <표 11-1>과 같이 분류할 수 있다(Mcfarland, 1970 : 149).

〈표 11-1〉 조직의 위계수준에 따른 기획의 유형

위계수준	기획의 유형
최고관리층	목표, 정책, 장기적 계획, 조직 전체 영역, 전략기획
중간관리층	사업할당, 프로그램 기획, 보완적 목표, 정책, 운영기획
감독관리층	구체적 프로그램 기획, 일정표, 단기목표, 운영기획
관리실무자	일상적 업무 및 세부적인 업무절차

(2) 시간차원에 따른 유형

시간차원에 따른 유형으로 단기계획, 중기계획, 장기계획으로 나눌 수 있다.

① **단기계획**(Short-term Plan) : 장기계획에 근거한 1년 미만의 사업기획이다. 이런 기획은 구체적 · 행동지향적 실행방법에 관한 것이다. 조직의 하위층에서 상위층으로 올라감에 따라 단기계획에서 장기기획으로 책임이 높아진다.

② **중기계획**(Medium-term Plan) : 대상기간을 3년 내지 7년으로 잡는 것으로 5개년 계획이 가장 보편적이다. 이는 장기계획에서 제시된 장기적 소요 또는 목표를 충족시키기 위한 중간단계로서 5년 후까지 도달하고자 하는 실제적인 목표를 설정하고, 단기계획에 대한 기준과 지침을 제공한다.

③ **장기계획**(Long-term Plan) : 5~10년 이상의 기간에 걸쳐 시행하는 계획으로 외부환경의 영향을 중시하고, 주기적으로 조직의 목적과 목표의 재설정이 요구되어 창의와 미래비전을 제시하여야 한다.

(3) 대상에 따른 유형

전략적 기획(strategic planning)은 조직의 구체적 목표의 설정 및 변경, 구체적 목표달성을 위한 자원 및 그 자원의 획득, 사용, 분배를 위한 정책을 결정하는 과정으로 목표설정, 우선순위 설정, 자원획득과 분배에 관한 기획 과정이다. 운영기획(operational planning)은 획득된 자원이 조직의 목표를 효과적이고 효율적으로 달성하기 위하여 사용되도록 하는 과정으로 자원의 관리에 관한 기획 과정이다(최성재 · 남기민, 2005 : 171).

4) 기획의 과정

기획과정은 일반적으로 목표설정, 관련 자료수집, 대안의 작성과 평가, 최종안의 선택 등으로 구분할 수 있다. 사회복지행정의 기본적인 기획과정도 다음과 같이 여섯 단계를 제시하고 있다(Skidmore, 1990 : 44-51).

(1) 목표의 설정

목표란 어떤 활동의 주체가 달성하고자 하는 바람직한 미래의 상태를 말한다. 사회복지행정에서는 사회복지기관과 시설이 달성하고자 하는 활동 지표를 목표라고 할 수 있다. 이러한 목표는 시설이 나아갈 방향과 활동 지침을 제시해 주고, 시설의 존재와 활동을 정당화시켜 주며, 시설 활동의 효과성과 능률성을 평가하는 기준이 된다는 점에서 그 의의가 있다(최덕경 외, 2014 : 226-227). 목표가 기획활동 전체의 방향을 결정하는 데 있어서 기본적으로 구비해야 할 요건을 살펴보면 다음과 같다(한동일 외, 2009 : 165-166).

① 목표는 기획활동을 통해서 달성할 수 있는 것이어야 한다.
② 해결해야 할 문제점과 직접적 관련이 있어야 하며, 조직구성원이 원하는 것이어야 한다.
③ 측정이 가능해야 하며, 타당성과 일관성이 있어야 한다.
④ 목적과 수단의 연쇄적 체계가 확립되어야 한다.
⑤ 실제 목표와 표방된 목표 간에 차이가 있어서는 안 된다.
⑥ 계획목표는 인적·물적자원 등 여러 가지 제약조건에 비추어 실현 가능한 것이어야 한다.

사회복지조직에서 운영목표를 설정함에 있어 고려해야 할 점을 보면 다음과 같다(강용규 외, 2013 : 109).

① 목표설정은 시설 내뿐 아니라 관계 기관과 지역사회 주민과의 활발한 의사소통을 통한 민주적 과정 속에서 이루어져야 한다.
② 목표설정은 시설 내외의 전문가들과 광범위한 의견 교환을 통해 그들의 전문적인 지식과 경험을 적극 활용해야 한다.

③ 사회복지기관에서 목표로 하는 사회복지 수준은 현재의 경우보다 높은 수준이어야 한다.
④ 기관 관리자의 가치관, 기관의 전통, 기관 내외의 갈등 등 환경적 요인을 고려해야 한다.

(2) 관련 정보수집과 가용자원 검토

기획의 대상과 구체적 목표에 따라 다양한 정보를 수집하고 프로그램 시행에 필요한 인적·물적자원 등을 검토한다. 정보수집은 관계 연구문헌 검토, 면접, 관찰, 설문조사 등을 이용하게 된다. 한편 미래 상황의 분석을 위해서는 우선 장래에 대한 추정 작업이 필요하며, 여기에는 법칙이나 논리적 사유에 의한 연혁의 예측, 델파이(Delphi)기법 등을 이용한 주관적·질적 예측, 추세분석이나 회귀분석 등 통계적 기법을 이용한 계량적 예측 등 다양한 미래 예측 방법이 있다.

가용자원 중 인적자원이란 프로그램 담당 직원이나 조직 외부의 지지자와 경쟁자(시설) 등을 의미하며, 특히 직원의 규모, 자질, 능력과 가용성 등이 중요하다. 물적자원은 시설의 설비, 가용예산, 서비스에 대한 지역사회의 후원 등을 의미하며, 이들을 목표와 연결시키는 것은 매우 중요하다.

(3) 대안적 방법 모색

목표설정과 자원의 검토가 끝나면 목표 달성을 위한 다양한 대안을 찾아야 한다. 이 단계에서는 창의력이 특히 중요한데, 자유로운 집단토의 및 개별적 대화, 수집된 정보 등을 통해 목표달성을 위한 대안을 찾을 수 있다.

(4) 대안의 실시조건 및 기대효과 평가

목표달성을 위한 각 대안이 어떤 기대 효과가 있는지를 검토하고 장단점을 찾아내어 평가한다. 이때 공통적이고 객관적인 검토와 평가 영역을 만들어 평가하는 것이 바람직하다. 기획은 미래를 대상으로 하는 의사결정인 만큼 각 대안이 갖는 현시점에서의 장단점보다는 그 대안을 채택했을 때에 나타날 영향을 예측해 비교·평가하는 데 초점을 두어야 한다. 이러한 영향분석을 통한 정책 대안의 비교·평가에 가장 널리 쓰이는 방법으로는 비용편익분석과 비용효과분석이 있다.

(5) 최종대안의 선택

각 대안의 시행 조건과 기대 효과를 비교해 우선순위를 정한 후 가장 점수가 높은 것을 최종 대안으로 선정한다. 이때 우선순위는 객관적인 평가기준에 의해 대안의 중요성과 실현 가능성에 따라 이루어지는 것이 바람직하다.

(6) 구체적인 실행계획 수립

최종안이 선택된 다음에는 무엇을 어떻게 해야 할까? 이제 합의된 목표에 도달하기 위해 구체적인 프로그램을 형성하여야 한다. 이 단계에서는 청사진 혹은 도표가 작성되며 단계적 행동의 개요가 나타나고 기록된다. 목표달성을 위한 시간표는 필수적이며, 주기적인 진척 상황의 검토와 보고 및 구체적인 시간계획이 수반되어야 한다. 시간표를 계획하는 것은 청사진을 활동성 있게 하고 계획을 능률적으로 수행하는 데 유용하다.

5) 기획에 활용되는 기법

프로그램 기획의 주요 기법으로는 시간별 활동계획 도표(Gantt Chart), 프로그램 평가검토 기법(PERT), 월별 활동계획 카드(Shed-U-Graph), 방침관리기획(PDCA : Plan-Do-Check-Act) 등이 있다.

(1) 시간별 활동계획 도표 : 간트 도표(Gantt Chart)

① 개념

1910년경 미국의 헨리 간트(Henry Gantt)가 고안해 낸 것으로 세로에는 사업(행사)을 위한 주요 세부목표 및 관련 활동을 기입하고 가로에는 월별 또는 주별, 일별 시간을 기입한 도표에 시작 또는 완료 시까지의 기간 동안 계획된 세부목표 및 활동기간과 그것의 실제 수행현황을 병행하여 막대모양으로 표시한 도표이다(표 11−2 참조). 간트 도표의 작성에는 네 가지 절차가 필요하다.

첫째, 목표달성에 필요한 작업을 단계별로 분류하는 것이다.

둘째, 작업 단계별로 분류된 각 작업을 완성하는 데 필요한 시간을 산정한다.

셋째, 한 작업이 끝난 후 이어서 시작되는 작업, 동시에 진행되어도 무방한 작업, 진행 중에 시작할 수 있는 작업을 찾아낸다.

넷째, 작업단계와 시간을 결합시켜 도표를 만든다.

〈표 11−2〉 **간트 도표의 보기**

구 분	월별진행계획								비 고
	5월	6월	7월	8월	9월	10월	11월	12월	
홍보와 자원봉사 회원모집									
방과 후 프로그램 실시기관 발굴									
아동복지에 대한 전반적인 교육 실시 및 간담회									
방과 후 교육 교사관 파견									
평가회									

② 특징

간트 도표는 상대적으로 복잡하지 않은 사업을 계획할 때 유용하게 사용하는 기법으로 여러 활동들 간의 선후관계를 확인할 수 있고, 기획된 활동이 일정대로 진행되고 있는가를 쉽게 파악할 수 있으며 특히 단순 명료하다는 장점이 있다. 그러나 세부적인 활동을 포함하지 않고, 과업이나 활동 간의 연결과정이 표시되지 않으며 과업들 간의 연관성을 알 수 없다는 한계도 있다.

(2) 프로그램 평가검토 기법(PERT : Program Evaluation and Review Technique)

① 개념

1950년대 미국 해군의 잠수함 건축과정에서 고안된 것으로 이 기법은 목표달성의 기한을 정해 놓고 설정된 주요 세부목표와 프로그램의 상호관계와 시간계획을 연결시켜 도표화한 것이다. PERT는 명확한 목표를 가진 프로그램을 조직화하고 진행 시간표를 작성하고 예산을 수립하여 프로그램 진행사항을 추적해 나가는 데 매우 유용한 기법이다(성규탁, 1993 : 243-254).

② 임계경로

PERT에서는 활동에 걸리는 기대시간을 산정하는데, 최초의 과업에서 최종과업에 이르는 경로 가운데 가장 오랜 시간이 걸리는 경로를 임계통로(critical path)라 하고, 최종과업을 달성하기 위해 걸리는 최소한의 소요시간을 의미한다. 활동 시간을 나타내는 기대 시간(Te)은 이상적 상황에서 가장 짧게 걸리는 시간인 낙관적 시간(To), 최악의 사태가 발생했을 때 가장 많이 걸리는 시간인 비관적 시간(Tp), 비슷한 활동이 여러 번 반복될 때 가장 흔하게 걸리는 시간인 통상적 시간(Tm) 등을 이용해서 계산한다. 이를 수식으로 표시하면 다음과 같다; 기대 시간(Te)=(To+4Tm+Tp)/6.

| 그림 11-1 |은 이해를 돕기 위해 독거노인 도시락 배달계획을 위한 간단한 PERT를 만들어 본 것이다(신복기 외, 2013 : 183). 이 프로젝트를 마치는 데 걸리는 시간은 50분(15+2+3+4+6+20)이다.

〈표 11-3〉 독거노인 도시락 배달계획과 관련된 직무분류표

과 업	기간(분)	수행자
시작	0	
도시락 준비	15	철수
인원 배정	10	수정
식수 준비	2	수정
바구니 준비	2	수정
약도 준비	2	철수
청소도구 준비	3	수정
차에 운반하기	4	철수
기름 넣기	6	철수
장소로 이동	20	수정
끝	0	

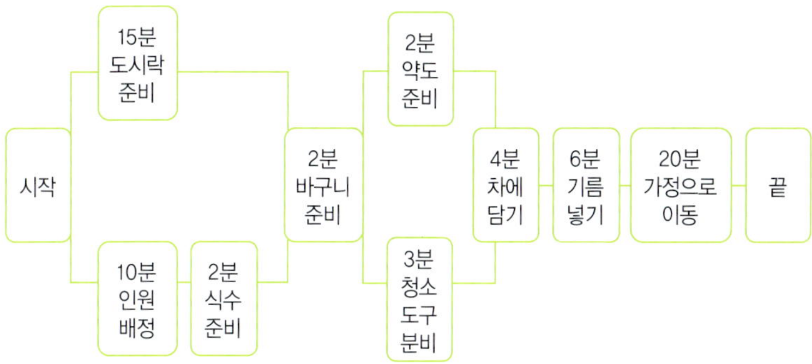

그림 11-1 도시락 배달 계획에 대한 PERT의 보기

③ 장단점

간트 도표는 활동만을 나타내고 과업을 나타내지 않으며, 활동과 과업 사이의 상관관계를 나타내지 않아 전반적인 계획을 이해하기 힘든 점이 있는데, PERT는 첫째, 기획된 활동을 실행하기 위해 필요한 과업의 선후 병행관계 및 소요시간 등을 도표로 나타내어 전체 과정을 쉽게 파악할 수 있다. 둘째, 기획된 활동의 실행과정에서 조정의 노력을 원만하게 제공하며 실행과정에서 생길 수 있는 문제점에 대한 예상을 가능하게 한다. 셋째, 기획된 활동의 실행과정에서 작업종료를 위한 대안경로를 제시하며 이를 토대로 체계적인 평가가 가능하도록 한다. 이러한 장점에도 불구하고, 완성된 PERT 도표가 복잡한 경우에는 이해가 어려우며 도표의 작성에 많은 시간이 소요되고, 기획된 활동의 실행과정에서 불확실성이 너무 많은 경우에는 활용이 어렵다는 한계가 있다.

(3) 월별 활동계획 카드(Shed-U-Graph)

미국의 Remington-Rand라는 회사에서 고안해 낸 것으로서 간트 도표와 비슷한 성격을 가지고 있다. 이 기법은 그림 11-2와 같이 일정한 크기의 바탕종이에 카드를 꽂을 수 있는 주머니를 매달아 놓고 주머니에 특정 활동이나 업무를 기입한 카드를 넣었다가 필요시 이동시키면서 월별 활동계획을 만드는 기법이다. 이 기법은 업무시간에 따라 변경해 이동시키는 데는 편하지만, 간트 도표에서와 같이 과업과 완성된 행사 간의 상관관계를 잘 알 수 없는 단점이 있다(최덕경 외, 2014 : 235).

| 그림 11-2 | 월별 활동계획카드

(4) 방침관리기획

방침관리기획은 Hoshin Kanri라는 일본 기업의 기획 방법에 기초한 것으로 이 기법은 한 조직의 문제를 해결하고, 핵심적인 목표를 달성하기 위해 조직의 자원을 결집시키는 데 초점을 두고 있으며, 공통된 목표달성을 위해 조직 구성원 전체의 노력을 적절하게 조정하기 위한 기법이다. 예외 상황은 계속 발생하게 되므로 계획을 바로 실행에 옮긴 후 문제점을 찾아가면서 그때그때 수정하며 실행 후 확인 과정을 통해 보완해 나가는 방식이다. 방침관리기획은 PDCA(Plan-Do-Check-Act) 사이클에 따른 기획방법으로 다음과 같은 단계를 거친다.

① 1단계(Plan) : 계획은 전략과 계획을 수립한다.

② 2단계(Do) : 실행은 계획을 실시한다.

③ 3단계(Check) : 확인은 실시상황에 대해 모니터링과 평가를 한다.

④ 4단계(Action) : 조정은 모니터링과 평가의 결과를 다시 전략과 계획에 반영하는 피드백을 의미한다.

2. 정보관리의 의의와 체계

1) 정보관리와 복지정보의 개념

정보관리(information management)란 각종 정보를 가장 능률적이며 합리적으로 정확하게 수집, 분류, 정리, 분석, 전달하고 이용해서 처분하는 일련의 과정이며, 정보를 그 목표달성의 수단으로 이용하는 관리방식이다(최덕경 외, 2014 : 236). 사회복지서비스와 유지활동에 관한 막대한 양의 정보를 획득하고 보관해서 필요할 때 즉시 활용하는 능력을 갖춰주는 이러한 정보관리는 인간이 갖추는 인지능력과 시간적 한계성을 극복하도록 도와주며, 대량의 복잡한 정보를 신속하고 효율적으로 활용하도록 도와줌으로써 효과적인 관리를 가능케 하는 것이다.

복지정보란 복지활동에서 획득·생성되어 체계적으로 축적·가공·전달·활용되는 제반 지식, 자료 또는 메시지로서 복지의 주체와 객체의 의사결정이나 행동을 위하여 사용될 수 있는 의미 있는 내용이라고 정의할 수 있다(신복기 외, 2002 : 347). 다시 말하면 첫째, 복지정보는 복지활동 과정에서 발생하며 복지업무를 지원하는 것이다.

둘째, 복지정보는 지식·자료·메시지 등 다양한 성격의 내용을 포함하며, 수집·처리·분석·해석·활용·전달·보존 등 정보의 일반적인 순환과정을 거친다.

셋째, 복지정보는 복지의 주체, 즉 사회복지조직, 사회복지사 등 복지서비스를 제공하는 측에게는 물론 복지의 객체인 지역주민 등 복지서비스의 클라이언트를 위하여 사용될 수 있어야 한다.

넷째, 복지정보는 사용자의 의사결정이나 행동을 위하여 의미가 있어야 하며, 의사결정이나 행동의 변화에 영향을 줄 수 있어야 한다.

2) 정보관리의 필요성

사회복지조직에서 정보관리에 대한 논의가 이루어지는 배경은 다음과 같다(황성철 외, 2010 : 335; 우종모 외, 2004 : 541-553).

① 기관의 책임성 증대

다양한 사회복지사업(예 아동학대예방 프로그램, 정신보건, 장애인직업재활, 노인치매예방 등)을 위해 예산이 집행되었고, 정책입안자와 국민은 이에 대한 사회복지조직의 책임성과 효과성이 검증되기를 기대한다.

② 직원의 필요성

사회복지종사자들은 사회복지가 가치 있는 일이며, 클라이언트를 진정으로 돕고 있고 문제를 해결하기 위해 노력하고 있다는 것을 확인하고 싶어 한다. 이 과정에서 업무수행의 일부 혹은 보조수단으로 적절한 정보체계가 필요하다.

③ 사업에 대한 적절한 평가

사회복지기관의 종사자는 자신이 수행한 사업에 대한 적절한 평가를 통해 수행방법에 대한 개선을 시도하고, 나아가 전문성을 증진할 수 있기를 기대한다. 따라서 사회복지조직의 정보체계 도입은 사업수행에 대한 평가를 위해서 필요하다.

④ 정보의 중요성 증대

정보는 권력을 나타내기 때문에 정보형평이 어떻게 이루어질 수 있는지, 누가 정보 원천과 분배를 통제할 것인지가 관심이다. 정보빈곤은 서비스를 얻는데 장벽인 반면, 정보풍요는 서비스 사회의 혜택을 누릴 수 있도록 한다.

3) 사회복지조직에서의 정보체계

사회복지조직을 포함한 어떤 조직이든지 간에 조직을 운영한다는 것은 어떤 의미에서는 계속 의사결정을 하고 그것을 시행해 나가는 과정이라 할 수 있다. 더욱이 의사결정이란 조직의 표명된 목표의 최적 달성을 위해 여러 가지 대안들 가운데서 선택하는 것이기 때문에 사회복지조직의 운영에 있어서 관리자 혹은 사회복지사가 어떠한 의사결정을 하느냐는 조직의 목표 달성 활동에 많은 영향을 미치게 된다. 사회복지조직에서 공통으로 필요한 정보를 정리하면 <표 11-4>와 같다(신복기 외, 2002 : 348-350).

〈표 11-4〉 사회복지조직의 요구정보 분류

구 분	내 용
클라이언트 (지역사회) 정보	지역사회와 주민, 사회복지조직 이용자에 관한 기본적인 인구학적 특성, 이용현황 등
욕구정보	지역사회 주민과 클라이언트의 복지욕구의 종류와 내용, 욕구 발생 배경, 클라이언트의 현 상황 및 지역주민의 생활실태 등
서비스와 자원정보	제공하는 서비스의 종류와 내용, 서비스의 질에 관한 것, 서비스의 이용방법과 이용시간, 담당자 등
처우정보	처우계획, 처우방침, 처우내용 등
기술정보	사회복지사의 전문적 지식, 활용 가능한 기술 등
참가정보	후원자, 자원봉사활동, 이벤트와 강좌 등
규범정보	조직 내 규칙과 지침서 등
환경정보	정부시책, 행동지침, 관련 정책과 제도의 변화추이 등
관리정보	• 업무처리정보 : 급여, 노동조건, 근무 상황 등의 직원들의 상황과 물품, 재무관리 등의 복지기관 운용정보 • 기획지원정보 : 타 지역과 복지기관과 관련된 정보와 관련 문헌 및 신문기사, 통계자료 등

4) 정보관리체계의 유형

(1) 자료처리체계

자료처리체계(DP : Data Processing)는 사회복지조직에서 비교적 단순하고 반복적으로 일어나는 사회복지업무를 자료의 입력만으로 처리하게 하는 기능을 수행한다. 여기서 자료처리업무는 정보의 수집, 저장, 검색, 전송 그리고 자료

출력을 포함한다. 이 체계는 직원들의 일상업무를 처리하는 데 소요되는 시간과 비용을 감소시키기 위해 고안된 것으로, 봉급명세서의 자동처리, 이용자 명부관리, 영수증 자동발급 등이 그 사례이다(홍현미라 외, 2014 : 271).

(2) 정보관리체계 · 관리정보체계

정보관리체계(MIS : Management Information System)는 조직이 사업을 관리하기 위해 필요한 정보를 수집하고 배분하기 위한 것으로 사람의 모집, 절차, 자료와 정보수집기술, 일련의 절차를 통해서 정보를 향상시키는 기술, 그리고 그 결과를 출력하여 배포하는 것을 포함한다. 또한 기초적인 조직정보를 처리하는 공식적이고 전산화된 응용 프로그램을 말하며, 자료처리의 특성을 가지고 있다(황성철 외, 2010 : 339-340). 예를 들어, 이용자 실적을 부서별, 월별, 분기별로 통계작성하여, 이러한 통계를 통해 과거 · 현재의 사업현황을 점검할 수 있고 미래예측도 가능하게 한다.

(3) 지식기반체계

지식기반체계(KBS : Knowledge-Based System)에서 지식은 자료 또는 정보 그리고 지식의 구조 그 이상의 의미를 포함하고 있기 때문에 더 복잡하고 어려운 처리기술을 요구한다. 사회복지조직에서 지식기반 응용 체계는 클라이언트와 임상실천가의 상호작용을 증진할 수 있는 복잡성을 다루고 있기 때문에 중요하다. 지식기반 응용 프로그램의 세 가지 유형은 다음과 같다.

① 전문가시스템(Expert System)

사용자가 제공한 사실을 기초로 컴퓨터 안에 저장된 지식을 응용하여 사례에 관한 의사결정을 하는 것이다. 현재 활용되고 있는 전문가 시스템은 ECS(Expert Counseling System, 클라이언트에게 고용문제를 해결하도록 도와주는 시스템)와 ICS(환자에게 투여되는 약의 처방횟수를 줄이기 위하여 병원에 있는 환자의 기록을 배경으로 약 처방을 점검하는 것) 등이 있다.

② 사례기반추론(Case-Based Reasoning)

수천 개의 클라이언트의 사례(인구통계, 서비스 성과)를 조사하여 저장하고, 이들 저장된 사례자료로부터 지식을 얻어내는 것이다.

③ 자연음성처리(NLP : Natural Language Processing)

언어를 텍스트로 전환하는 것으로 사람의 언어를 이해하고 말하는 전환음성기나 외국어번역텍스트를 말한다.

(4) 의사결정지원체계

의사결정지원체계(DSS : Decision Support System)는 효과성과 의사결정의 특성을 탐구하는 것에 초점을 두고, 전문가가 복잡한 의사결정을 보다 쉽게 할 수 있도록 고안된 정보체계로 사용자가 자료를 검색하고, 의사결정에 관한 정보를 얻는 데 도움을 준다.

(5) 업무수행지원체계

업무수행지원체계(PSS : Performance Support System)는 현장에서 업무수행 능력을 향상시키기 위해 개발된 통합정보제공시스템이다. 이를 통해 다른 사람으로부터 최소한의 도움을 받아 즉시 그 문제를 해결하거나 업무를 완수할 수 있도록 하는 것이다. PSS는 직접 서비스를 제공하는 사회복지사의 업무성과를 높이는 것에 초점을 두고, 일을 수행하는 방법에 관한 지시사항과 절차가 복잡할 때, 직원이 재편성되고 업무교육이 일상적일 때, 기관이 적소에 기본적인 컴퓨터 시스템을 가지고 있을 때, 예산을 줄이고, 질을 향상시켜야 할 압력이 존재할 때 효과가 있다. 예를 들어, CASP(Computered-Assisted Services Planning)는 문제를 정의하고 구조화하도록 도와주며, 특정과 개입을 위해 담당자를 지원해 주며 서비스 제공계획을 수립하도록 도와주는 프로그램이다.

〈표 11-5〉 정보관리체계 유형과 기능

정보관리체계 유형	목적	기 능	사 례
DP(Data Processing) 전산자료처리시스템	효율	• 업무처리과정, 기록보관, 업무보고 • 사무적인 업무처리의 능률 향상에 역점	월급명세서
MIS(Management Information System) 관리정보시스템	보고	• 구조화된 의사결정을 위한 사무적인 능률성 향상 • 정보교환의 매체를 통하여 운영 하부시스템을 상호 연결하여 조직의 산출을 최적화하는 데 목적을 둠 • 의사결정을 내리는 데 필요한 정보를 제공하고 이러한 과정에서 시너지를 낼 수 있는 체계를 조직 • 일상적이고 구조화된 의사결정의 능률 향상이 목적	클라이언트 정보관리 시스템
KBS(Knowledge-Based System) 지식기반시스템	의사결정지원	• 클라이언트의 직접 서비스 제공자의 상호작용을 지원하기 위한 복잡성을 다루고 있음 • KBS의 유형에는 전문가 시스템(Expert System), 사례기반추론(Case-Based Reasoning), 자연음성처리시스템(Natural Language Processing)이 있음	Expert Counseling System
DSS(Decision Support System) 의사결정지원시스템	효과	• 의사결정과 이의 집행을 돕도록 설계 • 의사결정의 효과성과 조직의 효과에 초점 • 비구조화되거나 준구조화된 의사결정을 위하여 모델링 기법을 이용하여 의사결정자를 도와줌 • 관리능률을 향상시키는 데 강조점을 두고 있음	General Assistance Intake
PSS (Performance Support System) 업무수행지원시스템	성과	• PSS는 업무를 완성하는 데 필요한 정보를 통합 제공하여 업무를 향상시키는 것 • PSS는 서비스 제공자의 성과에 초점을 두고 있음 • PSS는 사용자가 업무수행을 위해 어떤 정보가 필요한지를 확인시켜 주고 도와주는 것	Computer-Assisted Services Planning

5) 사회복지조직에서 정보관리체계 설계

(1) 현재 상황에 대한 사정

정보관리체계를 개발하거나 현재의 시스템을 강화 혹은 재설계하고자 할 때, 본격적인 작업에 앞서 무엇보다도 관리자와 직원들 간에 충분한 논의가 이루어져야 하며, 사업의 목적과 목표를 직원이 이해할 수 있도록 알려주어야 한다. 그리고 현재 상황에 대한 정확한 사정 및 정보관리체계 개발을 위해 별도 위원회(예 정보화추진위원회)를 구성하고, 모든 직원들의 참여와 헌신을 유도할 필요가 있다.

정보관리체계 개발을 위해 현재 상황을 사정하는 과정에서는 위원회 활동에 참여하는 구성원들의 시간, 현재 정보화의 수준과 내용, 정보화 자문비용, 직원의 기술력, 가치, 이념, 전산 관련 장비, 정보체계개발 목적과 미래에 대한 비전 등이 반드시 포함되어야 한다.

(2) 기존 정보체계에 대한 분석

정보관리체계 개발을 추진하기로 결정한 후의 다음 단계는 현재 사용 중인 정보관리체계를 분석하는 것이다. 일반적으로 효과적인 정보관리체계를 설계하는 데는 다음과 같은 정보가 필요하다.

① **지역사회정보** : 인구통계학적 정보, 사회적·경제적 특성에 관한 자료, 서비스를 받고 있는 대상자의 신원 확인, 실질적인 서비스와 재원의 목록 등

② **클라이언트 정보** : 클라이언트의 현존 문제, 개인력, 서비스 수혜 유형, 서비스 기간, 사회경제적·가족적 특성, 고용상태, 만족도 측정과 서비스 성과 등

③ **서비스 정보** : 기관의 서비스 단위, 클라이언트 수, 주어진 기간 내에서 서비스를 제공받은 클라이언트 수와 서비스가 종결된 클라이언트 수, 서비스와 관련된 활동에 대한 설명 등

④ **직원정보** : 사업 수행에 참여한 시간, 도움을 준 클라이언트 수, 서비스 제공의 양, 서비스의 차별성 등

⑤ **자원할당 정보** : 전체 비용, 특수한 유형의 서비스 비용, 예산 및 결산 보고서를 위해 필요한 자료 등

(3) 세부설계

세부설계 단계의 핵심은 어떻게 자료가 사용될 것인가에 대한 이해를 정확히 하는 것으로부터 출발하여 특정 정보에 대한 욕구가 구체화되면 정보를 얻을 수 있는 자료의 출처를 파악해야 한다. 설계자는 조직 내에서 어떤 부서의

어떤 직무단위가 필요한 정보를 가장 쉽게 기록할 수 있는가를 판단해야 한다. 그리고 누구에게 정보를 보고해야 하는지, 누가 보고된 정보를 분석할 책임이 있는지를 결정해야 한다. 또한 어떤 정보가 전산화되어야 하는지, 어떤 것을 지속적으로 수작업으로 관리해야 하는지를 결정하는 것도 이루어져야 한다.

(4) 정보관리체계 검증과 준비

새로운 정보체계가 승인을 받은 후에는 직원훈련비용뿐만 아니라 소프트웨어나 하드웨어의 구입비용이 산정된다. 이때부터 직원훈련, 소프트웨어와 하드웨어의 유지 및 업데이팅 지출이 정규예산 항목이 된다. 새로운 소프트웨어나 하드웨어의 사용방법을 배우는 것은 정보관리체계 개발의 성공을 위한 필수조건이며, 조직발전을 위해서도 중요한 일이다.

(5) 전환

시험적용과 교육훈련이 종결되면 새로운 정보관리체계가 실행되는 단계로 진입한다. 새로 개발된 정보관리체계와 기존의 정보관리체계가 같이 사용되면서, 새로운 체계를 사용해도 불편하거나 손해 보는 것이 거의 없다는 확신을 사용자들에게 심어줄 수 있어야 한다.

(6) 평가

정보관리체계를 설계하고 실행하는 데 참여한 모든 직원들은 새로운 정보관리체계에 대한 최초의 목적, 목표, 기대를 관찰하고 현재의 결과와 비교해야 한다. 정보관리체계 개발의 성공과 실패에 대한 평가는 관리자 차원, 정보화추진위원회 차원, 단위부서 차원, 직원 개인 차원, 서비스 대상자 차원에서 시도될 수 있을 것이다. 이는 과거의 정보관리체계와 신규 개발된 정보관리체계의 비교를 통해 가능하며, 업무성과 향상, 효율성 증진, 비용절감 등의 기준을 적용한 평가분석도 가능하다.

(7) 운영, 유지, 수정

새로 개발된 정보관리체계가 의도했던 바와 같이 운영되기 위해서는 적정한 관리 유지와 발생할 수 있는 보완요소에 대한 준비가 되어야 한다. 이를 위해 다음과 같은 고려사항이 있을 수 있다.

첫째, 정보관리체계에 대한 전담직원이 별도로 확보되어야 한다.

둘째, 전체 직원은 일상업무에 정보관리체계를 이용하여 데이터를 저장하고 사용하며, 관리자는 고유사업수행과 정보관리체계 활용을 모니터링하여 필요한 경우 업무조정을 해야 한다.

셋째, 직원교육을 위한 예비예산을 확보하도록 한다.

넷째, 직원회의 때 정보관리체계를 사용하는 것이 조직의 사업 목적을 달성하기 위해서도 가치 있는 것임을 강조한다.

다섯째, 관리자는 직원들이 정보관리체계를 통해 수집된 자료를 발표하고 공개적으로 활용하도록 유도한다.

3. 국가 복지정보 시스템의 활용

1) 사회복지시설 정보시스템

(1) 목적과 적용대상

사회복지시설 정보시스템은 사회복지통합관리망 구축과 함께 온라인 보고 등 사회복지시설 업무를 전자적으로 수행할 수 있도록 하고 사회복지시설 업무의 표준화, 투명화를 위한 업무처리 절차를 제시하고 있다. 또한 사회복지시설 담당 공무원이 사회복지시설의 신고·변동관리, 온라인 보고 정보의 시설 보조금, 각종 복지급여 지급의 전자적 처리 등 업무에 쉽게 적용하도록 체계화하였다(그림 11-3 참조).

이러한 사회복지시설정보시스템 적용대상 시설로는 사회복지관·노인·장애인·한부모·지역자활센터, 노숙인·아동·개인운영 신고시설 등 보건복지부 소관의 사회복지시설을 포함한다.

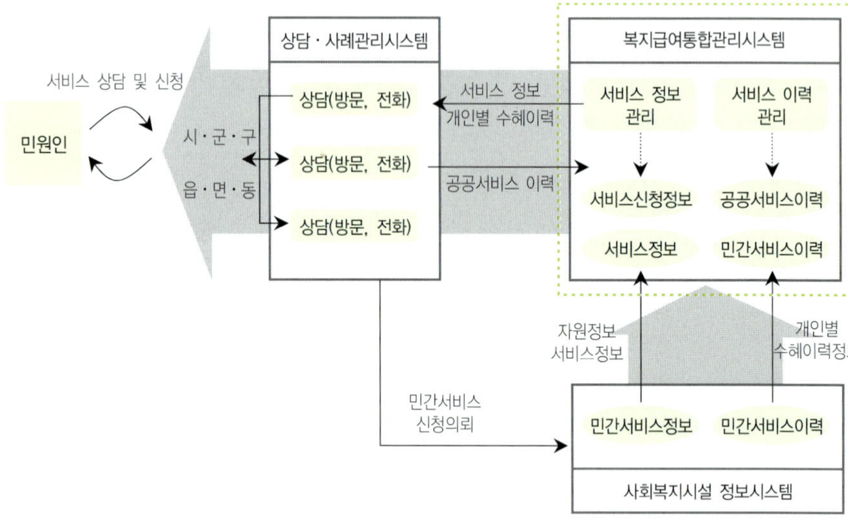

그림 11-3 사회복지시설 정보시스템

(2) 주요 기능

통합회계관리(회계관리, 예산관리, 세무관리), 행정업무관리(인사관리, 급여관리, 비품 및 소모품 관리), 시설 유형별 서비스 이력관리(생활인 및 이용자 관리, 사회복지서비스 관리, 사례관리, 일지관리 등), 통합고객관리(후원자 및 봉사자 관리, 후원금 관리, 자원봉사 관리), 시 · 도 및 시 · 군 · 구 복지급여통합관리시스템 연계 등이 있다.

(3) 기대효과

사회복지시설 운영의 회계 투명성 확보, 사회복지시설 업무의 표준화 및 효율성 제고, 복지대상자별 사회복지시설 제공 서비스의 중복 및 편중 방지, 보건복지부 · 지방자치단체 · 사회복지시설 간 정책 네트워크를 구성하여 사회복지정책 수립을 위한 기반 조성, 기타 각종 보고절차 간소화 등 행정비용 감소를 기대한다.

2) 사회복지통합관리망(행복e음)

(1) 의의

각종 사회복지 급여 및 서비스 지원 대상자의 자격 및 이력에 관한 정보 통합 관리, 지방자치단체의 복지업무 처리를 지원하기 위한 정보시스템이다(사회복지사업법 제6조의2에 근거). 이러한 사회복지통합관리망의 체계는 ❙그림 11-4❙와 같다.

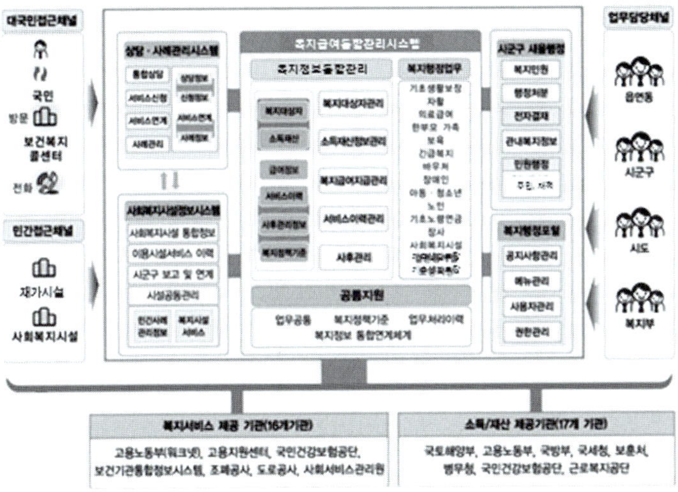

❙그림 11-4❙ 사회복지통합관리망(행복e음) 시스템 구성도

(2) 특징

① 유관기관 공적 자료의 연계 구축

기존 시스템에서는 지역이나 사업별 소득 · 재산 조사를 통한 복지대상자의 이력관리 및 개인별 관리가 불가능했고, 복지대상자 선정을 위해 필요한 소득 · 재산 등 공적 자료를 시 · 군 · 구에서는 확인하기 어려워 부정수급이 발생하는 원인이 되기도 했다. 이러한 문제점을 해결하기 위해 사회복지통합관리망은 타 유관기관에서의 서비스 제공 이력정보 등을 연계하여 각 지방자치단체에 제공하도록 고안되었다.

② 복지수급자 개인별 · 가구별 통합 DB구축

복지수급자 개인별 · 가구별 통합 DB를 구축 · 운영함으로써 복지자원의 중복 및 누락을 차단하고 수요자 중심의 맞춤형 복지서비스를 제공함을 목적으로 한다.

③ 복지업무의 표준화와 효율화

기초생활, 보육, 기초노령 등 15개 복지사업별로 소득 · 재산 조사방법이 달라, 서비스 대상자 한 명이 여러 개의 서비스를 신청하면 각 사업별로 별도의 소득 · 재산 조사를 실시해야 했던 기존의 업무를 통합하여 1회 조사 후 모든 사업에 공동 활용하도록 하고 있다. 이 과정에서 유사 서식을 통합하여 업무의 효율성을 높이도록 하였다.

④ 사례관리 기능의 강화

시 · 군 · 구 차원에서 서비스연계팀을 강화함으로써 복지대상자의 복합적 욕구 해결을 위해 공공서비스뿐 아니라 민간서비스를 연계 제공하는 사례관리 체계를 강화하고 있다.

⑤ 업무절차의 효율화

하나의 정보시스템에서 '상담－서비스 신청 － 소득 · 재산 조사 －서비스 수급 결정 － 급여관리 － 변동관리 － 사후관리'를 일괄 처리함으로써 업무절차의 효율화를 꾀하고 있다.

3) 사회보장정보시스템(범정부)

(1) 의의

맞춤형 복지기반 조성을 목적으로 부처별로 분산되어 운영되던 복지정보를 연계하여 통합관리하기 위해 2013년에 개통된 국가 차원의 복지정보시스템이다. 이는 2011년 사회보장기본법 개정으로 범정부복지정보연계시스템 근거를 마련하였고, 2013년 3월 17개 부처 292개 사업을 연계하여 사회보장정보시스템을 개통하였다(그림 11－5 참조).

| 그림 11-5 | 사회보장정보시스템(범정부) 구성도

(2) 목적

개인별·가구별 복지서비스 이력관리, 중복·부적정 수급 방지, 정부부처 복지사업 정보 제공, 복지사업 업무처리 지원 등을 위해 개통되었으며, 복지사업의 대상자와 수급 이력정보를 연계하여 정확한 복지대상자 선정을 토대로 수요중심의 서비스를 제공하고자 한다.

(3) 기능

첫째, 자격·수급 이력 통합 DB를 구축하였고, '복지지킴이'를 통해 복지대상자의 중복수급, 수급자격 변동 등의 정보를 각 부처에 주기적으로 알려 복지재원의 누수를 차단하도록 하여 사망, 주민등록 말소, 기초수급자격 중지 등의 정보를 각 부처에 제공하고 각 사업 담당자 수급자격 변동 여부를 확인하여 복지대상자를 관리하도록 한다.

둘째, '복지알림이'를 통해 중앙부처의 294개 복지사업과 지방자치단체 5,400개 자체 복지사업 정보를 제공하여, 일반국민과 일선 업무 담당자들의 복지정보 열람을 용이하도록 한다.

셋째, 업무처리지원시스템을 구축함으로써 각 부처의 복지사업의 신청-조사-결정-급여 등 복지행정 업무를 지원하고 있다.

참·고·문·헌

강용규 외(2013). 사회복지행정론. 경기 : 공동체.

김규정(1986). 신고 행정학원론. 서울 : 법문사.

성규탁(1993). 사회복지행정론. 서울 : 법문사.

신복기 외(2002). 사회복지행정론. 경기 : 양서원.

우종모 외(2004). 사회복지행정론. 경기 : 양서원.

한동일 외(2009). 사회복지행정론. 경기 : 양서원.

홍현미라 외(2014). 사회복지행정론. 경기 : 공동체.

황성철 외(2010). 사회복지행정론. 경기 : 학현사.

최덕경 외(2014). 사회복지행정론. 서울 : 창지사.

Mcfarland, D. E.(1970). *Management : Principles and Practices*(3rd ed.). New York : Macmillan Publishing Co.

Skidmore, R. A.(1990). *Social Work Administration : Dynamic Management and Human Relationships* (2nd ed.). Englewood Cliffs, NJ : Prentice-hall.

York, Y. O.(1982). *Human Service Planning*. Chapel Hill : The University of North Carolina Press.

Chapter

12

사회복지 프로그램

01. 프로그램 개발의 개념과 원칙

02. 프로그램 개발 과정

03. 프로그램 평가 방법

04. 프로포절 작성의 실제와 연습

Chapter 12 사회복지 프로그램

1. 프로그램 개발의 개념과 원칙

1) 프로그램 개발의 개념

프로그램(program)은 특정 목표를 성취하기 위하여 자원과 기술이 투입되어 일정한 절차에 따라 이루어지는 계획적인 활동 체계라고 정의했다(황성철, 2005 : 17). 특히 사회복지 프로그램은 사회구성원들에 대한 원조를 제공함으로써 사회의 욕구를 충족시킴과 동시에 사회복지사에게는 성취감과 만족감을 주는 수단이 되고 있다(김형식 외, 2009 : 171). 따라서 사회복지 프로그램을 종합적으로 정의하면, 사회복지조직에서 사회복지적 목표를 달성하기 위한 활동의 집합체라고 할 수 있다. 그리고 도움이 필요한 클라이언트의 욕구를 충족시키기 위해 사회복지 전문인력이 의도적이고 상호의존적인 계획을 통해 실시하는 다양한 활동을 의미하고 있다(양점도 외, 2010 : 16).

이와 같이 프로그램에 대한 정의는 학자에 따라 매우 다양하게 정의되고 있지만, 사회복지 프로그램은 사회복지정책이 서비스로 구체화되어 전달되는 과정에 대한 것이며, 어떻게 그것을 실현할 것인가? 에 대한 방법론을 담고 있다. 따라서 프로그램 개발(설계)은 프로그램 개발 과정에 있어 하나의 산출물(product)인 동시에 방법(method)이다.

① 산출물(product)로서 프로그램 설계

특정한 목표를 달성하기 위해 프로그램 수행자들의 최소한의 행동양식들을 규정하는 문서로 프로그램을 진행하는 과정에서 지속적인 지침이 되고 개선되어야 하는 상시적 효력을 갖는 문서이다.

② 방법(method)으로서 프로그램 설계

프로그램 진행상 중요한 결정을 내리는 데 필수적인 기준과 같은 것으로서 직원의 채용과 같은 진행상의 결정을 내리는 데 수단과 지침이 되는 분석적인 도구이다. 사회복지 프로그램 설계 과정은 외부 영향력의 작용을 집합시키고 직원을 결집시키기 위한 하나의 메커니즘이 될 수 있다.

2) 프로그램 개발의 중요성

① 프로그램 사명과 명확한 목표 설정

현장에서 사회복지공급 주체자인 사회복지사도 어떤 목적을 가지고 진행되는지 방향을 알 수 있고, 객체인 클라이언트도 기대되는 것이 무엇인지를 알고 있게 된다(박용순 외, 2011 : 243).

② 프로그램의 효율성 향상

사회복지 프로그램은 목표를 담고 있고 그 목표를 달성하기 위한 구체적인 실행방법을 담고 있는바, 보다 더 효율성을 높일 수 있는 실행방법을 사전에 만들어 실행을 함으로써 효율성을 높일 수 있다.

③ 프로그램의 효과성 증진

프로그램이 없는 진행보다는 정밀한 프로그램을 가지고 진행하는 것이 목표를 달성하는 데 더 효과적이다.

④ 사회복지사의 업무만족도 향상

프로그램이 기획되지 않고 주먹구구식으로 진행된다면 사회복지사의 업무도 혼란을 야기할 것이지만, 사회복지사가 프로그램의 기획된 방향에 따라 업무를 추진할 때 시행착오도 줄일 수 있고 업무만족도를 높일 수 있다.

⑤ 외부자원 확보 지지도 향상

사회복지현장의 자원의 상당 부분은 사업제안(proposal)을 통한 자원획득이 강조되고 있는데, 여기에서 사회복지 프로그램은 이러한 외부의 자원을 확보하는 데 중요한 도구가 되고 지지를 받는 강력한 증거가 된다.

⑥ 기관의 역량 강화

프로그램의 작성과 실행에 철저한 훈련이 된 기관의 직원들은 업무를 어떻게, 어떤 목적을 가지고 처리하고 수행하는지를 잘 알게 되고, 이러한 능력은 기관의 잠재적 역량강화와 맞물리면서 사회적 지지와 신뢰를 확보하는 데 중요한 기회를 제공한다.

3) 프로그램 개발의 원칙(5P)

① 합목적성과 목표의 일관성(Purpose)

프로그램 내용은 목적이 제시하는 바로 그 내용에 적합하여야 한다. 따라서 프로그램 내용에 지나치게 치중하여 수단이 목적이나 목표에 전도되는 '목표전치' 현상이 발생되지 않도록 유의하고 프로그램을 진행하는 중간중간에 목적과 목표를 점검해 보도록 한다(신복기 외, 2002 : 403).

② 능력수준과 흥미에의 적합성(Person)

프로그램 내용 선정에 있어서 가장 중요한 것이 대상자에 대한 고려이다. 프로그램의 내용은 대상자의 필요와 흥미 또는 능력 수준을 고려하여 주제의 내용과 방법이 적합하고 친밀감이 있는 것으로 선정한다.

③ 프로그램의 통합성(Problem)

프로그램에 참여하는 대상자의 문제해결이나 목표달성을 위하여 단편적인 프로그램을 제공하는 것이 아니라, 인간의 경제적 · 사회적 · 심리적 · 문화적 제반 문제들을 통합적으로 고려하는 프로그램을 제공하는 것이다.

④ 프로그램의 지속성과 네트워크화(Process)

프로그램은 일시적이고 획일적인 접근으로 이루어져서는 안 되며, 장기적이고 체계화된 일정 계획에 따라 지속해서 제도화된 프로그램이 되도록 한다. 또한 프로그램의 내용을 구성할 때 지식, 이해, 기능, 태도 등의 측면이 프로그램 장면에서 의미 있게 통합되어 더욱 높은 공통목표를 성취하는 데 이바지할 수 있도록 다양한 성격의 서비스기관이 참여할 수 있도록 해야 한다.

⑤ 지역성(Place)

프로그램을 시행하는 기관의 지역적·문화적 상황이 달라서 프로그램의 내용 선정에서 각 지역의 독특한 특성을 반영할 때, 프로그램 참여자나 팀 구성원과 지역사회 주민이 프로그램에 더욱 쉽게 접근할 수 있고 많은 호응도를 불러일으킬 수 있다.

2. 프로그램 개발 과정

1) 문제 확인과 욕구사정

① 사전모임과 동기유발

일단 프로그램을 개발하기 위해서는 먼저 프로그램과 관련된 사람들이 사전모임을 갖고 관심 있는 분야(예 자폐아동, 학교폭력, 독거노인, 지체 장애인, 모자가정 등)를 선정하는 일에서부터 "하고 싶고, 무엇을 할까" 하는 동기부여가 이루어져야 할 것이다.

② 문제의 분석

문제의 원인을 분석한다는 것은 어떻게 그와 같은 사태가 발생했는가, 그 문제의 원인은 무엇인가, 또 이 문제에 이해관계가 걸려 있는 제(諸) 집단은 누구인가, 문제가 해결되기를 바라는, 또는 바라지 않는 집단은 누구인가 등을 살펴보는 단계이다.

③ 욕구사정

욕구파악 및 분석은 사회의 어떤 바람직하지 못한 상태가 인지되었을 때 그 바람직하지 못한 상태의 실태를 조사하고, 원인을 파악하려는 노력을 말한다. 그리고 욕구사정 시 점검사항(check list)은 다음과 같다(신복기 외, 2002 : 411).

첫째, 해결할 문제는 무엇인가
둘째, 영향을 받는 사람은 누구인가
셋째, 표적집단은 누구인가
넷째, 대상자의 지역경계가 분명한가
다섯째, 측정기준은 마련되어 있는가
여섯째, 왜 미충족된 욕구의 상황이 존재하는가
일곱째, 어느 정도가 수혜를 받고 있는가

2) 프로그램 수혜자 및 자원체계 확인

(1) 프로그램의 수혜자

① **일반집단** : 프로그램에 영향을 미칠 대상 가능 인구로서 클라이언트가 속한 관할지역 또는 행정구역 내에 있는 모든 사람
② **위험집단** : 일반집단 중 해당 문제 노출위험이 있거나 욕구가 있는 집단
③ **표적집단** : 위험집단 중 하위집단으로서 프로그램 영향이 구체적으로 미치는 인구 혹은 프로그램 대상이 되어야 하는 집단
④ **클라이언트 집단** : 표적집단 중 실제 프로그램에 참여자

(2) 자원체계의 확인

자원체계의 확인이란 해당 프로그램에 인적·물적자원이나 지식 및 기술, 사회적 환경이 어떠한가를 살펴보는 활동을 의미한다. 사회복지 프로그램은 자원을 어떻게 동원·관리하느냐에 따라 존속될 수도 있고, 폐지될 수도 있다. 그리고 이러한 활동을 통해 그 프로그램의 제한조건을 파악할 수 있다. 이러한 제한조건의 파악에는 SWOT 분석이 활용될 수 있다(김형식, 1997 : 80-81).

사회복지기관의 잠정적인 SWOT 분석
① S : Strength • 기관 내부의 장점 분석에 초점을 둔다. • 기관(프로그램)의 목적을 효과적으로 달성시키는 데 도움을 줄 수 있는 요소를 규명한다. • 기관의 모든 장점을 명세화(list)한다. ② W : Weakness • 기관 내부의 취약점에 초점을 둔다. • 기관의 모든 단점을 명세화한다. ③ O : Opportunities • 기관의 목적 달성과 운영에 도움이 되는 요소 • 기관의 발달에 기여할 수 있는 외적인 요소 ④ T : Threats • 기관의 발전에 위협이 될 수 있는 요소

3) 목적과 목표 설정

목적과 목표 설정은 프로그램 기획자들에게 그들이 무엇을 달성하려고 하는지와 어떻게 그것을 성취하려고 하는지를 명료한 용어로 기술하게 함으로써 실행을 위한 틀을 제공한다.

① 목적

어떤 활동의 주체가 달성하고자 하는 바람직한 미래의 상태를 말하며 프로그램을 통해 궁극적으로 달성하고자 하는 포괄적이고 추상적인 지향점이라고 할 수 있다. 프로그램의 목적은 프로그램 참여자들의 욕구와 기관의 주어진 목적을 고려하여 설정되어야 할 것이다.

② 목표

주어진 시간 안에 프로그램이 성취하기를 의도하는 결과와 영향을 기술하는 것이다(Myron, 1990 : 254-255). 대개 하나의 프로그램 목적에 대해서 다수의 목표들을 갖는 것이 보통이며, 프로그램의 목적을 성취하기 위해 하나의 목적에 구체적인 하위목표가 설정될 수 있다.

4) 자료수집과 대안설정

① 관련 자료수집과 기존 유사 프로그램의 확인

프로그램 관리자가 설정한 대상집단이나 대상문제와 관련한 프로그램, 해당 기관과 타 기관 및 시설의 유사한 경험이나 프로그램, 외국의 실례 등을 조사해 본다. 자료조사 방법으로는 해당 기관을 방문하거나 관계자들을 초청하여 내용을 듣거나, 현장답사, 기관 전화, 영화나 비디오 관람, 인터넷 검색 등 여러 가지 방법이 있을 수 있다.

② 서비스의 우선순위 선정

우선순위 선정이란 어떤 서비스가 수혜자에게 가장 도움이 되는가, 어떤 서비스가 가장 많은 그리고 가장 적은 자원을 필요로 하는가, 그리고 어떤 서비스가 프로그램의 목적과 목표 달성에 가장 바람직한가를 결정하는 것이다. 이러한 우선순위를 선정하는 데 있어 지침이 될 수 있는 세 가지 중요한 질문과 답은 다음과 같다.

첫째, 클라이언트의 문제에 가장 적합한 서비스는 무엇인가?

둘째, 해당 서비스 제공자들이 가장 잘 할 수 있는 서비스는 무엇인가?

셋째, 수혜자와 제공자 모두에게 가장 만족감을 줄 수 있는 서비스와 앞으로도 계속 봉사활동의 성과가 지속될 수 있는 서비스는 무엇인가?

③ 대안선택

프로그램의 대안은 우선순위 비교와 자원동원 가능성에 따라 결정되며, 우선순위는 적합성과 실행 가능성 여부에 의해서 비교・결정된다. 대안을 선택하는 작업은 프로그램 참여자 전체의 합의가 있어야 하므로 각각의 의견 개진 후 서로 타협과 조정을 해나가는 작업이 반드시 필요하다.

5) 실천계획 수립과 서비스 방법의 구체화

실천계획 수립은 목표를 달성할 수 있는 체계를 창출하는 과정이며, 선택된 대안서비스들이 구체적으로 작성되는 과정으로 다음과 같은 의의를 가진다(신복기 외, 2002 : 421).

첫째, 치밀한 설계는 프로그램의 목적을 최대로 충족시킬 수 있다.

둘째, 프로그램 실행에 영향을 주는 여러 요인들을 차근차근 고려할 수 있다.

셋째, 프로그램의 질을 높일 수 있다.

이러한 프로그램 실천계획에는 프로그램의 목적, 목표, 활동시간, 장소, 예산 및 업무분담 등이 포함되어야 한다.

6) 프로그램 실행

프로그램 실행은 전 단계들에서 제시되고 계획한 사항들, 서비스를 정해진 시간 내에 실시하는 것으로, 유의할 점은 프로그램 계획에 지나치게 얽매여 목표전치가 발생하지 않아야 한다는 것이다. 이는 프로그램이 서비스를 효과적이고 효율적으로 제공하기 위한 수단이지 그 자체가 목적은 아니기 때문이다. 따라서 프로그램 실행계획은 탄력성과 융통성이 요구되며, 때로는 목적달성을 위하여 수정될 수도 있다.

7) 측정 및 평가

측정과 평가는 수혜대상자와 지역사회에서 일어난 변화(생산성)를 측정하고 효과성을 평가하는 것이다. 특히 프로그램 개발에서 평가는 설정된 목표가 달성되었는가를 알아보기 위한 과정 혹은 시행한 프로그램의 가치와 의의를 판단하는 사회적 과정이라고 할 수 있다. 그러므로 평가는 다음과 같은 의의를 가진다(신복기 외, 2002 : 430).

첫째, 프로그램 계획이나 운영과정에 필요한 정보를 획득하여 이 과정이 바람직하게 추진되도록 노력하는 것으로 프로그램 과정상의 '환류기능'이라고 할 수 있다.

둘째, 프로그램 담당자가 프로그램 계획과정에서 행하는 활동에 대하여 사회적 책임을 지도록 하는 것으로 '책임성 이행기능'이라고 할 수 있다.

셋째, 보조적 목적으로서 프로그램 속에 내재된 변수들 간의 인과관계를 검증하여 이론 형성에 기여한다.

넷째, 평가는 사회복지기관, 전문가의 의무이자 윤리이다.

〈표 12-1〉 **프로그램 개발 과정**

설계과정	세부과제
문제확인과 욕구사정	사전모임 및 정보수집(관심분야, 동기유발), 문제분석, 욕구사정
프로그램 수혜자 및 지원체계 확인	클라이언트 집단의 확인, 인적·물적자원의 확인, 장애요인(기관 제한 조건)의 확인
목적과 목표 설정	기관의 목적 고려, 비전을 제시할 수 있는 목적 서술, 구체적으로 측정 가능한 하위목표 설정
자료수집과 대안설정	관련 자료수집, 기존 유사 프로그램의 확인 및 이론적 검토, 서비스 활동의 제안, 서비스의 우선순위 결정, 대안선택(단위 서비스 혹은 세부 프로그램 선택)
실천계획 수립과 서비스 방법의 구체화	우선순위별 구체적 목표설정, 서비스 방법의 구체적 서술(원조방법), 세부 절차의 개발(과제수행을 위한 시간계산), 활동업무의 분담
프로그램 실행	오리엔테이션과 사전연습, 수행활동의 묘사, 슈퍼비전
측정 및 평가	평가기준 및 기법 선정, 측정 및 평가, 발표 및 시상

3. 프로그램 평가 방법

1) 프로그램 평가의 기준

① 노력성 평가

서비스에 투입된 노력(인력, 비용 등)의 양과 서비스의 결과인 생산량으로 노력성을 측정하는 방법으로는 서비스 단위당 클라이언트 수, 시간당 클라이언트 수, 서비스 단위당 클라이언트 워커 혹은 자원봉사자 수, 클라이언트당 워커 수 등으로 나타낼 수 있다.

② 효과성 평가

제공된 프로그램과 서비스에 의해 의도했던 목표들이 달성되었는지를 평가하는 것을 말하며, 이러한 효과성을 평가할 때에는 의도된 결과와 아울러 예기치 않았던 결과도 생각해야 한다.

③ 효율성 평가

일반적으로 최소의 자원을 투입하여 최대의 효과를 내는 것으로 투입(비용, 노력, 시간 등)에 대한 산출(목표 달성 정도)의 비율에 대한 평가로서 자원의 효율적인 사용에 대한 정보를 제공해 준다. 효율성을 측정하는 방법으로는 비용/노력으로서 서비스 단위당 투입된 비용, 비용/ 효과분석, 비용/ 편익(이익) 분석이 있다.

④ 서비스의 질 평가

제공되는 서비스들이 전문적인 지식과 기술을 가진 직원들에 의해서 제공되는지에 대한 여부와 서비스를 제공받는 사람들의 신체적 · 정서적 · 인지적 · 사회적 · 경제적 욕구를 충족시킬 수 있는 수준으로 제공되었는지를 평가한다.

⑤ 이용자 만족도 평가

일반적으로 프로그램을 종결하면서 프로그램과 서비스에 대한 전체적인 내용을 조사할 때 사용하기도 하며, 혹은 과정평가 시 프로그램의 방향을 수정할 때 사용되기도 한다.

⑥ 공평성 평가

프로그램의 효과와 비용이 사회집단 간에 공평하게 배분되었는지를 평가한다.

⑦ 영향 평가

의도했던 사회문제의 해결에 어느 정도의 영향을 미쳤는지를 평가한다.

2) 평가의 종류

(1) 평가목적에 따른 분류

① 형성평가

프로그램 진행 중에 프로그램의 원활하고 성공적인 수행을 위하여 문제점을 찾아내고 수정·보완할 목적으로 실시되는 평가이다. 형성평가는 귀납적 방법에 의하며 항상 변화하는 프로그램의 전달, 기관의 운영상황 또는 클라이언트의 변동하는 요구 등 "앞으로의 결정을 위하여 알아야 할 것이 무엇인가?"에 평가의 초점이 있다. 형성평가는 모니터링의 기술과 환류를 중요시하기 때문에 융통성이 많은 것이 특징이다.

② 총괄평가

대부분 프로그램이 종결된 후에 실시하는 것으로 프로그램의 결과와 효과를 평가하며, 프로그램 종결 후 프로그램 투입에 대한 총체적 판단을 내리기 위하여 행해지는 평가이다. 총괄평가는 연역적·객관적 방법으로 한 기관의 정책 또는 프로그램이 달성하고자 했던 목표를 얼마나 잘 성취했는가의 여부를 평가한다.

(2) 접근방법에 따른 분류

① 양적 평가

설문조사와 구조화된 설문지를 이용하여 숫자, 비율 등 강성 자료(hard data)를 수집하며, 평가를 위해 수집되는 자료가 주로 계량화되고 실험조사와 같은 설계를 통하여 객관적 자료가 연역적 방법으로 분석되는 것을 강조한다.

② 질적 평가

수량화되지 않은 자료를 수집하여 귀납적으로 자료를 분석하는 데 의미를 두고, 인터뷰와 관찰, 문헌연구 등을 통하여 수정되는 수량화할 수 없는 연성자료(soft data)에 기초한다.

(3) 평가주체에 따른 분류

① 자체평가

프로그램 담당자가 스스로 행하는 평가로, 평가비용을 절약하고 장기적으로 계속할 수 있다는 장점이 있는 반면 공정성을 확보하기 어렵다는 단점이 있다.

② 내부평가

프로그램을 직접 담당한 사람을 제외한 기관 내부의 다른 사람, 즉 책임자나 상급자 혹은 동료에 의해 이루어지는 평가이다.

③ 외부평가

프로그램을 담당하는 기관 외부에 속한 사람에 의해 행해지는 평가로, 고문평가(consultant evaluation)라고도 불린다.

(4) 적합성 평가와 메타평가

① 적합성 평가

개발 프로그램의 평가가 이루어지기 전에 프로그램의 가치를 따져보는 평가이다. 즉, 효과성과 효율성 평가가 진행되기 이전에 추구하는 목표가 사회정책적 입장이나 사회적 가치의 입장에서 바람직한지 여부를 검토하는 평가이다.

② 메타평가

제시된 평가계획서나 평가 결과를 다른 평가자에 의해 다시 점검받는 평가로 메타평가는 평가에 의한 평가이다. 메타평가는 평가의 신빙도, 타당도, 유용도 외에 평가시기, 보고서의 문제, 적절성, 평가비용 등도 검토의 대상이 될 수 있다.

4. 프로포절 작성의 실제와 연습

1) 프로포절(Proposal)의 의의

propose(제안, 제의)에서 나온 말로서 사회복지기관에서 수행하고자 하는 프로그램의 내용을 설명하는 사업제안서를 의미한다. 또한 경쟁력을 높여 서비스의 질을 개선하고 기금배분의 투명성을 확보하기 위해 대부분 기금주가 기본적으로 요구하는 서류이다. 따라서 사업제안서는 사업명, 사업의 문제성과 목적, 사업의 수행계획이 세부적으로 기술되어야 한다(최덕경 외, 2014 : 266).

기금주가 프로포절을 심사할 때 고려사항으로는 사업의 중요성, 프로그램의 참신성과 효과성, 프로그램 운영의 비용효과성, 기관의 능력과 직원들의 전문성 등이 있다. 또한 프로포절에는 기본적으로 사회복지의 가치가 반영되어 있어야 하며, 실현 가능성, 기관의 준비성, 기록의 신뢰성 등을 제시할 수 있어야 한다.

2) 프로포절의 구성

(1) 표지

① 기관에 대한 부분

법인의 특징, 연혁, 조직기구표 등으로 구성되며, 이미 정해져 있는 내용들이라 프로포절 작성자들이 소홀히 할 수 있으나 경쟁력 있는 프로포절을 하려면 세심한 부분까지 차별화를 해야 한다.

② 프로그램에 관한 사항

프로포절 전체의 내용을 함축적으로 담고 있는 중요한 부분으로 프로포절의 핵심 내용을 전달할 수 있어야 한다. 특히 사업명, 사업의 중요성, 프로그램의 대상, 목적, 방법 등이 제시되어야 한다.

대상에는 사회복지의 사각지대에 있었던 사람들이 포함되고, 목적을 통해서 서비스의 필요성이 강조되어야 하며, 방법에는 프로포절의 적절성과 전문성이 제시되어야 한다. 사업명에서 많은 심사위원들이 프로포절의 감을 잡는 만큼 사업명을 정하는 데에도 심사숙고해야 한다. 프로포절에 대한 전체 요약부분이 들어가야 하므로 문제의 심각성, 프로그램의 필요성 및 기대효과에 대한 내용이 함축적으로 제시되어야 한다.

(2) 문제분석

사회복지 프로그램은 사회문제로부터 출발하고, 프로포절 작성자는 사회현상을 사회문제로 파악할 수 있는 통찰력을 지녀야 한다. 현상을 문제로 제시하기 위해서는 문제가 얼마나 심각한지를 객관적인 자료와 함께 제시해야 한다.

문제분석과 함께 제시할 수 있는 것은 프로그램의 효과성인데, 이 프로그램이 실제로 실행되었을 때 대상자와 지역사회에 어떠한 변화가 일어날 것이고, 비용효과는 얼마나 될 것인지를 제시하는 것이 바람직하다.

(3) 대상자 선정

① **일반집단**(General Population) : 대상집단이 속한 모집단으로 시설이 서비스를 제공하는 행정담당 구역 내의 일반시민을 포함한다.

② **위기**(위험)**집단**(At-risk Population) : 일반집단 중에서 문제에 노출되어 있거나 문제를 겪은 경험이 있는 사람들로 구성된다.

③ **표적집단**(Target Population) : 프로그램을 통한 문제해결의 대상으로 삼는 인구집단을 의미하며 반드시 서비스가 제공되어야 하는 대상이다. 위기집단으로부터 표적집단을 추출할 때는 기준을 정하여 문제의 심각성이 높은 집단을 선정하되 지리적으로 접근이 가까운 사람들로 한정해야 한다.

④ **클라이언트 집단**(Client Population) : 제출하는 프로포절에서 제공될 프로그램에 직접 참여하게 되는 사람들을 의미하며 자발성이 강조되어야 한다. 표적집단과 클라이언트는 동일할 수도 있다.

(4) 목표설정

① 목적과 목표

목적(purpose)이란 프로그램을 통해 궁극적으로 달성하고자 하는 포괄적이고 추상적인 지향점이고, 목표(goals)는 목적을 좀 더 구체화하여 방향성을 제시하는 것이지만 추상적인 용어로 표현되며 장기적인 목표를 의미한다.

② 세부목표(Objectives)

프로그램을 통해 달성하고자 하는 구체적인 목표로 프로그램의 성공 여부는 세부목표의 달성 여부와 관련이 있다. 따라서 세부목표는 가능한 한 구체적이고 현실적이며 측정 가능한 언어로 표현되어야 하며, 달성 가능한 목표여야 한다. 세부목표의 기준으로 다음과 같은 SMART 원칙을 제시하고 있다.

- S(Specific) : 구체적으로 명료하게 작성한다.
- M(Measurable) : 측정 가능하게 양적으로 작성한다.
- A(Attainable) : 실현 가능하게 작성한다.
- R(Result-oriented) : 결과지향적으로 작성한다.
- T(Time frame) : 시간구조를 갖도록 작성한다.

③ 목표들의 위계

㉠ **활동목표**(Activity Objective) : 얼마나 많은 서비스가 제공될 것인가를 구체화하는 것으로 서비스의 단위가 규정되고 헤아려질 수 있게 해야 한다. 활동목표는 프로그램의 목표달성을 위해 투입된 구체적 활동으로 주로 3시간, 5회기, 7번 등의 서비스 단위로 표시된다.

㉡ **성취목표**(Achievement Objective) : 무엇이 어느 정도 성취되어야 할지를 목적이 성취될 숫자로 구체화는 하는 것으로 성과와 관련된다. 성취목표는 프로그램으로 인해 나타난 변화로 표시되고, 주로 클라이언트의 변화 양상으로 기술된다.

㉢ **산출목표**(Output Objective) : 프로그램 시행으로 인해 직접적으로 발생하는 산출물로, 주로 서비스를 제공받는 사람 수로 표시된다.

㉣ 영향목표(Impact Objective) : 프로그램이 문제지표들에 대해 얼마나 많은 영향을 끼칠 수 있는가를 구체화하는 것이다.

㉤ 소비자 목표(Comsumer Objective) : 얼마나 많은 소비자들이 서비스를 받게 될 것인지를 구체화하는 것이다. 산출목표가 '실제 서비스를 제공받는 사람의 수'라면, 소비자목표는 '당초 서비스를 제공하려고 했던 사람의 수'라는 점에서 다르다.

(5) 활동내용

① 프로그램의 구조

설정된 목표를 달성하기 위한 프로그램의 수행방법을 설명한 것으로 세부목표를 중심으로 프로그램의 내용과 수행을 위한 방법 및 매개물, 스태프와 클라이언트의 역할을 구체적으로 명시하면 된다.

② 담당 인력

슈퍼바이저, 스태프, 자원봉사자들을 모두 포함하되, 실명으로 기재하는 것이 원칙이다. 특히 담당인력의 경력이나 학력은 프로그램의 수행능력을 평가하는 중요한 기준이기 때문에 구체적으로 명시할 필요가 있다.

③ 일정표

프로그램의 내용과 수행방법을 진행일정에 따라 재구성한 것으로 프로그램의 기간, 간격, 소요시간 등을 포함한다.

(6) 예산수립

예산계획은 신청 프로그램의 총 예산을 인건비, 관리비, 기자재와 집기 구입비, 수용비, 사업비 등의 항목으로 나누어 각 항목의 산출근거를 구체적으로 제시한 것이다.

원칙적으로 프로그램 예산은 직접경비와 간접경비를 구분해서 제시해야 한다. 직접경비는 신청 프로그램을 위해서만 직접 현금으로 새롭게 지출되는 경비를 의미하고, 간접경비는 기관의 기존 시설이나 인원 중 신청 프로그램에 활용될 부분의 비용을 의미한다. 기존 인력과 시설을 활용할 때는 이들의 신청 프로그램에 할당되는 비율에 따라 간접경비를 산출한다.

(7) 평가계획

프로포절의 마지막 부분은 평가계획으로 프로그램 일정표에 설정된 진행 과업의 시기별 공정표를 작성하는 것으로 대신할 수 있고, 성과평가 계획에는 평가지표, 측정도구, 평가방법 등이 구체적으로 제시되어야 한다.

참·고·문·헌

김영종(2010). **사회복지행정론**. 서울 : 학지사.

김형식(1997). **사회복지행정론**. 서울 : 아시아미디어리서치.

김형식 외(2009). **사회복지행정론**. 경기 : 양서원.

박용순 외(2011). **사회복지행정론**. 서울 : 창지사.

신복기 외(2002). **사회복지행정론**. 경기 : 양서원.

양점도 외(2010). **사회복지프로그램 개발과 평가**. 경기 : 양서원.

최덕경 외(2014). **사회복지행정론**. 서울 : 창지사.

황성철(2005). **사회복지프로그램 개발과 평가**. 경기 : 공동체.

Myron, E.(1990). *Human Services Management : Analysis and Application*(2nd ed.). Belmont CA : Wadsworth Publishing Co.

Chapter

13

사회복지조직의 마케팅과 홍보

Chapter 13 사회복지조직의 마케팅과 홍보

1. 마케팅

1) 사회복지 마케팅의 개념과 필요성

(1) 마케팅과 사회복지행정에서의 개념

① 마케팅의 개념

마케팅(marketing)이란 소비자에게 상품과 서비스를 제공하면서 구입하도록 격려하는 활동으로 규정할 수 있다. 마케팅은 구매 가능성이 있는 소비자의 욕구를 만족시키면서 기업의 이익을 극대화하기 위해 상호 유익한 교환을 창조・촉진・유지하기 위해 제시된 프로그램과 활동을 계획・조직・통제하는 과정이다. 사회복지기관의 책임성과 효율성에 대한 요구가 높아지고, 재원의 한계에 직면하면서 마케팅 활동에 대한 인식이 형성되고 있다(김형식 외, 2009 : 249). 마케팅의 핵심 요소는 소비자의 욕구와 수요, 만족, 교환, 시장 등이라고 할 수 있는데 이를 구체적으로 살펴보면 다음과 같다(황성철 외, 2010 : 272-274).

㉠ 소비자의 욕구와 수요 : 인간은 생존을 위해 의・식・주, 안전, 소속감, 존경 등을 필수적으로 갖추어야 하는데, 이 같은 것들이 결핍되었다고 느낄 때 그 사람은 욕구를 가지고 있다고 볼 수 있다. 이와 같은 고객의 욕구와 수요를 정확하게 이해하고 소비자들이 원하는 것을 제공하기 위해 소비자의 욕구와 수요를 파악하는 데 철저해야 한다.

㉡ **소비자의 만족과 가치 인식** : 소비자들은 제품이나 서비스를 가지고 그들의 욕구와 수요를 충족시키고, 여러 대안들 중에서 그들의 욕구를 가장 잘 만족시켜 줄 수 있다고 생각하는 대안을 선택하지만, 욕구나 수요의 충족이라는 측면과 함께 어떤 대안을 얻기 위해 지불해야 하는 대가(가치)를 동시에 생각한다. 대가라는 것은 고객이 그 제품을 소유하고 사용하여 획득한 혜택(이익)과 그 제품을 획득하는 데 소요되는 비용 간의 차이다. 대안의 대가(가치)는 가격을 고려한 대안의 고객만족수준이다.

㉢ **교환** : 교환이란 바람직한 목적물을 획득하고, 그 대신에 상대방에게 어떤 것을 제공하는 행위이다. 그런 의미에서 교환은 가치를 창조하는 과정이라고 할 수 있다.

㉣ **시장** : 어떤 제품이나 서비스의 실제 또는 잠재적 구매자들의 집합을 의미하며 이러한 구매자들은 교환과 관계를 통해 충족될 수 있는 어떤 특별한 욕구와 수요를 소유하고 있다.

② 사회복지행정에서의 마케팅

사회복지조직의 마케팅은 기관의 소비자인 클라이언트, 재원제공자, 자격부여기관 및 전체사회가 사회복지조직에 대해 좀 더 많은 관심과 요구를 갖도록 하기 위한 제반 활동으로 이해되고 있다(최덕경 외, 2014 : 275). 이러한 마케팅 개념을 사회복지조직과 같은 비영리조직의 전략적 마케팅으로서 확장된 개념을 도입할 필요가 있다고 주장한다(박성연, 1998).

㉠ **고객지향성** : 마케팅 개념의 출발이 고객의 필요와 욕구를 파악해서 그 욕구를 만족시킬 수 있는 제품 판매로부터 시작한다는 것이다. 따라서 고객인 대상자의 욕구에 맞는 서비스를 제공하는 것이 사회복지마케팅의 기본이다.

㉡ **관계지향성** : 구매자와 판매자 사이에서 일어나는 가치의 교환과정이기 때문에 개별적 이익의 극대화보다는 고객의 상호 호혜적 관계를 극대화하는 방법을 통해 고객과의 우호적 관계 구축, 고객만족 제공

등으로 이익이 자동적으로 수반될 수 있도록 한다는 것이다. 이 원리는 '한 번 고객은 영원한 고객'이라는 신조로 고객과 관계를 맺고 맺어진 관계에 관리의 중요성을 활용하는 것이다.

ⓒ 사회지향성 : 기업의 사회적 책임성을 강조하고, 기업이 생존하기 위해서는 기업외부, 곧 사회와의 커뮤니케이션을 확대하여 공동의 관심사를 키워야 한다는 마케팅 개념으로 사회복지조직도 사회변화를 수용하여 사회 전체의 장기적 이익과 일치되도록 사회공헌 실천에 활용되고 있는 개념이다.

ⓓ Y이론 패러다임의 도입 : 소비자를 소극적이고 수동적인 X이론 관점에서 대부분의 고객이 지성적이고 능동적인 Y이론 관점으로 차별화를 꾀해야 한다는 것이다. 이러한 원리는 사회복지의 기본 가치의 하나인 자기결정권과 관계가 깊다.

(2) 사회복지마케팅의 필요성

① 책임성 측면

사회복지조직은 정부의 보조금이나 각종 단체의 기부금으로 운영되기 때문에 서비스 제공에 있어서 효율성과 효과성을 달성할 책임을 가지고 있다(사회복지사 1급 시험연구원회, 2008 : 367).

② 대상자 관리의 측면

클라이언트, 기관의 이용자, 기부자, 지역주민 등을 고객으로 인식하면서 만족도를 제고시켜야 하는 마케팅 집근이 필요하다.

③ 서비스의 개발 측면

사회복지조직의 특성상 정치적 · 경제적 · 사회적 · 문화적 환경(시장)을 둘러싼 외부환경의 영향을 강하게 받게 되므로 이를 세분화하고 분석하여 서비스의 개발에 있어 상품의 가치를 높여야 한다.

④ 재정확보의 측면

사회복지조직의 목표를 달성하기 위해 필요한 재정자원의 계획과 동원·배분, 효율적인 사용과 책임성 있는 관리는 필수적이다. 따라서 후원자 개발, 기부자의 사례관리 등을 통해 모금의 극대화를 가져와야 한다.

(3) 사회복지조직 마케팅의 특성

① 서비스의 무형성

사회복지조직의 서비스는 그것을 이용해 보기 전에는 서비스 제공자의 주장을 확인할 수 있는 방법이 거의 없기 때문에 상품처럼 진열하거나 재고정리를 하기도 어렵고, 상대방을 설득하기 위해 홍보를 하거나 특허를 내기도 힘들다. 따라서 서비스는 이용자가 실제 이용을 해본 후에만 평가가 가능하기 때문에 마케팅의 어려움이 있다(황성철 외, 2010 : 281).

② 서비스의 다양성과 복잡성

사회복지서비스는 이용자의 개별적인 욕구를 중시하기 때문에 다양한 서비스가 제공되어야 하며, 또한 서비스와 관련된 이해집단이 다양하여 욕구를 충족시키는 과정이 매우 복잡한 특성이 있다.

③ 생산과 소비 발생의 동시성

사회복지조직에서는 생산과 소비가 분리되지 않고 동시에 일어난다. 이는 생산자와 소비자가 서비스 생산과정에 동시에 참여한다는 것을 의미한다. 따라서 사회복지마케팅에서는 상품의 교환과정뿐만 아니라 생산자와 소비자의 상호작용을 강조할 필요가 있다.

④ 소멸성

사회복지기관의 서비스는 식품이나 가전제품처럼 쌓아두거나 저장할 수 없기 때문에 반환하거나 되팔 수 없다.

2) 마케팅 활동의 과정

사회복지마케팅 과정은 복잡하고 동태적인 과정을 거쳐 이루어지며 몇 단계의 연속적 과정으로 이루어진다. ❙그림 13-1❙에서 보는 바와 같이 마케팅 과정은 7단계로 구성된다. 이를 구체적으로 살펴보면 다음과 같다.

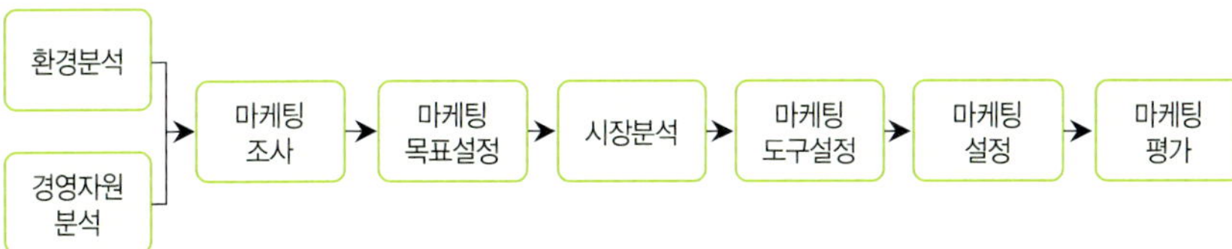

❙그림 13-1❙ 마케팅 과정

(1) 기관의 환경분석

마케팅의 출발점은 기관이 속한 환경에 대한 분석으로부터 시작되며, 기관의 환경적 요인분석을 할 때 환경의 요인은 제도적 환경(법, 정책 등)과 조직 내부의 환경(조직의 경쟁력, 자원 등)으로 구분한다. 이러한 환경적 요인을 분석하기 위해 강점(Strength), 약점(Weakness), 기회(Opportunity), 위협(Threat)—SWOT을 분석해 본다.

〈표 13-1〉 사회복지조직의 SWOT 분석 예

강점요인(Strength)	약점요인(Weakness)
• 사회복지기관의 지역사회로부터의 신뢰감 • 사회적 욕구에 부응하는 사회서비스 개발 • 자원의 충분성, 안정적 자금 모금	• 사회복지기관장의 보수적 성향 • 지역사회 네트워크의 부족
기회요인(Opportunity)	**위협요인(Threat)**
• 사회서비스에 대한 수요 급증 • 지역사회복지욕구의 다양화	• 사회복지 영역의 경쟁 심화 • 사회복지업무의 지방정부로 이양

(2) 마케팅 조사

사회복지기관에서 시장조사는 잠재적 후원자와 클라이언트가 원하는 바를 찾아내는 작업으로서 이를 육하원칙(5W1H)에 입각하여 제시하면 다음과 같다.

① 누가 후원하기를 원하는가(Who)

② 어떠한 분야에 후원하기를 원하는가(What)

③ 언제 후원하기를 원하는가(When)

④ 어디에서 후원하기를 원하는가(Where)

⑤ 어떤 방법으로 후원하기를 원하는가(How)

⑥ 왜 후원자들은 우리 기관에 후원하는가(Why)

(3) 마케팅 목표설정

마케팅 목표설정은 표적집단의 성격과 규모, 기관의 정책, 인적·물적자원 동원 등의 변수에 의해 범위와 방향이 정해진다. 목표는 마케팅 초기단계에서 명확하게 규명되어야 하며, 특히 세부목표는 그 중요성의 우선순위가 제시되어야 한다. 세부목표는 SMART하게 구성되어야 하는데, 이는 구체적이고(Specific), 측정 가능하며(Measurable), 달성 가능하고(Attainable), 결과지향적(Result-oriented)이면서, 시간적 한계(Time-boundary)가 명확히 제시되어야 한다(정무성, 2005 : 247).

(4) 시장분석

시장분석은 누가, 어떠한 분야에, 어떤 방식으로, 언제, 어디서, 어떤 이유로 기부를 원하는가를 분석한다. 시장분석은 시장세분화, 표적시장 선정, 시장 포지셔닝 세 단계로 구성되며 이를 표적마케팅이라고 부른다.

① **시장세분화** : 전체시장을 비슷한 기호와 특성을 가진 차별화된 마케팅 프로그램을 원하는 집단별로 나누는 것을 의미한다.

② **표적시장 선정** : 시장세분화의 결과로 나누어진 각각의 세분시장을 평가하여 후원 가능성이 있는 요소를 발견한 후 하나 또는 둘 이상의 목표시장(후원자)을 선정하는 것이다.

③ **시장 포지셔닝** : 포지셔닝이란 시장 내 고객들의 마음에 위치 잡기라는 의미로 시장 포지셔닝은 세분화되고 표적이 된 각각의 집단을 명확하게 지배하는 것, 즉 대상집단으로 하여금 후원금을 하도록 확정하는 것을 말한다.

(5) 마케팅 도구 설정

모금 마케팅을 위해서는 인터넷 모금, ARS 모금, 언론과 이벤트를 통해 일반시민들의 관심과 참여를 유발시키는 캠페인 모금, 이벤트 모금, 정기 후원회원 개발 방법, 직접우편(DM) 등 다양한 방법이 있다.

(6) 마케팅 실행

마케팅 실행이란 전략적인 마케팅 목표를 달성하기 위해 마케팅 기획을 활동으로 옮기는 과정이다. 마케팅 기획이 어떤 마케팅 활동을 왜 하는가에 관한 것인 반면, 집행은 '누가, 어디에서, 언제, 어떻게 하는가' 하는 것이다. 이러한 마케팅 기획과 실행을 통해 잠재적 기부대상자들에게 기부를 요청한다.

(7) 마케팅 평가

마케팅 평가는 기부행위의 발생에 대한 종합적 평가와 함께 새로운 기관외부환경에 대한 분석으로 연계되는 과정이다. 이 점에서 마케팅 평가의 과정은 마케팅의 종료가 아닌, 새로운 과정으로의 변환을 의미한다.

3) 사회복지조직의 마케팅 전략

(1) 마케팅믹스(Marketing Mix) : 마케팅 전략의 4P

마케팅믹스는 표적그룹인 구매자들을 움직이게 하기 위해 판매자들이 동원할 수 있는 도구로서 제품(Product), 가격(Price), 판매촉진(Promotion), 장소(Place)로 구성되어 흔히 4P로 불린다. 구체적으로 살펴보면 다음과 같다(홍봉수 외, 201 : 234 236).

① 제품(Product)

구매자(클라이언트)의 욕구를 충족시키기 위한 결과물로서, 사회복지조직의 제품은 프로그램과 서비스라고 할 수 있다. 따라서 제품을 개발할 때에는 구매자가 사려는 것이 무엇인지를 파악하는 것이 중요하다.

② 가격(Price)

사회복지조직에서 제공하는 프로그램이나 서비스에 참여하거나 얻기 위해 지불하는 대가로서 서비스 제공자는 비용을 결정하기 전에 사람들이 그 서비스에 어떤 가치를 부여하고 있는지를 알아야 한다.

③ 판매촉진(Promotion)

고객 마음속에 관심과 궁극적으로 구매할 의도를 자극하기 위해 활용되는 모든 판매촉진기술이다. 이는 서비스의 홍보와 더 많은 기부금을 확보하기 위한 의사소통을 의미한다(오세영, 2013 : 305).

④ 장소(Place)

제품을 구매자들이 구입하기 가장 적합한 때와 장소에 있도록 하는 것으로서 사회복지기관에서의 유통은 서비스에 대한 접근용이성, 즉 클라이언트가 쉽게 사회복지조직을 찾을 수 있도록 하는 것을 의미한다. 사회복지서비스는 공간적인 접근성뿐만 아니라 심리적 접근성도 방해받지 않도록 제공되어야 한다.

(2) 사회복지 마케팅의 기법

① 직접우편(DM : Direct Mail)

사회복지조직에서 우편에 의해 클라이언트나 서비스 이용자, 기부자나 잠재적 후원자 등에게 기관의 운영상황이나 프로그램 이용실적, 프로그램이나 서비스에 대한 이용정보 등을 제공하는 방법이다.

② 고객관계관리 마케팅(CRM : Customer Relationship Management Marketing)

고객과 관련된 자료를 분석하여 고객 특성에 기초한 맞춤서비스를 지속적으로 제공하여 가치 있는 고객을 파악·획득·유지하는 활동을 말한다. 이용자에게 맞춤서비스 제공을 통해 모금효과를 극대화하며, 후원자 관리에 유용한 마케팅 기법이다.

③ 기업연계 마케팅(CRM : Cause-Related Marketing)

명분 마케팅이라고도 하며, 기업과 비영리조직이 연계하여 기업이 이미지 제고를 위해 비영리조직의 활동과 연계하는 마케팅이다. 기업의 세제혜택과 이미지 개선 측면을 이용한 win-win 전략이라 할 수 있다.

④ 데이터베이스 마케팅(Database Marketing)

기관 이용자의 개별정보, 경쟁사정보, 산업정보 등 시장에 관한 각종 정보를 직접 수집·분석하고 이를 데이터베이스화하여 마케팅 전략을 수립하는 기법이다.

⑤ 인터넷마케팅(Internet Marketing)

이메일이나 홈페이지, 배너 광고 등을 통해 고객에게 정보를 전달하여 모금이나 서비스 이용을 유도하려는 기법이다(신복기 외, 2013 : 316). 인터넷 마케팅은 무엇보다 시간, 공간, 비용, 정보의 양적인 측면에서 매우 경제적이라는 장점이 있다.

⑥ 사회마케팅(Social Marketing)

정부나 지방자치단체, 시민과 지역사회를 위하여 대중의 행동변화를 통해 공익을 실현하기 위한 기법이다. 치매예방, 금연운동, 생태보호 운동, 지구온난화 캠페인, 국제적인 기아 퇴치나 아동학대 운동 캠페인 등 대중의 각성과 참여를 촉구하여 사회문제를 해결하려는 것이 목적이다.

2. 사회복지조직의 홍보

1) 홍보의 개념과 중요성

일반적으로 홍보라 함은 PR(대중관계 : Public Relations)로 조직이 그의 사회적 환경이 되는 대중과의 원활한 관계를 유지하고자 하는 제반 노력을 일컫는다. 사회복지조직의 입장에서는 조직을 둘러싼 이해당사자(클라이언트, 가족, 지역사회, 후원자, 정부, 기타 기관 등)들과 다양한 관계를 형성하는 노력을 의미한다. 이러한 과정을 통해 자원을 개발하고, 이용자를 확보하며, 조직 생존을 위한 지지를 얻기도 한다(신복기 외, 2013 : 317). 사회복지조직의 홍보활동은 ① 사회복지기관 시설 및 이미지 홍보, ② 자원봉사자 모집 홍보, ③ 후원자개발 홍보, ④ 프로그램 홍보 네 가지 측면에서 중요하다(남기민 · 전명희, 2001 : 115-144).

이러한 홍보활동의 수단으로는 크게 시각적인 매체(신문, 잡지, 회보, 책자, 보고서, 유인물, 사진 등), 청각적인 매체(이야기, 좌담, 강연회, 라디오 등), 시청각적 매체(영화, 텔레비전, 비디오, 인터넷, 연극, 공개토론, 대중 집회 등)가 있다. 이들 매체들은 각각 고유한 특성이 있고 효과도 다르기 때문에 특정한 목표 달성을 위해 가장 효과적이라 판단되는 매체를 선택해야 한다.

2) 효과적인 홍보방법

사회복지조직은 지역사회 주민들에게 복지서비스를 제공하기 위해서 존재하고 이를 위해서는 지역사회 내의 여러 개인, 단체 및 조직 등과 관계를 유지해야 한다. 효과적인 홍보방법을 제시하면 다음과 같다(Skidmore, 1995).

① 목표가 무엇이며 어디에 있는가를 알아야 한다.

② 접촉하려고 하는 사람이 누구인가를 알아야 한다.

③ 이용 가능한 자원(돈, 정보, 인력 및 기술 등)을 고려해야 한다.

④ 돌아오는 이익이 접촉하고자 하는 상대방과 어떻게 연관되는가에 유의해야 한다.

⑤ 홍보에 관한 구체적인 기법을 알고 있어야 한다.

⑥ 절대적으로 정직해야 한다.

⑦ 사람들에게 감사해야 한다.

3) 사회복지기관의 홍보전략

① 기관의 이미지 창출

어린이, 청소년, 장애인, 노인, 입양, 아동학대 예방사업 등 사회복지기관의 주요 프로그램은 기관의 성격에 따라 다양하다. 어떤 프로그램을 펼치는 기관인지 이미지 구축을 확실히 해야 할 것이다.

② 모금전략 프로그램(Fundraising Program) 개발

비영리기관인 사회복지기관은 보통 후원자들의 후원금과 정부 지원금으로 운영되기 때문에 예산의 측면에서 열악한 환경에 놓여 있다. 다양한 프로그램을 개발하여 대중들로 하여금 호의를 얻어야 할 것이다.

③ 언론과의 관계

언론사의 사회복지 프로그램이나 특집방송, 기사 등과 같은 기획 프로그램을 연계한 마케팅 전략을 구사해야 할 것이다.

④ 홍보대사

유명 연예인이나 방송인, 기업가들을 기관의 홍보대사로 임명하는 방법이 있다. 대중에게 많이 노출되어 있는 사람들을 통해 남을 돕는다는 일이 의미 있는 일임을 알리는 것도 홍보의 중요한 역할이다.

참 · 고 · 문 · 헌

김형식 외(2009). 사회복지행정론. 경기 : 양서원.

남기민 · 전명희(2001). 사회복지기관의 PR현황과 활성화 방안. 한국사회복지행정학, 5.

박성연(1998). 마케팅 개념의 확장과 효과적인 비영리조직 운영. 경영논총, 16. 이화여자대학교경영연구소.

신복기 외(2013). 사회복지행정론. 경기 : 공동체.

사회복지사 1급 시험연구회(2008). 1급사회복지사. 서울 : 나눔의집.

오세영(2013). 사회복지행정론. 서울 : 신정.

정무성(2005). 사회복지 프로그램 개발론. 경기 : 학현사.

최덕경 외(2014). 사회복지행정론. 서울 : 창지사.

홍봉수 외(2011). 사회복지행정론. 경기 : 공동체.

황성철 외(2010). 사회복지행정론. 경기 : 학현사.

Skidmore, R. A.(1995). *Social Work Administration : Dynamic Management and Human Relationships* (3rd ed.). Needham Heights, MA : Allyn & Bacon.

Chapter

14

사회복지조직의 책무성

Chapter

14 사회복지조직의 책무성

1. 사회복지조직의 책임성

1) 책임성의 개념

책임성은 영어의 'accountability'를 의미하는 것으로 사회복지 프로그램 수행의 결과에 대한 책임감과 함께 투입단계에서부터 산출단계까지의 과정에 있어서의 정당성도 갖추어야 함을 의미한다(김형식 외, 2002 : 371). 책임성은 일반적으로 광의의 측면에서 효율성과 효과성을 아우르는 개념으로, 그리고 협의적 측면에서는 회계와 보고의 목적으로 사용된다.

사회복지조직의 책임성을 논의할 때 반드시 고려되어야 할 사항은 조직의 효과성뿐만 아니라 효율성도 중시하여야 하고, 권한의 원칙이나 영향력에 대한 정당성까지도 고려해야 한다. 또한 사회복지조직의 책임성은 특정 업무수행에 대해 책임을 진다는 의미와 어떤 집단이나 개인에 대해 책임을 진다는 의미가 있음도 고려해야 한다(김영종, 2010 : 451)[1]. 따라서 사회복지조직이 책임성을 확보하기 위해서는 사회복지조직, 클라이언트, 사회복지사 등 조직 내부의 상호작용 과정뿐만 아니라 사회복지조직 외부 지역사회와의 관계에서 나타나는 상호작용 과정에 대해서도 정당성을 획득할 수 있어야 한다(김형식 외, 2002 : 372).

1) 전자는 '무엇을 책임지는(responsible for)' 것을 뜻하고, 후자는 '누구에게 말할 수 있는(accountable to)' 것을 강조한다. 사회복지행정의 책임성(accountability)이란 '누구에게 무엇에 대해 설명할 수 있음'을 의미하는 뜻으로 후자의 비중이 강하다.

사회복지조직의 책임은 일정한 행동을 해야 할 의무를 전제로 한다. 따라서 사회복지조직의 책임성이란 사회복지조직(전담공무원, 사회복지사)이 전문적인 지식과 기술을 갖추고 법적 기준에 따라 사회복지 행정활동을 전개해야 한다는 것을 의미한다(장동일, 2010 : 295).

2) 책임성의 주체

책임성의 주체는 크게 공공(정부), 사회복지조직, 사회복지전문직, 클라이언트 등 네 가지 부문으로 나누어 생각해 볼 수 있다(NASW. 이문국 외, 1999 : 1937).

(1) 공공

정부는 빈곤·공공의료 등 사회서비스, 사회원조가 필요한 부분에서 재정정책, 법률 정비, 행정적 시도 등을 통해 복지국가 모델을 향한 지적·정치적 노력을 해야 할 필요를 말한다.

(2) 사회복지조직

사회복지조직은 사회복지전달체계의 하나로서 공공이나 민간의 자금을 이용하여 각종 프로그램, 원조 기술로 사회복지서비스를 직접 실천하는 곳이므로 경제적 효율성 및 윤리적 책임을 다해야 한다. 이를 위해서는 객관적인 평가기준을 마련하고 회계감사 절차를 통해서 조직을 통제하며, 실천방법에 있어서 평가를 받아 책임성을 다해야 한다. 또한 사회복지조직은 전문직의 이미지를 향상시키고, 공공정책에 영향을 주고, 클라이언트와 전문사회복지사의 이익을 옹호하고, 사회복지사의 보상을 개선하기 위한 일을 지속해야 할 것이다.

(3) 사회복지전문직

전문직의 특성에 대해서 그린우드(Greenwood, 1957)는 체계적인 이론, 권위, 지역사회의 인가, 윤리강령, 전문가 문화 등의 다섯 가지 구별되는 특성이 있다고 언급하였다. 사회복지전문직은 공인된 제도를 통하여 전문직이 된 사회복지사를 의미하는데, 그가 개입하는 문제에 대해 윤리적·법률적으로 책임을 다하고 타당성 있는 평가를 통해 효과성을 인정받고 신뢰를 얻어야 한다.

(4) 클라이언트

클라이언트는 공공복지의 수혜자이든 개별 프로그램의 대상이든 모두 일선의 사회복지사와 관계한다. 이때 사회복지사는 가능한 한 모든 전략에 관한 정보를 가장 잘 숙지하고 있어야 하지만 경우에 따라서는 클라이언트가 목표달성을 위한 가장 풍부한 아이디어를 가지고 있을 수 있다. 따라서 사회복지사는 클라이언트와의 관계를 진전시키면서 좀 더 많은 경험과 새로운 치료기술을 획득하고 지속적으로 계획과정에 도움을 줄 수 있도록 노력해야 한다. 또한 공공복지의 수혜대상일 경우에는 무임승차나 수혜대상에 지속적으로 머무르기 위해 노력하지 말고 좀 더 적극적으로 현실에 대응해 나가야 한다.

3) 책임성의 대상

사회복지조직이 책임져야 할 대상은 서비스의 대상인 클라이언트, 정통성과 권위를 부여해 준 사회, 사회복지조직의 권익을 보장해 주는 사회복지전문직이라 할 수 있다(최성재·남기민, 2005 : 377-379).

(1) 클라이언트에 대한 책임

사회복지조직은 일차적으로 클라이언트의 복지증진을 위해 존재하므로 클라이언트의 이익을 최우선 순위로 놓고 서비스를 제공해야 하며 클라이언트의 편에 서서 최대한의 자기결정을 할 수 있도록 도움을 제공해야 한다. 또한 원조과정에서 알게 된 개인정보는 반드시 비밀을 지켜야 한다.

최근 사회복지 관점이 선택적 복지에서 보편적 복지로 변해가면서 사회복지조직의 클라이언트도 소수의 사회적 약자로부터 점차 전체 지역사회 주민으로 확대되어 가고 있으며 서비스 내용도 사후치료적 개입보다 예방과 삶의 질을 높이기 위한 서비스가 강조되고 있다.

(2) 사회에 대한 책임

사회복지조직의 제반 활동들이 사회적 공동 목표에 부합하며 긍정적인 영향력을 발휘할 수 있도록 촉진하는 측면에서 책임성이 요구된다. 따라서 소득재분배, 보편성, 개인의 책임성, 노동과의 연계성을 추구하면서 어떻게 적용 대상, 서비스, 접근용이성에서 공평성을 확보하고, 비용을 절감하면서 질을 높일 수 있는지를 탐구해야 한다.

(3) 사회복지전문직에 대한 책임

사회복지조직은 사회복지 전문직을 뒷받침하는 사회복지사 윤리강령 준수와 그의 지식체계를 적용 및 개발을 통해 사회복지전문직의 효과성을 올리고 위신을 높임으로써 그들의 성숙과 발전에 기여하는 책임을 져야 한다.

4) 사회복지조직의 책임성에 영향을 미치는 요인

(1) 내부적 요인

① 서비스의 다양성 : 단일한 서비스만 제공하는 사회복지조직은 드물며, 현실적으로 다양한 서비스를 제공하게 되므로 사회복지조직의 책임성 추구는 쉽지 않게 된다.

② 기술의 복잡성 : 투입과 성과에 대한 그 효과성과 효율성을 측정하여 책임을 다했는지 확인할 방법이 더욱 어려워지게 된다.

③ 목표의 불확실성 : 사회복지조직의 특성상 인간이 조직의 원료이면서 산출물이 되기 때문에 투입과 산출 간의 인과관계는 불확실하게 진행된다. 인간의 능동성으로 인한 이러한 결과는 사회복지조직의 불확실성을 키워 책임을 측정하기 어렵게 하는 요인이 된다.

이러한 문제를 해결하기 위해서는 체계적인 기획과정이 필요한데, 최일섭은 기획의 장점으로 불확실성의 감소, 합리적인 기술 제공, 외부의 정당성 확보, 광범위한 참여 촉진 등을 들고 있다(최일섭 · 류진석, 1996 : 36-37).

(2) 외부적 요인

① **공급주체의 다원화** : 사회복지 공급기관의 책임성 문제로 비민주적 운영 사례, 후원금 관리의 투명성 의혹, 모금활동에서 과다 지출된 행정비용 등 이러한 요소가 책임성의 외적 기준이 된다.

② **민영화 경향** : 시장과 시민사회의 역할이 증대하면서 사회복지조직도 민간의 위탁운영이 많아졌다. 이때 위탁운영주체가 지역주민의 욕구를 반영하기보다는 정부의 결정에 더 많은 영향을 받는 경향이 있어 비체계적이고 비효율적이라는 지적을 받고 있다.

③ **법률 정비** : 사회복지사업법 제43조의2 제1항에 의하면 사회복지시설들은 3년마다 1회 이상 평가를 받도록 의무화함으로써 사회복지조직의 책임성을 요구하는 법률적·제도적 장치를 마련하였다. 이러한 평가제도를 통해 사회복지조직은 가시적이고 측정 가능한 목표를 수립하여 사회복지 실천활동을 전개하게 되었고, 사회복지사의 전문성을 향상하기 위하여 노력하게 되었다.

5) 책임성의 유형

책임성의 유형은 다음 9가지로 구분할 수 있다(정무성·정진모, 2001 : 19-20).

① **적용의 책임성**(Converage Accountability) : 대상자 적용에 관한 책임성으로서 서비스가 제공될 대상자와 서비스의 내용과 관련된다.

② **서비스 전달의 책임성**(Service Delivery Accountability) : 서비스가 자격 있는 종사자에 의해서 책임 있게 전달되는가에 대한 책임성을 말한다.

③ **영향 책임성**(Impact Accountability) : 서비스가 클라이언트 및 지역사회에 긍정적 영향을 주었는가? 하는 변화에 대한 책임성을 말한다.

④ **효율성 책임성**(Efficiency Accountability) : 서비스 제공의 효율성과 관련하여 서비스의 비용적인 측면에 대한 책임성을 말한다.

⑤ **재정적 책임성**(Fiscal Accountability) : 재정집행의 투명성에 관련된 책임성을 말한다.

⑥ **법률적 책임성**(Legal Accountability) : 모든 서비스들이 법적인 규정이나 계약에 준하는가에 대한 책임성을 말한다.

⑦ **윤리적 책임성**(Ethical Accountability) : 모든 서비스들이 도덕적으로 바람직한가에 대한 책임성을 말한다.

⑧ **이미지 책임성**(Image Accountability) : 클라이언트의 사회적으로 받아들여지는 이미지는 부당한 평가절하를 받을 수 있다는 것과 관련된 것으로서 수혜자의 사회적 이미지의 중요성에 대한 책임성을 말한다.

⑨ **욕구 책임성**(Need Accountability) : 클라이언트의 욕구에 부응하고 이용자 중심의 서비스 제공과 관련된 책임성을 말한다.

2. 사회복지행정가의 기본 요소와 태도

1) 사회복지행정가의 의미

오늘날 대부분의 사회복지행정가들은 사회복지실무자로서 오랜 경험을 가지고 점차 승진(하위관리자, 중간관리자, 최고관리자)하여 행정가의 지위를 가지게 된다. 사회복지행정가는 사회복지사가 가져야 할 지식, 기술, 경험을 가짐과 동시에 일선 사회복지사를 지도·감독할 능력을 가질 뿐 아니라 지역사회욕구 충족을 위한 사회복지 프로그램을 개발·관리하고 사회복지조직의 관리·운영에 필요한 지식과 기술, 경험을 겸비한 능력과 책임을 가진 사람을 말한다. 사회복지행정가들의 이러한 전문가적 태도는 효과적인 사회복지서비스의 전달과 그 효과성 및 효율성의 증진에 큰 기여를 할 것이다(신복기 외, 2013 : 89-90).

효과적인 행정가는 ① 문제가 발생한 후 사후에 대처하는 것이 아니라 발생할 문제들을 사전에 예견하여 이해하고 적절히 통제하며, ② 성공적인 업무성과를 위한 분위기와 환경을 제공할 뿐만 아니라 일관성 있는 태도와 기준을 가지고 직무성과를 측정하며, ③ 직무의 효율성 향상을 위한 훈련 및 개선방향을 제시하고 강화와 처벌의 행동법칙을 적절하게 활용하는 사람이라 할 수 있다(Christian & Hannah, 1983 : 9-13).

2) 사회복지행정가의 기본 요소

사회복지행정가는 사회복지에 관한 전문적 지식과 기술을 가짐과 동시에 전문적 태도를 유지하는 것 이외에도 다양한 역할과 관리활동을 수행한다. 행정가가 다양한 역할과 관리활동을 수행하는 데 필요한 기본적인 요소들은 다음과 같이 정리할 수 있다(Skidmore, 1995 : 39-45).

① 수용(Accepting)과 관심(Caring)

사회복지행정가는 직원과 클라이언트를 현실적으로 수용할 뿐만 아니라 자신의 직무와 관련되는 지역사회의 타 전문직 직원과 지도자도 있는 그대로 수용해야 한다.

② 창의성(Creating)과 민주성(Democratizing)

사회복지행정가는 기관의 서비스 질을 증진시키고 자신과 직원 및 직원들 사이의 관계를 향상시킬 수 있는 개혁적인 정책, 방법, 절차들을 개발하여 시행할 수 있어야 한다. 또한 행정가는 기관의 성장·발전은 모든 직원들의 참여를 통해 가능하다는 신념을 가지고 집단과정을 존중하고 협동하는 민주적 과정이 기관의 의사결정은 물론 성장과 발전을 위해서도 최선의 방법이라는 신념을 가져야 한다.

③ 신뢰(Trusting)와 인정(Approving)

사회복지행정가의 활동은 직원들을 절대적으로 신뢰하는 데서 출발해야 하며, 직원들이 제시하는 자료가 직무와 관련이 없더라도 존중되어야 한다. 또한 사회복지행정가는 모든 사람들이 인정과 보상을 갈망한다는 점을 적극 고려할 필요가 있다. 칭찬과 보상에 인색하기보다 적절한 보상과 인정이 직원들의 사기를 향상시켜 기관의 목적 달성에 큰 도움이 된다는 사실을 알고 이를 적극 활용해야 한다.

④ 기획(Planning)과 조직화(Organizing)

효과적인 기획을 하면 바람직한 결과를 가져올 수 있지만, 기획을 하지 않으면 부적절한 서비스가 제공되거나 기관의 기능이 약화된다. 따라서 사회복지행정가의 활동 중에서 기획은 가장 기초적이고 핵심적인 요소이다. 또한 사회복지행정가는 복지서비스의 수행을 위한 조직을 어떻게 만들 것인가와 만들어진 조직을 어떻게 가능하게 할 것인지 효과적인 조직구조 형성 활동을 해야 한다.

⑤ 우선순위 설정(Prioritizing)과 권한의 위임(Delegating)

사회복지행정가는 각 목표와 활동들의 중요성을 비교・대조・평가하여 우선순위를 설정하는 활동을 해야 한다. 또한 책임과 권한은 상호 공유되어야 한다는 인식하에 과업과 권한을 적절히 위임하는 것도 필요하다. 만약 위임하지 않고 특정 직원이 수행하게 할 경우에는 업무조정과 함께 동의를 구해야 한다.

⑥ 의사결정(Decision Making)과 의사전달(Communicating)

사회복지행정가는 지역사회에 유익한 결정을 하고 그것을 효과적으로 집행하기 위해 의사결정의 모든 과정과 단계를 깊이 이해하고 있어야 한다. 행정가도 실수할 수 있지만 필요할 때마다 위험을 감수하면서 직원을 기꺼이 의사결정과정에 참여시켜야 하며 언어적 감정의 표현뿐만 아니라 얼굴의 표정, 자세 등 비언어적 감정의 표현에도 세심한 주의를 기울여야 한다.

⑦ 동기부여(Motivating)와 촉진(Facilitating)

사회복지행정가는 직원들이 그들의 능력을 최대한 발휘하여 기관의 기능수행에 기여할 수 있도록 동기를 부여하는 활동을 해야 한다. 또한 언제나 개방적인 자세를 취하여 기관운영에 필요한 업무를 하고 싶어 하도록 조장하고 개별 직원들의 계획과 욕구에 민감하게 대응하여 직원들의 성장과 발전을 지지・후원해야 한다.

3) 사회복지행정가의 태도

일반적으로 태도는 행동의 바탕이 되므로 전문가적 태도 또한 전문적 행동의 기본이 된다. 사회복지행정가의 전문가적 태도는 행정과정에 관련되는 인간의 감정이나 느낌과 혼합되기 때문에 특히 중요성을 가지게 된다. 사회복지행정가에게 요구되는 중요한 태도들은 다음과 같이 요약하여 정리할 수 있다(Skidmore, 1995 : 37-39).

① 개별 직원을 존중하는 태도

기관에서 가장 중요한 것은 직원이며 직원들의 활동이 기관을 발전시킬 수도 있고 퇴보시킬 수도 있음을 인식하고 개인이 가진 장단점을 바탕으로 직원 각자가 기관을 위하여 최선을 다할 수 있도록 최대한 존중하고 지원하려는 태도가 요청된다.

② 인간의 불완전성을 용인하려는 태도

사회복지행정가는 행정가 자신을 포함한 모든 직원이 업무 수행 과정에서 실수를 할 수 있으며, 실수를 한 경우에도 모욕적인 질책을 하여 상처를 주기보다는 이해하고 격려하는 태도를 견지해야 한다. 사회복지사도 인간이기 때문에 최선을 다해도 실천에 필요한 지식이나 기술이 최적 수준까지 도달하지 못한다는 것을 인정하는 성숙한 태도를 보여야 한다.

③ 최적의 업무환경과 분위기를 제공하려는 태도

사회복지행정가는 직원들이 업무에 최선을 다할 수 있도록 물리적 환경을 개선하는 데 노력할 뿐만 아니라 업무의 생산성을 제고할 수 있도록 정서적이고 사회적인 분위기를 제공하려는 태도를 보여야 한다. 이러한 태도는 직원들의 자유로운 표현과 활동을 보장하고 조장하며, 직원 개인의 성장과 발전을 허용하고 격려하는 데서 나온다.

④ 개인의 가치와 기관의 가치를 조화시키려는 태도

사회복지행정가는 자신, 기관, 직원, 그리고 서비스 이용자들의 가치에 대해 확실한 신념을 가지고 존중하는 태도를 가져야 한다. 즉, 그들의 가치를 존중해야 하며 특정한 가치를 다른 사람에게 강요하지 않아야 한다. 특히 기관의 업무와 관련하여 직원들에게 기관이 지향하는 가치를 강요할 것이 아니라 기관의 본질적인 가치에 대해 이해하고 동의하도록 하는 것이 중요하다.

⑤ 변화에 대한 긍정적인 태도

사회복지환경은 고정적이지 않고 변화하고 있으며 이러한 변화들은 사회복지조직에 대해 변화의 압력들로 작용하게 된다. 따라서 사회복지행정가는 이러한 변화들에 적절히 대처하기 위해 새로운 의견과 사실을 폭넓게 수용하는 태도를 보여야 한다. 변화에 대한 행정가 자신의 선입관과 편견을 정당화하려고 해서는 안 되며 변화하는 현실에 긍정적으로 대처하는 것이 더 중요하다는 점을 간과하지 않아야 한다.

⑥ 기관의 성장과 발전을 최우선시하는 태도

사회복지행정가는 자신과 어느 직원보다도 기관의 성장과 발전이 더 중요하다는 태도를 보일 필요가 있다. 업무수행 능력이 부족한 사람에게 최대한의 능력개발 기회와 도움을 주었음에도 불구하고 전혀 공헌하지 못하거나 장애가 되는 경우에는 해고할 수밖에 없음을 보여줄 필요가 있다.

3. 사회복지행정가의 지식과 기술

1) 사회복지행정가의 지식

사회복지행정가가 행정에 관한 적절한 지식을 가져야 하는 것은 사회복지기관의 효과적 운영을 위해서 그리고 이용자에게 양질의 서비스를 제공하기 위해서 필수적인 것이다. 사회복지행정가가 갖추어야 할 지식을 간단히 정리하면 다음과 같다(신복기 외, 2013 : 93-95).

① 기관의 목표, 정책, 서비스, 그리고 자원에 대한 지식

사회복지행정가는 자신이 업무하고 있는 기관의 특별한 목적과 목표를 분명히 이해하고 그것을 달성하는 데 요구되는 지식을 가져야 하며 그러한 지식을 통해 기관의 목표 달성에 최선의 노력을 다해야 한다. 또한 사회복지행정가는 기관의 정책 및 자원의 중요성을 인식하고 필요시에 그것을 변화시키는 과정들에 대한 적절한 지식을 가지고 있어야 한다. 나아가 현재 제공되고 있는 서비스는 물론 장래에 제공될 서비스를 예측할 수 있는 지식과 능력을 가져야만 한다.

② 인간행동의 역동성에 관한 지식

인간행동의 역동성에 관한 지식은 행정가 자신, 직원, 클라이언트를 심층적으로 이해할 수 있게 하는 기반을 형성한다. 인간이란 복잡한 존재이며 인간의 행동은 생물학적, 심리적, 사회적, 문화적, 그리고 인종적 요인들이 복합된 총체적 상황으로부터 나온다는 사실에 대한 지식을 가진다는 것은 매우 중요하다.

③ 지역사회 자원, 특히 기관과 관련되어 있는 자원에 대한 지식

지역사회 자원에 관한 지식에는 지역사회기관들의 목적과 서비스를 분명히 이해하는 지식뿐만 아니라 다른 기관에 의뢰할 수 있는 방법들에 대한 지식까지 포함된다. 사회복지행정가는 지역사회 주요 기관의 지도자 및 기관장들과 관계를 원만하게 유지하고 활용할 수 있도록 지역사회 전체의 인적·물적·조직적 자원에 대한 포괄적인 지식을 가져야 한다.

④ 기관에서 활용하는 사회복지방법론에 대한 지식

사회복지행정가는 실무전문가는 아니지만 행정의 원칙, 과정, 기술 등을 조직 관리에 적절히 적용하기 위해서 개별사회사업, 집단사회사업, 지역사회조직, 지역사회조사 등 실천방법론에 대한 기본적 지식을 가지고 있어야만 한다.

⑤ 관리의 원칙 · 과정 · 기술에 관한 지식

사회복지행정가는 기획, 조직, 인사관리, 지휘, 통제 등에 대하여 기본적인 지식을 가지고 있어야 한다. 또한 관리의 원칙과 기술을 기관의 효과적 · 효율적인 운영에 활용할 수 있는 지식을 가지고 있어야 한다.

⑥ 사회복지 관련 전문단체 및 협회들에 관한 지식

사회복지행정가는 사회복지전문직과 관련되는 각종 단체나 협회, 즉 사회복지사협회, 사회복지협의회, 사회복지학회, 사회복지교육협의회 등 전문직의 발전에 공헌하고 있는 조직들에 대한 지식의 획득뿐만 아니라 그 회원으로 충실히 참여해야 한다. 나아가 정신의학, 심리학, 간호학, 법학, 의학 등 다른 전문직 단체와 조직에 대해서도 많은 지식을 가져야 하며 전문직의 지도자들과 일정한 업무관계를 형성하고 있어야 한다.

⑦ 조직이론에 대한 지식

사회복지행정가는 서로 다른 조직의 유형을 알고 그것을 이해하여 조직구조를 형성하고 관리할 수 있는 지식이 필요하다.

⑧ 평가과정과 기법에 관한 지식

사회복지행정가는 기관에서 수행한 서비스에 대해 평가적인 조사연구를 도입할 수 있고 직원들의 긍정적 · 부정적 기여를 평가할 수 있을 만한 지식을 가져야 한다. 따라서 사회복지시설 평가의 목적, 평가기준, 절차, 특성, 장단점 등에 대한 지식을 갖추어 평가과정에 능동적으로 대처함은 물론 새로운 관리 및 평가기법에 대한 지식도 습득하여 필요한 시기와 장소에서 그 기법을 유용하게 이용할 수 있어야 한다.

2) 사회복지행정가의 기술

사회복지행정가는 사회복지사로서 가져야 할 기술 이외에 행정가로서의 기술을 겸비하여야 한다. 사회복지행정가는 조직의 기능을 극대화할 수 있는 다양한 행정 · 관리상의 기술을 소유할 것이 요청되므로 NASW에서는 성공적인 사회복지행정가가 되기 위해 갖추어야 할 이러한 기술들의 특성을 제시하고 있다(Skidmore, 1995 : 34).

① 현실에 근거하여 계획하고 그 실행 가능성을 사정하는 기술
② 각종 대안을 개발하고 각 대안의 결정이 가져올 영향을 예견하고 평가하는 기술
③ 평가결과에 따라 우선순위를 정하고 최적 대안을 결정하는 기술
④ 개인적 균형을 유지하면서 다양한 역할과 과업을 처리하는 기술
⑤ 관료제와 조직이론의 기능에 입각하여 기관 목표를 달성하는 기술
⑥ 능률성 향상을 위해 조직 내 개인과 집단의 특수한 능력을 활용하는 기술
⑦ 적절한 권한의 위임과 의사소통 기술

이러한 행정가의 기술 특성들은 사회복지사의 지식, 전문직적 태도와 기술에서 연유되는 하나의 지침으로 볼 수 있다. 따라서 사회복지행정가가 행정적 과정에서 활용할 수 있는 행정기술을 많이 소유하고 있을수록 그리고 잘 적용할 수 있을수록 유능한 행정가가 되어 사회복지기관을 효율적으로 운영하고 그 이용자에게 효과적인 서비스를 제공할 수 있게 한다.

트렉커(Trecker, 1977)는 사회복지행정가가 사용하는 기술로서 분석, 기획, 조직화, 동기부여, 위임, 협력을 제시하였다. 즉, 그는 사회복지행정가는 이사회, 직원, 주민, 클라이언트, 지역사회 등과 함께 업무를 수행해 나가면서 조직을 둘러싼 내외부 환경과 정책 및 서비스를 분석하고 계획하며 지역사회와 조직 내외부의 인적·물적자원을 조직화하고, 동기부여나 위임, 그리고 협력 등의 기술을 사용하여 클라이언트의 개별적 욕구를 충족하기 위한 서비스를 제공함으로써 목표를 달성해 나가야 한다고 하였다. 이러한 사회복지행정가의 기술과 기능, 이해, 목표와의 상호관계를 그림으로 나타내면 다음 【그림 14-1】과 같다.

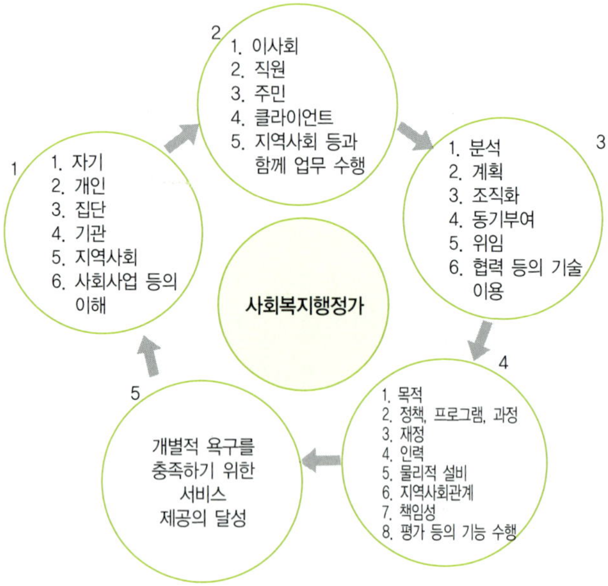

[그림 14-1] 사회복지행정가의 기술 · 기능 · 목표와의 상호관계

참고문헌

김영종(2010). **사회복지행정론**. 서울 : 학지사.

김형식 · 이영철 · 신준섭(2002). **사회복지행정론**. 서울 : 동인.

신복기 · 박경일 · 이명현(2013). **사회복지행정론**. 경기 : 공동체.

장동일(2010). **사회복지행정론**. 서울 : 동문사.

정무성 · 정진모(2001). **사회복지 프로그램 개발과 평가**. 경기 : 양서원.

최일섭 · 류진석(1996). **지역사회복지론**. 서울 : 서울대학교출판부.

최성재 · 남기민(2005). **사회복지행정론**. 서울 : 나남출판사.

홍현미라 · 정진경 외(2014). **사회복지행정론**. 경기 : 공동체.

NASW. 이문국 외 공역(1999). *Encyclopedia of Social Work*(19th ed.). 나눔의집.

Christian, W. P., & Hannah, G. T.(1983). *Effective Management in Human Service*. Englewood Clifs, New Jersey : Prentice-Hall, Inc.

Skidmore, R. A.(1995). *Social Work Organizational Behavior*(2nd ed.). Englwood Cliffs. New Jerse y : Prentice Hall, Inc.

Trecker, H. B.(1977). *Social Work Administration : Principles and Practice*. New York : Association Press.

Chapter

15

사회복지시설의 평가와 조직혁신

01. 사회복지시설 평가의 이해
02. 사회복지조직의 혁신모델
03. 사회복지행정의 전망과 과제

Chapter

15 사회복지시설의 평가와 조직혁신

1. 사회복지시설 평가의 이해

1) 사회복지시설 평가의 실시 배경과 목적

1998년 개정된 사회복지사업법 제43조의2 및 동법 시행규칙 제27조의2에 의거하여 정부와 지방자치단체는 매 3년마다 전국 사회복지시설을 대상으로 시설평가를 실시하도록 법적 근거를 마련하였다. 사회복지시설 평가의 실시 배경은 ① 사회복지시설의 양적 성장에 따른 한정된 재원의 효율적 배분과 활용이 사회적 관심사로 대두되면서 사회복지시설의 책무성 중시, ② 사회시설 운영개선을 통하여 시설운영의 합리화 · 투명화, ③ 사회복지서비스 질의 향상을 유도함으로써 민간 사회복지 전달체계의 활성화 도모, ④ 공급자 중심의 복지에서 수요자 중심의 복지로 전환, 인권을 중시하는 사회복지 패러다임의 변화가 시설평가의 전면적 실시를 가져오게 했다(보건복지부 · 한국사회복지협의회, 2012).

사회복지시설평가의 목적은 크게 장기적 목적과 단기적 목적으로 구분할 수 있다(한국사회복지협의회 · 보건복지부, 2008). 먼저 장기적 목적의 경우 ① 사회복지시설의 투명성과 서비스의 질 향상을 통한 사회복지시설 이용자와 국민의 복지수준 향상에 기여, ② 평가결과를 반영한 예산집행의 효율성과 합리성을 유도하고 사회복지시설 운영의 선진화를 지원함으로써 시설의 상향평준화에 기여, ③ 사회복지시설에 대한 일련의 정보를 복지수혜자 및 일반국민에게 정확하게 제공하여 국민들로 하여금 시설에 대한 정보와 시설 선택에 관한 기초 자료로 활용하게 하는 목적을 가지고 있다.

이를 달성하기 위한 평가의 단기적인 목적으로는 ① 입소시설 및 이용시설에 대한 평가를 통해 효율적이고 효과적인 사회복지시설의 운영기반을 정착시키고 시설 간 선의의 경쟁 유도, ② 시설이용자의 인권을 보호하고 지역사회와의 긴밀한 연계 속에서 사회복지시설의 책임 있는 운영 도모, ③ 사회복지시설 실태 파악을 통해 정부지원정책을 위한 과학적 근거자료를 제공하는 데 그 목적이 있다.

2) 사회복지시설 평가의 원칙

다양한 사회복지시설을 대상으로 실시된 평가의 전체 과정, 즉 평가기준, 지표개발, 평가의 시행과 평가결과에 대한 조치 등에서 반영되었던 기본 원칙들을 구체적으로 살펴보면 다음과 같다(변재관 · 변용찬, 2001 : 29).

① 서비스의 질 향상의 원칙

사회복지시설 평가는 시설운영의 개선 및 서비스의 질 제고를 유도하는 수단으로서 작용해야 한다.

② 평가절차의 투명성 확보

평가기준은 평가지표 개발의 의도하는 바를 모든 사람이 이해하고 수행할 수 있도록 상세하고 쉽게 구성하며, 평가기준과 평가과정을 사전에 공개하여 평가지표에 대한 이해를 명료하게 인지시킴으로써 평가절차와 투명성을 확보하여야 한다.

③ 평가 참여의 원칙

평가대상 시설이 평가과정에 참여하는 참여자로서 평가과정 속에서 평가시설이 스스로 시설의 문제점을 객관적으로 인식하고 개선노력을 기울일 수 있도록 하여야 한다.

④ 기본선 확보의 원칙

평가의 목적은 최고의 시설을 선정하는 것이 아니라, 사회복지시설이 전체적으로 기본적인 수준 이상을 견지할 수 있도록 유도하는 것을 기본 목표로 한다.

⑤ 이용자 중심의 원칙

사회복지시설을 이용하는 이용자(거주자) 중심의 평가로서, 사회복지시설은 기존의 서비스 제공자 중심의 시설에서 이용자 중심의 서비스 제공이 이루어질 수 있도록 한다.

⑥ 지역사회관계의 원칙

사회복지시설이 지역사회와의 원활한 상호관계를 유도하는 방향으로 이루어지도록 한다.

3) 사회복지시설 평가의 주체와 영역

1999년부터 전국적인 사회복지시설 평가가 이루어지기 시작하였으며, 3년마다 1회 이상 평가가 의무화됨에 따라 3년을 주기로 평가가 시행되고 있다. 2004년까지는 한국보건사회연구원에서 정부의 연구용역으로 시행되었고, 2005년부터는 한국사회복지협의회에서 위탁업무로 시행되고 있다.

평가의 내용을 살펴보면 전반적인 운영실태(인력관리, 조직관리, 시설관리, 재정관리)와 프로그램, 이용자 만족도, 지역사회 관계 등 다차원적인 측면으로 구성되어 있다(표 15－1 참조).

〈표 15-1〉 2012년 평가지표 영역별 지표 수 및 배점

평가영역		지표 수	배점(%)
A. 시설 및 환경		3	3
B. 재정 및 조직운영		16	10
C. 인적자원관리		14	25
D. 프로그램 및 서비스	D1. 전체프로그램 실적	3	50
	D2. 가족복지사업	9	
	D3. 지역사회보호사업(재가복지사업)	9	
	D4. 지역사회조직사업	9	
	D5. 특화사업	5	
E. 이용자의 관리		3	3
F. 지역사회관계		10	9
총 계		81	100

- 프로그램 및 서비스 영역 가, 나, 다형 구분 없이 교육문화사업을 제외한 가족복지사업, 지역사회보호사업(재가복지사업), 지역사회조직사업을 모두 평가
- 가족복지, 지역사회보호, 지역사회조직 3개 사업 영역당 최소 2개 이상의 프로그램을 포함하여 총 9개 프로그램을 제시해야 함. 특화사업은 별도 2개 제시
- 제시 프로그램 중 1회성 또는 1개월 미만 단기 프로그램은 허용하지 않음
- 1개월 미만 단기 프로그램의 기준은 프로그램 이용자 참여가 실제로 이루어진 기간을 의미함
- 다년도사업은 1년 단위를 사업단위로 함

4) 사회복지시설 평가의 방법과 절차

평가방법은 1차적으로 시설 자체평가, 2차로 현장평가, 그리고 3차에서는 확인평가를 실시한다. 시설 자체평가는 평가대상이 되는 시설이 평가의 주체

가 되는 것으로 평가자료를 인터넷상의 평가자료 입력 사이트에 기입하는 방식이다. 현장평가는 시・도별 평가위원(3명 1팀)이 평가주체가 되어 시설 자체평가 결과를 기초로 평가대상 시설에 대한 현장평가를 실시하는 방식이다. 확인평가는 한국사회복지협의회에 의해 구성된 평가팀이 평가대상 시설을 무작위 추출하여 시설 자체평가 및 현장평가의 적정성에 대한 확인평가를 실시한다.

확인평가 후에 이의신청이 있는 경우 또는 시설의 평균점수가 시・도별 평균점수보다 높거나 낮은 경우에 재평가를 실시한다. 다만, 평가가 부적절하다고 판단되는 경우 해당 시설의 평가팀이 평가한 시설 전체를 재평가할 수 있다(신민정 외, 2015 : 247). 1년을 단위로 진행되는 시설평가 일정은 대략 다음의 순서로 진행된다.

〈표 15-2〉 **사회복지시설 평가 일정**

일 정		주요 내용
전년도	7월~	다음 해의 평가지표 확정
해당 연도	1~4월 5~7월 9월~	평가계획 수립, 평가대상 시설 확정, 현장평가위원 선정 시설 자체평가(5월), 평가위원 교육(5월), 현장평가(6~7월) 확인평가, 결과분석 및 발표
이듬해	1월~	해당 연도의 평가시설에 대한 사후관리 지원

출처 : 신민정 외(2015). 사회복지행정론, p.247.

2. 사회복지조직의 혁신모델

1) 톰슨과 맥이웬(Thompson & McEwen)의 이론에 따른 대응

톰슨과 맥이웬은 조직은 다른 조직과 경쟁과 협력관계에 있다고 지적하면서 협력관계를 다시 협상, 포용, 연합 등으로 구분해 그 대응방식을 논하였다(최덕경 외, 2014 : 314-316).

(1) 경쟁

경쟁(competition)이란 둘 이상의 조직이 자원이나 고객 등을 더 많이 확보하기 위해 호소하거나 좋은 조건을 제시하는 등 조직 활동을 전개하는 것을 말한다. 이러한 경쟁전략은 조직의 일반적인 목표 설정이나 독단적인 운영을 방지하며, 조직의 효율적 운영을 추구한다. 하지만 환경으로부터의 자원확보 여부에 따라서는 조직의 도태를 가져오기도 한다.

(2) 협상

협상(bargaining)이란 둘 이상의 조직이 재화나 서비스의 획득과 제공을 위한 공식적 혹은 비공식적 교섭을 벌이는 것을 말한다. 사회복지조직에서도 이러한 협상전략은 정부조직이 자금을 가지고 있고 민간 사회복지조직이 서비스를 제공할 수 있을 때 많이 사용된다. 그러나 협상전략은 조직으로 하여금 선택 범위를 좁히고 자율성을 침해당하게 하며 조직의 목적과 맞지 않거나 부주의한 서비스 전달이 이루어지는 문제도 일으킬 수 있다.

(3) 포용

포용(cooptation)이란 조직이 그 존립과 계속성을 유지하기 위해 조직의 지도층이나 의사결정기구에 외부의 영향력 있는 유력한 인사를 흡수 영입해 위험요소를 제거하거나 지지기반을 확대하는 것을 말한다. 사회복지에서도 포용전략은 조직이 필요로 하는 자원이 없거나 조직이 직면하는 위협을 기존 자원으로 상쇄할 수 없을 때 이용되는 경향이 있다. 사회복지조직의 의사결정과 프로그램 평가에 클라이언트 대표자 혹은 주민대표를 참여시키거나 모금기관의 대표자를 이사회 혹은 운영위원회에 참여시키는 것 등이 좋은 예다.

(4) 연합

연합(coalition)이란 둘 이상의 공동목표의 추구를 위해 결합하는 것을 말한다. 이러한 연합은 시간적으로 한정된 목적을 위해서 형성되고, 그 목적이 달성되면 해체되는 경우도 많다. 사회복지조직에서도 사회복지연합회나 사회복지사협회와 같이 관련 조직이 연합회를 결성해 대외적으로 영향력을 발휘하고 있다.

2) 벤슨(Benson)의 이론에 따른 대응

벤슨(Benson, 1975)은 조직 간 관계에서 환경인 상대조직에의 의존도를 낮추면서 자율성을 높이기 위한 전략으로 다음의 네 가지 전략을 제시하였다.

(1) 협조적 전략

협조적(cooperative) 전략이란 둘 이상의 조직이 서로 협상 혹은 타협해 공동계획이나 합의를 이루는 것을 말한다. 이러한 전략의 구체적 형태로는 톰슨과 맥이웬의 분류에 따른 협력(협상, 포용, 연합)을 들 수 있으며, 사회복지조직의 경우 경쟁적 전략을 사용할 조건이 잘 형성되는 일이 적은 조직에서 많이 사용되고 있다.

(2) 방해적 전략

방해적(disturbing) 전략이란 한 조직 혹은 개인이 상대조직의 자원공급 능력을 위협하는 행동을 하는 것으로 상대조직에 갈 자원을 빼앗거나 상대조직의 사업효과를 떨어지게 함으로써 양보를 받아내거나 조직 간의 권력-의존관계를 바꿀 수 있기를 기대하는 것을 말한다.

이러한 방해적 전략은 사회복지조직에서 소규모 혹은 일시적으로 방해전략을 사용하는 경우가 흔히 있을 수 있다. 이때 방해적 전략은 조직 간에도 일어나지만, 클라이언트들이 사회복지조직에 대해 사용하는 경우가 많다. 예를 들어, 수입이 전혀 없는 노인이 재산이 기준한도액을 약간 넘어 기초생활보장을 받지 못할 때 관계부처에 계속 탄원해 기초생활보장에 관한 규정을 재검토하게 할 수 있다.

사회복지조직에서 방해적 전략은 빈민과 불우한 사람들을 대신해 조직으로부터 양보를 받아내는 데는 효과적일 수 있지만, 장기적으로 볼 때 일시적으로 얻은 이득을 상쇄해 버리는 반작용을 일으킬 수 있다.

(3) 조종적 전략

조종적(manipulative) 전략이란 자원의 흐름에 대한 환경의 제약 조건을 의도적으로 변경시키는 것을 말한다. 사회복지조직에서 법인설립 시 인가요건을 강화 혹은 약화시킴으로써 조직의 설치를 조종할 수 있으며, 사회복지시설의 위탁운영 시 기존 위탁자에게 불리 혹은 유리하게 하는 조종적 전략을 사용할 수 있다.

(4) 권위적 전략

권위적(authoritative) 전략이란 네트워크를 형성하고 있는 조직 간의 관계를 일방적으로 권위에 의해 재배열하는 것을 말한다. 사회복지조직에서 자금지원과 권위를 관장하는 중앙과 지방정부조직이 민간 사회복지조직에 대해 이러한 전략을 사용할 수 있다.

3. 사회복지행정의 전망과 과제

사회복지행정은 사회복지서비스를 제공하는 조직을 중심으로 복지정책과 복지서비스를 연결해 주는 가교역할을 한다. 그래서 사회복지행정은 때로는 복지정책 수립과 집행에 영향을 미칠 뿐만 아니라 사회복지서비스 제공방식과 그 질을 결정하므로 사회복지행정가는 사회복지조직의 활동에 대한 총체적 책임을 진다고 할 수 있다. 그러므로 사회복지행정이 변화하는 환경에 어떻게 대처하며, 장래의 환경변화를 예측하면서 적절히 대응하는가 하는 것이 행정 자체의 발전은 물론 전체 사회복지의 발전과 서비스 이용자의 삶의 질 향상에도 지대한 영향을 미친다. 다음에서는 사회복지행정이 그를 둘러싸고 있는 환경변화에 어떻게 대처해야 할 것인가를 전망해 보고자 한다(신복기 외, 2010 : 28-37).

1) 사회복지행정 환경의 변화

현존하는 모든 제도가 환경의 영향을 받지만 특히 환경변화에 민감할 수밖에 없는 사회복지제도의 특성상 환경의 변화는 사회복지행정에도 지대한 영향을 미친다. 최근 삶의 질(QOL)이 중요시되면서 복지서비스의 발상 전환이 요청되고 있다. 이러한 이유는 ① 정상화 이념의 확대, ② 이용자 중심의 서비스 제공, ③ 생활 문제의 다양화와 복잡화, ④ 복지이념과 욕구의 변화, ⑤ 공공조직과 비영리조직은 기업조직들과 동일한 시장을 놓고 경쟁해야만 하는 조직환경의 변화에 따른 위기의식이 증대되고 있기 때문이다.

더욱이 현재 우리나라 사회복지기관이 당면하고 있는 내・외부 환경변화를 살펴보면 내부 환경으로서 ① 시민단체나 종교단체의 경쟁조직 증가, ② 재정자원의 제공자 감소, ③ 프로그램 개발 및 응모를 통한 경쟁의 조장과 비용효율성을 추구하고 있다. 또한 외부환경의 변화로는 ① 사회복지기관 평가를 통한 책임성과 투명성의 증진, ② 1급 국가고시를 통한 전문성의 확보, ③ 시설 설치의 신고를 통한 참여의 확대, ④ 프로그램의 특성화를 통한 지역성 중시, ⑤ 지방자치단체의 복지수준 평가, ⑥ 지역복지계획의 수립, ⑦ 수혜자 만족도를 통한 서비스 질의 중시 등이 나타나고 있다. 특히 2000년 이후부터 공공부문의 영역에서 보건복지부와 지방자치단체는 ⑧ 사회복지시설 평가와 고객만족도를 조사 공표하고, ⑨ 전담공무원들의 교육훈련과 성과평가, ⑩ 서비스 질 관리의 추구 등이 강조되고 있는 실정이다.

한편 하센펠드(Hasenfeld, 1996 : 191-202)는 변화하는 복지환경으로서 ① 복지국가의 쇠퇴와 불평등의 증대, ② 사회복지서비스의 민영화와 상업화, ③ 변화하는 인간의 욕구, ④ 민족의 다양화, ⑤ 정보혁명 등의 다섯 가지를 제시하였다. 또한 마틴(Martin, 2000)은 사회복지행정의 맥락을 규정하는 데 있어 정치, 경제, 사회, 기술적 요소들의 일반성으로부터 ① 공산주의의 붕괴, ② 세계화된 경제, ③ 국가의 정치적 힘의 변화, ④ 사회복지정책에서의 권한 이양, ⑤ 미국의 노령화, ⑥ 지역사회의 재발견, ⑦ 측정 가능성 운동, ⑧ 정보기술의 발달과 같은 것이다. 이 외에도 사회복지행정에 영향을 미치는 사회환경 요인으로서 ① 가족구조의 변화, ② 노령화 사회의 도래, ③ 지방자치의 정착, ④ 지식정보화사회 확산, ⑤ 세계화에 의한 지구촌 사회형성 등이 제시되기도 한다(허만영, 2004 : 62-68).

2) 사회복지행정의 전망과 과제

사회복지행정을 둘러싼 환경의 변화는 공공 및 민간 사회복지조직들에게 과거와는 다른 새로운 방식의 효율적이고 효과적인 조직운영을 요청하고 있으며, 아울러 사회복지조직이나 서비스도 이러한 환경변화에 적응하기 위해서는 새로운 패러다임에 입각한 기관관리와 서비스 제공이 요청되고 있다. 하센펠드(Hasenfeld, 1996)는 사회복지행정의 새로운 관리전략으로서 8가지를 제안하였다(신복기 외, 2010 : 34-35).

① 새로운 조직유형의 발생

환경적인 변화는 서비스의 제공에 있어 새로운 조직유형 개발에 자극이 될 것이다.

② 재정적 관리의 우세와 전문직업 의식의 쇠퇴

새로운 조직유형의 증가는 기존의 사회복지 조직들이 영리 추구의 상업조직과 경쟁하게 될 것이다. 따라서 기존 사회복지조직에서 재정 관리가 증대하게 될 것이며 엄격한 비용관리 메커니즘은 전문가들의 자율권을 억제하게 될 것이다.

③ 마케팅과 사회적 관계에 역점

새로운 사회복지조직 경영의 특징은 훨씬 더 마케팅과 사회적 관계에 역점을 두게 될 것이다. 경영전략의 핵심은 조직들 간의 전산망을 통해 정책을 연계시키는 것이며, 연합, 동맹, 교환을 통해 상호의존하는 관계로 발전시키는 것이다.

④ 변화된 리더십과 네트워크(연계) 구조

기존의 리더십이 내향적이었다고 한다면 새로이 변화된 리더십은 외향적이고 대외적이며 끊임없이 새로운 기회를 추구하고, 경쟁력 측면에서 정책의 이점을 보다 강화시킬 수 있는 새로운 방법을 모색하는 것이다. 새로운 네트워크(연계) 구조는 과업수행에 있어 자율성이 부여되어야 하며, 동시에 엄격한 과업수행 기준에 대한 책임감 또한 갖추어야 한다.

⑤ 서비스 기술의 혁명

첫째, 다양한 서비스에 대한 접근 확대와 효율적인 서비스 실시에 대한 지식의 급속한 증가, 둘째, 정책은 보다 심각하고 임상적인 문제를 가진 클라이언트를 위해 개인적인 보호서비스 기술을 갖추어야 할 것이다. 셋째, 공공정책도 개인적·사회적으로 다양한 문제를 가진 클라이언트들을 대처할 수 있는 효과적인 기술 개발이 필요할 것이다.

⑥ 내부적인 조정과 관리 요청

행정 관련 분야의 발전은 업무를 평가하고 통제하고 내부적으로 모니터링하는 데 대한 컴퓨터 기술의 증가로 나타날 것이다. 이러한 새로운 기술은 경영실천의 중요한 방법들을 바꾸어 놓을 것이다.

⑦ 다양한 노동인구와 다문화적인 조직의 등장

사회복지조직은 인구통계학적 변화가 반영된 매우 다양한 노동인구에 대한 대책이 마련되어야 할 것이다. 만약 정책이 다문화적인 조직으로 스스로를 변형시키지 않는다면 내부적인 분열이 발생할 것이다.

⑧ 클라이언트 중심의 관계 강조

사회복지조직은 클라이언트와의 관계에 있어서도 재구조화될 것으로 보여진다. 재구조화의 가장 중요한 변화는 클라이언트들이 자신의 케어관리에 함께 참여하기를 바라는 것이며, 이에 정책들도 클라이언트가 서비스 전달과정에 기여할 수 있도록 하기 위해 필요한 요소들을 조사하여 그러한 요소들을 늘려나가야 할 것이다.

한편 마틴(Martin, 2002)은 미국의 경험을 기초로 사회복지행정의 중요한 경향을 다섯 가지로 서술하였다(신복기 외, 2010 : 36-37).

① 경쟁행위의 강화와 민영화의 증대

전통적으로 공공사회복지 기관과 사회복지시설 및 비영리 조직 등의 관계는 상호 협조적·보완적 관계였지만 앞으로는 기금모집, 프로그램, 이용자 유치 등에서 경쟁적이 될 것이다. 그리고 신자유주의 기조 위에서 보수적이고 정부의 개입이 최소화될 가능성이 지배적이기 때문에 민영화의 방향을 견지할 것이다.

② 재구조화의 요청과 마케팅의 활성화

경쟁이 보다 심화되면서 민영화가 지속적으로 진행되는 동시에 정보기술이 획기적으로 발전하게 되면 사회복지조직의 적절한 재구조화는 필수적인 것이 될 것이다. 그리고 클라이언트와 자원제공처의 관심을 유발할 수 있는 프로그램의 개발과 포장 및 그들의 입맛에 맞는 서비스의 제공이 더욱 주요한 관심사가 될 것이다.

③ 기업가적 경영 및 질적 관리의 중시

사회복지제도의 분권화, 민영화가 촉진될수록 중앙정부와 지방자치단체의 기금을 확보하기 위해서는 타 기관의 프로그램과는 차별화되거나 특정 지역사회의 고유한 프로그램 개발이 필요하다. 그리고 장래에는 서비스 이용자 및 고객이 서비스의 질을 결정하는 품질관리 접근법이 요청될 것이다.

④ 결과에 대한 강조와 전략적 기획의 중시

앞으로 사회복지행정은 과정보다는 그 결과를 중시하게 될 것이다. 그러므로 성과를 높일 수 있는 과업의 할당과 성과를 측정하는 데 많은 노력이 필요하다. 또한 사회복지행정은 변화하는 환경과 조직이 처한 상황을 체계적으로 분석하여 외부환경이나 조직상황이 서비스 이용자, 프로그램, 기관 등에 미칠 영향을 면밀히 분석하여 적응할 것은 적응하고, 피할 것은 피하며, 관리할 것은 관리하는 등의 전략적인 대처가 요구될 것이다.

⑤ 옹호(Advocacy)의 강조와 클라이언트에 대한 강조

일반적으로 사회복지와 노인 이외의 다른 집단(아동, 정신질환자, 장애인과 같은 상처받기 쉬운 인구)에 대한 공격적 옹호는 앞으로 특히 중요해질 것이다. 그리고 최근 사회복지행정의 참된 핵심은 클라이언트와 기금에 대한 강조, 수행의 계측 가능성, 품질관리, 마케팅, 전략적 기획, 옹호에 대한 강조를 통해 클라이언트를 올바른 자리로 되돌리는 데 있다.

또한 허만형(2012 : 450-451)은 사회복지행정의 변신과 패러다임의 변화를 열거하면서 사회복지행정의 전망과 동향을 다음 「그림 15－1」과 같이 9개로 요약한다.

전통적 패러다임	←	사회복지행정 영역	→	새로운 패러다임
배분적 정의	←	사회복지행정 가치	→	배분적 정의와 효율성 균형
분석 결과와 판단력	←	인사결정	→	의사결정 지원 시스템
구조 · 기능적 측면	←	조직에 대한 시각	→	문화 · 상징적 측면
계층제 구조	←	조직구조	→	매트릭스 구조
중앙과 지방의 종속 관계	←	중앙과 지방 관계	→	중앙과 지방의 파트너 관계
민간과 정부의 대립 관계	←	정부와 민간 관계	→	정부와 민간의 보완 관계
계급중심의 인사 체계	←	인사 시스템	→	전문성 중심의 인사 체계
품목과 미래 기획 중심 예산	←	예산 시스템	→	성과와 근로 유인 중심 예산
지리적 공간	←	서비스 현장	→	지리적 공간과 사이버 공간

「그림 15－1」 사회복지행정의 변신과 패러다임 변화

참·고·문·헌

보건복지부·한국사회복지협의회(2012). 2012 사회복지시설평가. Ⅰ. 한국사회복지협의회 사회복지시설평가원.

변재관·변용찬(2001). **2000년 사회복지시설평가**. 서울 : 한국보건사회연구원.

신민정·염일열·조성욱(2015). **사회복지행정론**. 경기 : 공동체.

신복기·박경일·이명현(2010). **사회복지행정론**. 경기 : 공동체.

최덕경 외(2014). **사회복지행정론**. 서울 : 창지사.

한국사회복지협의회·보건복지부(2008). 2007년 사회복지시설평가. 한국사회복지협의회·보건복지부.

허만형(2012). **사회복지행정론**. 서울 : 대영문화사.

Benson, J. K.(1975). The Interorganizational Network as A Political Economy. *Administrative Science Quarterly*, *20*.

Thompson, V. A., & McEwen, W. J.(1958). Organizational Goals and Environment. *American Sociological Review*, *23*, February.

찾아보기

저/자/약/력

- **염일열**

서정대학교 사회복지행정과 교수

〈저서 및 논문〉
지역사회복지론(2012, 광문각)
사회복지정책론(2015, 양서원)
주민자치센터와 마을만들기 사업의 활성화 방안(2011)
지방행정체제개편에 따른 주민자치회 실질화 방안(2013)
지방자치단체장의 공약으로 본 생활정치의 가능성(2015)
지방재정 운영의 자구노력 제고 방안(2015)
양주시 복지전달체계개편 모델 및 효과분석 연구(2015)
의정부형 마을자치 활성화 방안에 관한 연구(2015) 외 다수

- **이승현**

서정대학교 사회복지행정과 교수

〈저서 및 논문〉
사회복지조사론(2013, 동문사)
사회복지행정론(2013, 동문사)
양주시 지역사회복지계획(2010)
동두천시 지역사회복지계획(2010) 외 다수

사회복지행정론

|공저자| 염일열 · 이승현

|1판 1쇄| 발행 2016년 1월 25일
|1판 2쇄| 발행 2020년 2월 14일
|1판 3쇄| 발행 2021년 3월 15일
|1판 4쇄| 발행 2023년 3월 2일

|발행인| 김 동 훈
|발행처| 공 동 체

|주소| 경기도 고양시 일산동구 호수로 358-39
동문타워 I 905호(백석동)
|전화| 031) 814-3100(대표)
|팩스| 031) 814-3100
|홈페이지| http://www.compub.co.kr
|전자우편| compub@naver.com
|출판등록| 2005년 10월 6일
|등록번호| 제396-2005-36호

|ISBN| 978-89-6352-880-9
정가 20,000원